三峡库区可持续发展研究丛书

国家哲学社会科学重大招标项目“三峡库区独特地理单元‘环境－经济－社会’发展变化研究”（11&ZD161）
教育部人文社会科学重点研究基地重庆工商大学长江上游经济研究中心2014年自主招标项目
“三峡库区百万移民安稳致富国家战略”服务国家特殊需求博士人才培养项目
中央财政支持地方高校发展专项资金应用经济学学科建设项目
重庆市“三特行动计划”之重庆工商大学融智学院经济学特色专业建设项目、金融学特色学科专业群建设项目
共同资助

三峡库区人口演变与趋势研究

吴华安　梁　甜　陈　丹　著

科学出版社
北　京

图书在版编目（CIP）数据

三峡库区人口演变与趋势研究/吴华安，梁甜，陈丹著. —北京：科学出版社，2017.3

（三峡库区可持续发展研究丛书）

ISBN 978-7-03-052192-7

Ⅰ. ①三…　Ⅱ. ①吴…　②梁…　③陈…　Ⅲ. ①三峡水利工程-人口-研究　Ⅳ. ①C924.24

中国版本图书馆 CIP 数据核字（2017）第 054546 号

责任编辑：杨婵娟　刘巧巧 / 责任校对：彭珍珍

责任印制：徐晓晨 / 封面设计：铭轩堂

科学出版社 出版

北京东黄城根北街 16 号

邮政编码：100717

http：//www.sciencep.com

北京京华虎彩印刷有限公司印刷

科学出版社发行　各地新华书店经销

*

2017 年 3 月第　一　版　开本：B5（720 × 1000）

2017 年 3 月第一次印刷　印张：14 1/4

字数：271 000

定价：75.00 元

（如有印装质量问题，我社负责调换）

重庆工商大学“三峡库区百万移民安稳致富国家战略”服务国家特殊需求博士人才培养项目实施指导委员会

主 任 委 员：

孙芳城（重庆工商大学校长、教授）

副主任委员：

刘　卡（国务院三峡工程建设委员会办公室经济技术合作司司长）

袁　卫（国务院学位委员会学科评议组专家、中国人民大学教授）

彭　亮（重庆市移民局副局长）

委　　员：

陶景良（国务院三峡工程建设委员会办公室教授级高工高级工程师）

袁　烨（国务院三峡工程建设委员会办公室经济技术合作司处长）

徐俊新（中国长江三峡集团公司办公厅主任）

余棋林（重庆市移民局移民发展扶持处处长）

杨继瑞（重庆工商大学教授）

王崇举（重庆工商大学教授）

何勇平（重庆工商大学副校长、教授）

廖元和（重庆工商大学教授）

文传浩（重庆工商大学教授）

余兴厚（重庆工商大学教授）

项目办公室：余兴厚（重庆工商大学教授）

项目办公室副主任：文传浩（重庆工商大学教授）

任　毅（重庆工商大学副教授）

重庆工商大学“三峡库区百万移民安稳致富国家战略”服务国家特殊需求博士人才培养项目专家委员会

主 任 委 员：

王崇举（重庆工商大学教授）

副主任委员：

陶景良（国务院三峡工程建设委员会办公室教授级高级工程师）

黄志亮（重庆工商大学教授）

委　　　员：

戴思锐（西南大学教授）

向书坚（中南财经政法大学教授）

余棋林（重庆市移民局移民发展扶持处处长）

廖元和（重庆工商大学教授）

文传浩（重庆工商大学教授）

培养办公室：文传浩（重庆工商大学教授）

培养办公室副主任：杨文举（重庆工商大学教授）

丛书序

三峡工程是世界上规模最大的水电工程，也是中国有史以来建设的最大的工程项目。三峡工程 1992 年获得全国人民代表大会批准建设，1994 年正式动工兴建，2003 年 6 月 1 日下午开始蓄水发电，2009 年全部完工，2012 年 7 月 4 日已成为全世界最大的水力发电站和清洁能源生产基地。三峡工程的主要功能是防汛、航运和发电，工程建成至今，它在这三个方面所发挥的巨大作用和获得的效益有目共睹。

毋庸置疑，三峡工程从开始筹建的那一刻起，便引发了移民搬迁、环境保护等一系列事关可持续发展的问题，始终与巨大的争议相伴。三峡工程的最终成败，可能不在于它业已取得的防洪、发电和利航等不可否认的巨大成效，而将取决于库区百万移民是否能安稳致富？库区的生态涵养是否能确保浩大的库区永远会有碧水青山？库区内经济社会发展与环境保护之间的矛盾能否有效解决？

持续 18 年的三峡工程大移民，涉及重庆、湖北两地 20 多个区县的 139 万余人，其中 16 万多人离乡背土，远赴十几个省市重新安家。三峡移民工作的复杂性和困难性不止在于涉及近 140 万移民 20 多个区县，还与移民安置政策、三峡库区环境保护、产业发展等问题紧密相关，细究起来有三点。

一是三峡库区经济社会发展相对落后，且各种移民安置政策较为保守。受长期论证三峡工程何时建设、建设的规模和工程的影响，新中国成立后的几十年内国家在三峡库区没有大的基础设施建设和大型工业企业投资，三峡库区的经济社会发展不仅在全国，即使在西部也处在相对落后的水平。以重庆库区为例，1992 年，库区人均地区生产总值仅 992 元，三次产业结构为 42.3∶34.5∶23.2，农业占比最高，财政收入仅 9.67 亿元[①]。而 1993 年开始的移民工作，执行的是“原规模、原标准或者恢复原功能”（简称“三原”）的补偿及复建政策，1999 年制定并实施了“两个调整”，农村移民从单纯就地后靠安置调整为部分外迁出库区安置，工矿企业则从单纯的搬迁复建调整为结构调整，相当部分关停并转，仅库区 1632 家搬迁企业就规划关破 1102 家，占总数的 67.5%[②]。这样的移民安置政策给移民的安稳致富工作提出了严峻的挑战。

二是三峡百万移民工程波及面远远超过百万移民本身，是一项区域性、系统性的宏大工程。我们通常所指的三峡库区移民工作，着重考虑的是淹没区 175 米水位以下，所涉及的湖北省夷陵、秭归、兴山、巴东，重庆市的巫溪、巫山、奉节、云阳、万州、开县、忠县、石柱、丰都、涪陵、武隆、长寿、渝北、巴南、重庆市区、江津等 20 多个区县的 277 个乡（镇）、1680 个村、6301 个组的农村需搬迁居民，以及两座城市、11 个县城、116 个集镇需要全部或部分重建所涉及的需要动迁的城镇居民。而事实上，受到三峡工程影响的不仅仅是这 20 多个区县中需要搬迁和安置的近 140 万居民，还应该包含上述区县、乡镇、村组中的全部城乡居民，甚至包括毗邻这些区县、受流域生态波及的库区的其他区县的居民，这里实际涉及了一个较为广义的移民概念。真正要在库区提振民生福祉、实现移民安稳致富，必须把三峡库区和准库区、百万移民和全体居民的工作都做好。

三是三峡库区百万移民的安稳致富，既要兼顾移民的就业和发展，做好三峡库区产业发展，又要落实好库区的生态涵养和环境保护。三峡库区农民人均耕地只有 1.1 亩[③]，低于全国人均 1.4 亩的水平，而且其中 1/3 左右的耕地处于 25 度左右的斜坡上，土质较差，移民安置只能按人均 0.8 亩考虑。整个库区的河谷平坝仅占总面积的 4.3%，丘陵占 21.7%，山地占 74%。三峡库区是古滑坡、坍塌和岩崩多发区，仅在三峡工程实施过程中，就规划治理了崩滑体 617

---

① 参见重庆市移民局 2012 年 8 月发布的《三峡工程重庆库区移民工作阶段性总结研究》。

② 梁福庆. 2011. 三峡工程移民问题研究. 武汉：华中科技大学出版社。

③ 1 亩≈666.7 平方米。

处。在这样的条件下，我们不仅要转移、安置好库区的百万移民，还必须保护好三峡660余公里长的库区的青山绿水。如何同时保证库区的百万移民安稳致富、库区的生态涵养和环境保护是一项十分艰巨的工作。

国家对三峡库区的可持续发展问题一直高度关注。对于移民工作，国家就提出“开发性移民”的思路，强调移民工作的标准是“搬得出、稳得住、逐步能致富”。在20世纪90年代，国家财力相对薄弱，当时全国，尤其是中西部地区的经济社会发展水平也不高，因此对移民工作实行了“三原”原则下较低的搬迁补助标准。但就在2001年国务院颁发的《长江三峡工程建设移民条例》这个移民政策大纲中，就提出了移民安置“采取前期补偿、补助与后期扶持相结合”的原则。在此之前的1992年，国务院还颁发了《关于开展对三峡工程库区移民工作对口支援的通知》(国办发〔1992〕14号)，具体安排了东中部各省市对库区各区县的对口支援任务，这项工作，由于有国务院三峡工程建设委员会办公室（简称国务院三建办）的存在，至今仍在大力推进和持续。2011年5月，国务院常务会议审议批准了《三峡后续工作规划》(简称《规划》)，这是在特定时期、针对特定目标、解决特定问题的一项综合规划。《规划》锁定在2020年之前必须解决的六大重点问题之首，是移民安稳致富和促进库区经济社会发展。其主要目标是，到2020年，移民生活水平达到重庆市和湖北省同期平均水平，覆盖城乡居民的社会保障体系建立，库区经济结构战略性调整取得重大进展，交通、水利及城镇等基础设施进一步完善，移民安置区社会公共服务均等化基本实现。显然，三峡工程移民的安稳致富工作是一个需要较长时间实施的浩大系统工程，它需要全国人民，尤其是库区所在的湖北、重庆两省（市）能够为这项事业奉献智力、财力和人力的人们持续的关注和参与。它既要有经济学的规划和谋略，又要有生态学的视野和管理学的实践，还要有社会学的独特思维和运作，以及众多不同的、各有侧重的工程学科贡献特别的力量。

重庆工商大学身处库区，一直高度关注三峡库区的移民和移民安稳致富工作，并为此作了大量的研究和实践。早在1993年，重庆工商大学的前身之一——原重庆商学院，就成立了“三峡经济研究所”，承担国家社会科学基金、重庆市政府和各级移民工作管理部门关于移民工作问题的委托研究。2004年，经教育部批准，学校成立了教育部人文社会科学重点研究基地——长江上游经济研究中心。从成立伊始，该中心即整合全校经济学、管理学各学院的资源，以及生态、环境、工程、社会等各大学科门类的众多学者，齐心协力、协同攻关，为三峡库区移民和移民后续工作做出特殊的努力。

2011年，国务院学位委员会第二十八次会议审议通过了《关于开展“服务国家特殊需求人才培养项目”试点工作的意见》，在全国范围内开展了硕士学位授予单位培养博士专业学位研究生试点工作。因为三峡工程后续工作，尤其是库区移民安稳致富工作的极端重要性、系统性和紧迫性，由国务院三建办推荐、重庆工商大学申请的应用经济学“三峡库区百万移民安稳致富国家战略”的博士项目最终获批，成为“服务国家特殊需求人才培养项目”的30个首批博士项目之一，并从2013年开始招生和项目实施。近三年来，该项目紧密结合培养三峡库区后续移民安稳致富中对应用经济学及多学科高端复合型人才的迫切需求，结合博士人才培养的具体过程，致力于库区移民安稳致富的模式、路径、方法、政策等方面的具体研究和探索。

重庆工商大学牢记推动三峡库区可持续发展的历史使命，紧紧围绕着“服务国家特殊需求人才培养项目”这个学科“高原”，不断开展“政产学研用”合作，并由此孵化出一系列紧扣三峡库区实情、旨在推动库区可持续发展的科学研究成果。当前，国家进入经济社会发展的“新常态”，资源约束、市场需求、生态目标、发展模式等均发生了很大的变化。国家实施长江经济带发展战略，意在使长江流域11省市依托长江协同和协调发展，使其成为新时期国家发展新的增长极，并支撑国家“一带一路”新的开放发展战略。湖北省推出了以长江经济带为轴心，一主（武汉城市群）两副（宜昌和襄樊为副中心）的区域发展战略。重庆则重点实施五大功能区域规划，将三峡库区的广大区域作为生态涵养发展区与社会经济同步规划发展。值此之际，重庆工商大学组织以服务国家特殊需求博士项目博士生导师为主的专家、学者推出“三峡库区可持续发展研究丛书”，服务国家重大战略、结合三峡库区区情、应对“新常态”下长江经济带实际，面对三峡库区紧迫难题、贴近三峡库区可持续发展的实际问题，创新提出许多理论联系实际的新观点、新探索。将其结集出版，意在引起库区干部群众，以及关心三峡移民工作的专家、学者对该类问题的持续关注。这些著作由科学出版社统一出版发行，将为现有的有关三峡工程工作的学术成果增添一抹亮色，它们开辟了新的视野和学术领域，将会进一步丰富和创新国内外解决库区可持续发展问题的理论和实践。

最后，借此机会，要向长期以来给予重庆工商大学“三峡库区百万移民安稳致富国家战略”博士项目指导、关心和帮助的国务院学位办、三峡办，重庆市委、市政府及相关部门的领导表达诚挚的感谢！

王崇举

2015年8月于重庆

前言

1992 年 4 月 3 日，第七届全国人民代表大会第五次会议通过了《关于兴建长江三峡工程的决议》，三峡库区从此拉开了移民的大幕。从 1993 年三峡工程移民搬迁安置正式开始，到 2009 年如期完成初步设计确定的建设任务，在 1993～2009 年的 16 年间，搬迁安置城乡移民 130 多万人，除约 20 万农村移民出县外迁安置外，库区内安置移民 100 多万人。三峡工程牵涉着与工程项目紧密相关的千百万库区人口生产生活的方方面面，库区人口变迁、经济结构转型调整与升级、生态环境的变迁等问题不会因工程项目的终结而消散，三峡工程是一个需长期持续关注的系统工程项目。虽然，经过十几年有计划、有步骤的开发性移民，实现了“搬得出”、初步“稳得住”的阶段性目标，但三峡工程建设淹没大量库区土地及大规模移民迁建占地，使库区人多地少的矛盾更加突出，影响三峡库区移民安稳致富和区域生态环境安全及可持续发展。

2011 年 5 月，国务院通过《三峡后续工作规划》部署“后三峡时期”任务，明确提出“库区安稳致富”“生态环境保护”和“地质灾害防治”三大战略，以及以“移民安稳致富和促进库区经济社会发展”为首的六大任务。《三峡后续工作规划》的实施标志着三峡库区迎来了“后三峡时期”。“后三峡时期”面对的主要问题包括库区安稳致富、生态环境保护、地质灾害监测、水库日常运行管理及历史遗留问题。这些问题中最重要的是协调好库区安稳致富和生态环境保护的关系，如何解决库区社会经济发展与环境保护之间的矛盾，是“后三峡时期”三峡库区要面对的首要问题。

依据《国家主体功能区规划》和重庆市政府划分的五大功能区，三峡库区被定位为全国水资源战略储备库、重要生态屏障和全国重要生物多样性保护区，承载了库区移民安稳致富、保护三峡库区水环境安全、国家重要生态功能区建设，以及国家级连片特殊困难地区区域发展和扶贫攻坚等多重重大使命。该区域的发展主要着力于涵养保护三峡库区的青山绿水，要求坚持加快发展与保护生态并重，坚持三峡移民后续发展与连片贫困区扶贫开发并举，引导人口的有序转移，新的功能区域划分给三峡库区经济发展提出了新的要求。

一直以来，关于人口增长与经济发展、资源环境的关系，西方经济学家有过长期的争论。英国经济学家凯恩斯认为，人口减少将引起有效需求不足，导致经济衰退甚至停滞；人口增长则会刺激有效需求（消费需求和投资需求），从而促进经济发展。美国著名经济学家西蒙·库兹涅茨认为，人口增长是扩大生产能力及经济增长的基本因素，即人口增长会促进经济发展，除此之外还有技术进步、社会结构等也会促进经济增长。人口既能促进经济的发展，也能阻碍经济的发展，关键在于人口规模是否适度。在其他条件不变的情况下，一个国家的人口较少时，增加人口会促进国家经济发展；但当人口已足够多时，进一步增加人口不仅不利于国家的长期发展，也不利于短期的经济增长，换句话说，人口的进一步增长将使边际产量为零或为负。

因此，人口增长与经济发展存在着密切的关系，但是这种关系会随着人口规模及经济发展阶段的变化而变化。三峡工程从“前三峡时期”（建设—竣工—移民搬迁）到“后三峡时期”（协调管理）是一个特定时期的特定发展阶段，而其中移民搬迁是三峡库区建设过程中的一项重大工作。三峡工程从建设到最终完工，经历了一场历史性的变革，三峡库区的人口分布发生了重大的变动，生态环境和社会经济状况发生了显著变化。在这样一个人口发生重大变动的独特地理区域，研究三峡库区人口时空演化的趋势，优化三峡库区的人口分布，协调库区经济发展与人口规模、社会生活、生态环境保护之间的关系，进一步促进完成“后三峡时期”的各项工作就显得尤为重要。

三峡库区作为一个独特的地理单元，处于大巴山、七曜山、巫山之间，因三峡工程、百万移民工程而形成，战略地位十分显著，战略意义也十分重大。虽三峡工程已完工，但后续库区环境、经济、社会问题依然存在，国家对库区后续产业升级、移民安稳致富、生态环境治理等问题高度重视。在此背景下，研究三峡库区库首、库腹、库尾三大区域及重点典型区域，对整个库区的人口演变进行综合研究，可为三峡库区人口与经济、社会、环境的长期协调发展提供一定的指导借鉴。本书的主要贡献如下。

（1）建构一套较为全面的评价三峡库区人口时空演变的评价体系，丰富和完善水利水电库区人口时空演变的综合评价体系。

（2）探寻三峡库区人口时空变化的迁移路径，补充、完善和发展经济学、生态经济学、人口学、人口、资源与环境经济学、地理学、GIS 等相关理论。

（3）通过重点剖析库腹核心区——万州、开州、云阳三个重点移民区（县）的人口演变情况，把握三个区（县）内部人口基本特征、空间分布及人口演变的过程，对了解整个三峡库区的人口变化过程具有一定的参考意义，同时有助于相关部门后期制定更为精准的人口政策、生态移民政策、扶贫政策、推进欠发达地区非农转移人口城镇化政策。

（4）本书对三峡库区人口问题、经济发展问题的研究，既对研究整个三峡库区人口问题、经济社会发展问题具有参考意义，又能为解决人口发展过程中带来的一系列问题提供对策建议。

（5）通过对三峡库区人口演化的研究，预测未来三峡库区人口时空演化的趋势，进一步对国内外同类型的水电库区人口问题进行理论探索和实践指导，提升三峡库区的示范效应和社会效益。

此外，本书的最大亮点在于创新，主要体现在以下几个方面。

（1）运用差异化的动态赋权法评价三峡库区内部各板块及各区（县）的人口承载力。由于三峡库区涵盖范围较广，涉及库首、库腹、库尾三大板块共 26 个区（县），鉴于国家主体功能区规划及重庆市五大功能区域发展战略所确定的不同的区域战略定位、发展重点、发展目标不同，因而不同区域的适度人口承载力内涵也不同，考虑到库区各区（县）发展的巨大差异，在测算不同区（县）的综合适度人口数量时，结合生态、环境、经济、社会、人口等综合因素，根据所处的发展阶段对三峡库区库首、库腹、库尾各个子承载力适度人口分别赋予不同的权重，这样的研究尝试使得各板块及各区（县）的人口承载力及其演化趋势等结论更符合三峡库区的实际情况，对客观科学地制定人口迁移导向政策等具有重要指导价值。

（2）运用情景模拟方法推演并预测三峡库区人口演化趋势。三峡库区人口发展趋势是一个复杂的演化过程，本研究不仅采用了动态的 ArcGIS 时空分析方法，将三峡库区的行政区矢量数据与对应的人口数据相连接，将过去和现状的人口数据落实到空间上，从时间和空间两个角度深入分析三峡库区适度人口、人口空间分布特征、人口重心迁移和典型区域人口时空分布特征等动态发展过程，更为重要的是根据三峡库区历史和现实的独特性引入四种（现状延续、生态资源保护、社会经济发展、各因素协调平衡发展）发展情景，对三峡库区整体，以及库尾、库腹和库首三大板块未来 5～10 年的人口变化进行了推演和比较科学的预测。

（3）运用两维度数据系统构建三峡库区人口基础数据库。三峡库区适度人口评价的难点在于基础数据缺乏，本研究通过与重庆市统计局和湖北省统计局对接，从最权威最系统的每隔 10 年一次的人口普查数据和每年开展的 1%人口抽样调查数据中抽取出三峡库区 26 个区（县）以原始个体样本为主的人口基础数据，建成了从第三次人口普查至第六次人口普查的全库区人口普查数据库和以重庆库区为主体 2000～2014 年的库区人口抽样调查数据库，据此申请并获得了软件著作权。该数据库对三峡库区人口问题及基于人口相关的生态环境保护、社会经济发展、精准扶贫等领域的深度研究具有基础支撑作用。

另外，本书采用大量的数据，以图文并茂的方式，向读者展示了三峡库区人口的特征及时空变迁的过程。

但本书也存在一定的不足，如研究的广度和深度还不够。限于数据与研究目的等原因，本书还有许多关于人口变动等深层次的问题未能一一挖掘。比如，三峡库区人口年龄结构中具体劳动年龄人口各个年龄段的具体分布情况，以及未来库区人口老年化的具体发展态势等；又如，人口流动深层次的结构问题，流出地与流入地的分布问题，城乡人口变迁问题；再如，库区育龄妇女及生育变迁问题等。这些都是今后从事三峡库区人口研究时需要重点关注的话题。

最后，对重庆工商大学融智学院参与本书研究王福海老师、杨朝娟老师、李辉老师表示衷心的感谢！对重庆工商大学长江上游经济研究中心的王崇举教授、文传浩教授、彭国川研究员等专家学者和重庆市统计局有关领导及编辑杨婵娟女士在撰写过程中给予的帮助和建议，以及本书参考文献的作者深表感谢！同时，还感谢国家哲学社会科学重大招标项目“三峡库区独特地理单元‘环境-经济-社会’发展变化研究”（11&ZD161）、教育部人文社会科学重点研究基地重庆工商大学长江上游经济研究中心2014年自主招标项目、“三峡库区百万移民安稳致富国家战略”服务国家特殊需求博士人才培养项目、中央财政支持地方高校发展专项资金应用经济学学科建设项目、重庆市“三特行动计划”之重庆工商大学融智学院经济学特色专业建设项目和金融学特色学科专业群建设项目对本书出版和前期研究工作的经费资助。

作　者

2017年2月14日于重庆

目录

1 绪　论

1.1 概念界定

1.1.1 适度人口

“人口”是指居住在一定地域内或一个集体内的人的总数，“适度”体现了最好、最优、最适宜的意思。就本质而言，“适度人口”就是人口数量与其资源、环境和经济条件相互匹配，达到一个理想的人口规模。适度人口作为对某项特定目标而言的最佳人口目标，是英国经济学家坎南（E. Cannan）于19世纪末首先提出的，是指能够达到一个特定或一系列目标的“最佳”或“最理想”的人口规模（Cannan，1964）。

在我国目前众多的适度人口研究中，研究的方法和关注的重点呈现很大差异。从经济学角度来看，研究人口与经济发展的关系，适度人口是指在一定的生产力水平下，能够带来最大经济效益的稳定人口。从生态角度来看，利用生态足迹理论研究区域生态承载适度人口，适度人口是指在某区域的某一预见时段，以不损害区域生态环境和破坏资源的永续利用为前提，能够保障生态环境物质能量循环相对均衡，环境和自然资源对人口的平均负荷力与人类最佳生存条件一致的适宜人口量。在可持续目标条件下，适度人口不仅要与社会经济变化相互适应，而且还必须与资源环境系统的生产能力和供养能力相互协调，也就是说，适度人口不仅受区域内已有自然资源存量的影响，也受该区域经济资源和社会资源的影响，同时还受该区域生态系统的影响。对于适度人口的内涵，可以从以下几方面来加以把握。

（1）适度人口是指人口的一个最佳区间，是介于“人口不足”和“人口过剩”状态之间最能促进经济增长的一种人口状况。一个国家或地区在一定的历史时期内，人口状态会经历人口不足—适度人口—人口过剩—适度人口—人口不足等循环反复的过程，每一过程经历时间的长短则与当时国家所处的时代背景及生产力发展水平相关。在人类社会发展的早期，由于生产力发展水平低下、技术落后、人们生活质量低下、劳动力短缺，人口没有达到一定的数量，劳动生产能力不能充分发挥，自然资源开发利用程度不足，经济处于低水平运行。这一时期，增加人口数量，提高技术水平，会促进社会经济的发展和环境状况的改善；在人口不断增加的过程中，社会经济、资源状况等会到达一个最佳状态，这个阶段人口与社会经济、资源发展相互协调。当人口数量超过了物质生产条件所能容纳的限度，巨大的消费需求和就业压力等问题会对经济生产能力、资源供给能力和环境承载能力造成极大的压力，使生态经济系统超负荷运转，结果人口增加不但不再促进经济发展，反而引起经济收益和环境效益的下降。因为人类的劳动本来是生产力的主要构成要素，但数量超过一定限度后，又会过多地转化为消费因素，因此形成生产力发展的障碍。

（2）适度人口是最优人口数量，而非最大人口数量。它与人口承载力既相互区别又相互联系。在适度人口的研究中，人口承载力是人口数量的最高限制，它们之间的关系可表示为：适度人口<人口承载力的数量。

人口数量的多少总是同时受多种因素的影响，每一种因素都不是孤立地对人口起作用，而是许多因素共同起作用。因此，人类总是生活在多种因素交织成的复杂的网络之中，在一定情况下某个因素可能成为制约人口发展的限制因素，极易成为“木桶效应”中的短板。由于三峡库区涵盖范围较广（包括库首、库腹、库尾三大区域），不同的区域战略定位、发展重点、发展目标不同，所以本书借助生态学中的“最小因子定律”[①]，结合三峡库区的现状、发展特点和发展目标等进行研究。本书中的适度人口呈现多样化的特点。例如，对于“库首和库腹地区的适度人口”，本书将其界定为在某区域的某一预见时段内，以不损害区域生态环境和破坏资源的永续利用为前提，一个地区的人口与社会经济系统、生态系统、资源环境系统相互作用的最佳状态；对于“库尾地区的适度人口”，本书将其界定为在没有超过生态环境的耐受极限范围情况下，在一定的生产力水平上，一个地区的人口与社会经济系统、生态系统、资源环境系统相互作用的最佳状态。

1.1.2 人口赤字

“赤字”一词多用于财政，意为亏本，指财政年度内财政支出大于收入的差额，

① 该定律是由19世纪德国农业化学家Liebig首次提出的，他是研究各种因子对植物生长影响的先驱。1840年，他首次提出了“植物的生长取决于那些处于最少量状态的营养元素”。其基本内容是：低于某种生物需要的最少量的任何特定因子，是决定该种生物生存和分布的根本因素。因此，后人便将这一定律称为“最小因子定律”。

因会计习惯用红字表示而得名。一般而言，人口赤字是相对于人口红利而言的。人口红利指劳动年龄人口大幅增加带来的经济增长，劳动年龄人口的生产能力远大于整个社会的消费能力，产生了大量财富的积累。人口赤字指随着人口的老龄化，从事生产的劳动力不足，而国家因人口老龄化的财政负担日益加重，劳动年龄人口的生产能力远小于整个社会的消费能力，产生了财富的流逝。而本书中的人口赤字是相对于适度人口提出的，是实际人口数量大于适度人口的状态。实际人口数量超过适度人口数量，则出现人口赤字，有限的生态环境无法满足过多的人口需求，要么从外界进口资源，要么发展经济，要么超额利用当地的自然资源存量来维持既定生活目标下的超额人口；反之，则出现人口盈余或富余。

由于研究的侧重点及影响因素不同，人口赤字可分为生态赤字、经济赤字、资源赤字（耕地和建设用地赤字）等。生态赤字来源于生态足迹模型计算的生态承载适度人口，指一个地区的生态承载适度人口小于实际人口，其大小等于实际人口减去生态承载适度人口的差额。经济赤字指一个地区的经济承载适度人口小于实际人口，其大小等于实际人口减去经济承载适度人口的差额。资源赤字指一个地区的资源承载适度人口小于实际人口，其大小等于实际人口减去资源承载适度人口的差额。

1.1.3　人口承载力

"承载力"一词最早出自生态学领域，其特定含义是生态系统所提供的资源和环境对人类社会良性发展的一种支撑能力。简言之，是指在不削弱生态系统所提供的资源和环境的生产能力下，对既定的生物种群而言，该环境所能支撑的最大的生物量。其早期的应用范围只限于生态领域，如研究畜牧业中的草地牲畜承载力等。随着人口、资源和环境问题的提出，人类学家和生物学家将承载力的概念发展并应用到人类生态学中，产生了关于人口承载力的研究。

人口承载力的思想最早可以追溯到 18 世纪末马尔萨斯的人口论。1779 年，英国经济学家托马斯·马尔萨斯提出了著名的两个级数的理论。他认为，在没有阻碍的情况下人口数量将按照几何级数增长，而人类所依赖的物质资料按照算术级数增长，因此物质资料的生产总是赶不上人口增长。当人口增长超过了物质资料增长（即人口上限）时，就会出现灾难（如贫困、失业、疾病甚至战争等）阻碍人口增长。他认为，自然界存在着一种自然的法则，即自然界将通过上述这些灾难来迫使人口增长减缓和停滞甚至减少，从而初步达到和物质资料均衡，然而由于人口和物质资料增长的速率不同，经过一段时间后，这种均衡将会再次打破，如此形成人口与物质资料之间平衡—不平衡—平衡（郭大力，2006）。

虽然当时马尔萨斯并没有明确提出人口承载力的概念，但是这里面已经包含着明确的人口承载力的思想，即自然界存在着对人口增长的限制。

1949 年，威廉·福格特在其著作《生存之路》中，首先提出了土地人口承载力的计算公式，可以被看做是新马尔萨斯主义的代表作。他提出现代世界人口增长已超过了土地和自然资源的承载能力，人类面临灭顶的危险；人类的生存之路在于限制人口增长，恢复和保持人口数量和土地、自然资源之间的平衡。

随后，1971 年斯坦福大学的保罗·埃里希（Paul Ehrilich）在《人口爆炸》，以及 1972 年梅多斯等学者在著名的《增长的极限》一书中，都对人口承载力与人口增长、经济社会发展规模的关系进行了研究。

迄今为止，国际组织和学术界对于人口承载力的定义多达几十种。具体而言，人口承载力可归纳为在一定时间、一定区域内资源环境状况允许和人类正常生活可以承受的情况下所能容纳的最高人口限度。

由于研究的侧重点及影响因素不同，人口承载力可以分为资源人口承载力、经济人口承载力、生态承载力。资源人口承载力是基础、经济承载力是关键、核心，生态承载力是限制。资源人口承载力是指一个国家或地区在可以预见的时期内，利用当地的能源和其他自然资源，以及智力、技术等资源，保证人们在一定物质生活水平下能够持续供养的人口数量。目前，关于资源人口承载力的研究主要集中于自然资源领域，其中以土地资源承载力的研究历史最长，研究成果也最为成熟。经济人口承载力指在特定区域的一定经济水平下，在经济发展的过程中，依靠现有的生产资料所能容纳的最大人口数量。生态承载力是指某一时期在一定区域内，在不损害该区域资源环境的情况下，所能承载的人类最大负荷量。

1.2 研究思路与方法

1.2.1 研究思路

本书主要分为五个部分，如图 1-1 所示。

（1）第一部分包括第 1 章绪论。本部分概述本书的研究背景与研究意义，并介绍本书的主要内容及在研究过程中所选用的主要方法工具，对本书的技术路线和结构进行布局安排。

（2）第二部分包括第 2 章、第 3 章。本部分主要对三峡库区概况、人口特征进行充分研究。本部分从资源环境、经济发展、社会事业、人口情况等角度系统、全面地分析三峡库区各方面的发展情况，特别是对库区本身的人口进行了全方位的剖析，包括人口年龄、性别、质量、就业、密度、重心迁移等，对后文深入研究三峡库区的适度人口做了铺垫。

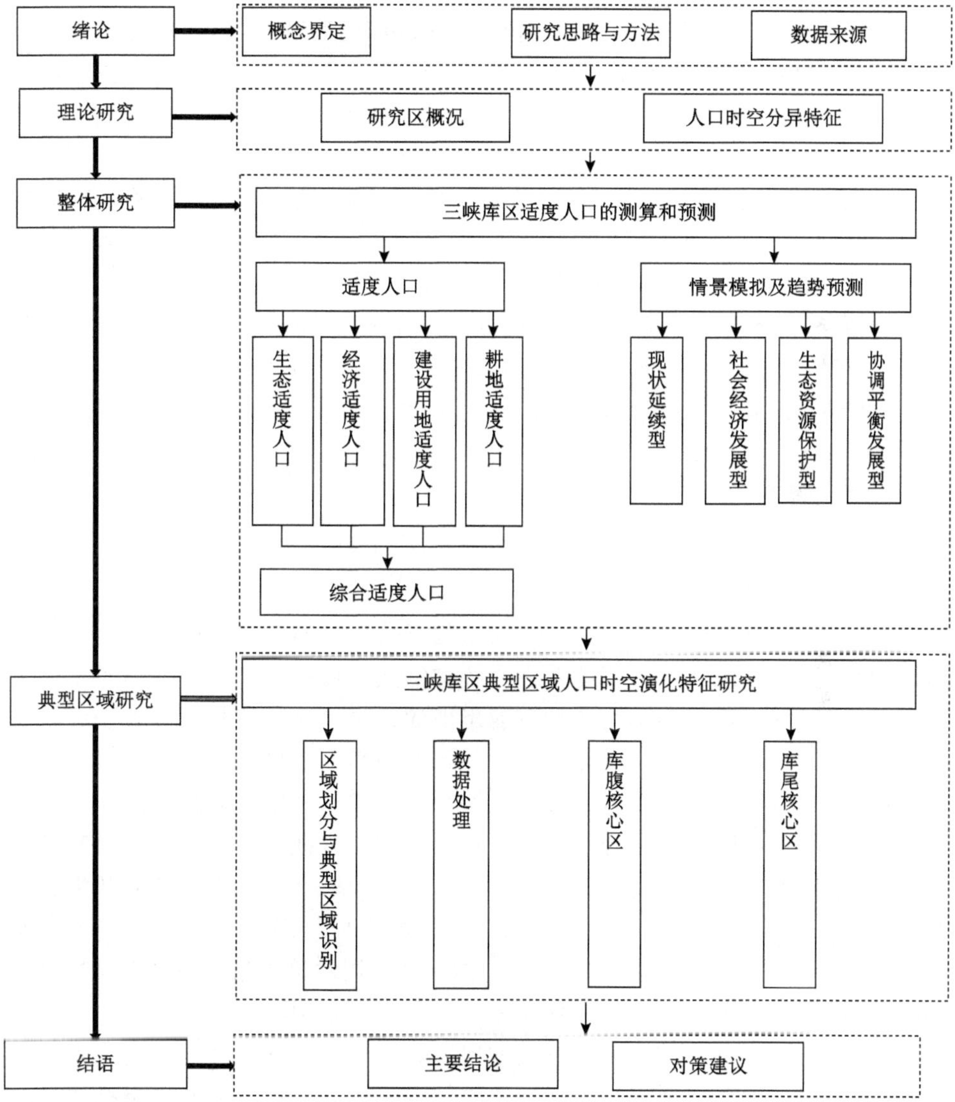

图 1-1　三峡库区人口时空演变框架图

（3）第三部分包括第 4～8 章。本部分主要是从适度人口起源、适度人口理论、适度人口计算模型，以及三峡库区适度人口测算、未来人口预测进行全方位研究。首先，第 4 章、第 5 章对适度人口研究的相关起源、研究方法、测量模型及测量过程进行研究，结合三峡库区的现实条件，分析影响适度人口的因素，从生态-

经济-资源三个维度研究三峡库区的适度人口。第 6 章从子承载力的角度对三峡库区三个维度的适度人口进行时空分异特征分析。第 7 章从综合承载力的角度对三峡库区综合适度人口进行时空演化分析（包括空间分布、动态变化、时空对比等）。第 8 章通过设计区域的发展情景，模拟研究三峡库区适度人口未来的发展趋势。从四种区域发展情景模式出发，模拟预测不同情景模式下三峡库区直至 2021 年的适度人口规模及其人口分布状况，同时基于不同情景模式对三峡库区库首、库腹与库尾内部适度人口的演化情况进行预测和分析。

（4）第四部分包括第 9 章。本部分主要以库腹地区万州区、开州区（原开县，2016 年撤县设区）、云阳县和库尾核心区——重庆都市圈等为例，详细解剖三峡库区典型区域人口时空演化的主要特征、趋势及应对策略。

（5）第五部分包括第 10 章。本部分提出了优化三峡库区人口时空分布的对策建议，如控制三峡库区主城九区人口增长速度；注重渝东北各区（县）人口迁移的政策引导；统筹区域协调发展，合理引导库区人口转移等。

1.2.2 研究方法

1. 情景模拟预测法

由于未来发展存在不确定性，情景预测法是从影响事物发展的多个因素出发，分析研究在各种条件下可能发生的各种情景，依照事物在不同情景条件下变化发展的轨迹去模拟和预测各种可能出现的结果。这种情景预测方法可以帮助人们了解影响未来发展的关键因素及其各自的影响程度，据此为战略决策的制定提供更加合理有效的参考依据。张波等（2010）采用趋势预测法和多情景模拟分析方法对我国生态足迹进行了趋势分析和情景模拟。潘竟虎等（2012）基于多情景模型方法，从用地空间、可供水量、绿地指标、生态足迹和生态敏感性分区五个方面测算了兰州新区的生态适度人口与最大人口规模。丁庆龙（2014）以卢龙县为例，通过设定三种不同土地利用政策情景（自然发展情景、基本农田保护型情景、生态保护型情景），模拟得到不同情景下 2020 年土地利用格局模拟图。本书通过设计区域的发展情景，模拟研究三峡库区适度人口未来的发展趋势，区域发展情景的设计主要结合适度人口评价的四个指标体系，设计了现状延续、生态资源保护、社会经济发展及协调平衡发展状态下区域发展的适度人口。从四种区域发展情景模式出发，模拟预测不同情景模式下三峡库区直至 2021 年第一个 100 年的适度人口规模及其人口分布状况，同时，基于不同情景模式对三峡库区库首、库腹与库尾内部适度人口的演化情况进行预测和分析。

2. ArcGIS 空间分析法

地理信息系统（geographical information system，GIS）是由 Roger F. Tomlinson 于 1963 年提出的，20 世纪 80 年代开始走向成熟。GIS 以其强大的数据管理和空间分析功能，在管理和分析人口数据中显示了一般信息系统所不具有的空间表述功能，被很多人口研究者应用于人口学的数据管理和分析中。例如，在人口学中，GIS 主要应用于人口数量、结构、素质和迁移等方面（胡艳花，2007）；赵军和符海月（2001）把 GIS 运用于研究甘肃省少数民族人口重心迁移；叶明（2003）以宁波为例，把 GIS 运用于城市人口空间分析，建立了城市人口空间分析的空间属性数据库和应用模型，并把其应用于人口预测；金君等（2003）针对人口分布表示方法的不足，提出将人口数据分布到规则格网上的数字人口模型。本书采用 GIS 技术以三峡库区行政界限区图为基础地图，结合适度人口计算模型和重心迁移模型，利用 ArcGIS 地理信息系统软件的空间分析和统计技术，将行政区矢量数据与人口数量的变化制作成图，对三峡库区适度人口、人口空间分布特征和典型区域人口时空分布特征进行实证分析，理清三峡库区人口发展的现状及存在的一些问题，据此提出合乎实际的规范、对策和建议。

（3）多目标系统分析法。“系统分析”（systems analysis）一词最早是在 20 世纪 30 年代提出的，即把要解决的问题看成一个系统，对系统要素进行综合分析。在多目标系统中，要同时考虑多种目标，而这些目标往往是难以比较的，甚至是彼此矛盾的，一般很难使每个目标达到最优，做出各方面都很满意的决策。因此，多目标系统分析法实际是在各种目标和限制之间求得一种合理的妥协，这种妥协最终形成一种类似于帕累托最优的状态。牛媛媛等（2010）选择关中-天水经济区为研究对象，基于变异系数的协调函数模型对其人口-经济-生态系统的协调度进行了测算。张淑源（2012）以西北黄土台塬区为研究区域，分析其人口、经济与资源环境三个系统的协调度，并为县域协调发展途径提出对策和建议。本书首先从三峡库区生态-经济-资源复合系统的子系统出发，分别得出三峡库区生态、经济和资源子系统的人口时空演变和重心迁移变化，在对三大子系统发展状况科学合理地进行评价后，对三大子系统的人口时空演变情况进行综合，对三峡库区综合承载力的适度人口时空演变等发展状况进行整体评价。

1.3　数据来源

本书人口数据主要来源于《重庆市 2000 年人口普查资料》《重庆市 2010 年人口普查资料》，以及 2004 年、2007 年、2013 年 1%人口抽样调查数据；经济数据主要来源于2001～2013年《重庆统计年鉴》《湖北统计年鉴》，以及重庆市和湖北省各区（县）的国民经济和社会发展统计公报；土地数据来自解译的遥感数据。由于本书涉及数据十分庞杂，笔者在收集和整理过程中也做了一定的处理，特在此一一说明。

1. 经济数据

库区中各区（县）的经济数据来源于《重庆统计年鉴》《湖北统计年鉴》《宜昌统计年鉴》和《恩施州统计年鉴》，以及重庆市国民经济和社会发展统计公报、宜昌市国民经济和社会发展统计公报。

2. 人口普查数据

本书所用人口普查资料均来自《重庆市2000年人口普查资料》《重庆市2010年人口普查资料》，以及2004年、2007年、2013年重庆市人口1%抽样调查数据。其中，各区（县）的人口数量采用常用人口数据，来源于统计年鉴，由于人口数据大多来源于重庆市第五次人口普查（以下简称“五普”，时间为2000年）、第六次人口普查（以下简称“六普”，时间为2010年）和抽查数据，样本量存在不一致，以总量水平衡量各区域人口发展状况无疑出现偏差，故而所有指标均选用相对指标。

3. 土地数据

本书采用2001年、2007年和2010年的美国陆地卫星TM遥感影像数据作为研究三峡库区土地利用变化的影像数据源，空间分辨率为30米；收集三峡库区1：5万的数字高程模型（DEM）数据作为研究地形因子的主要数据源，并且整理三峡库区内与社会经济相关统计数据作为研究辅助材料。

2 三峡库区资源环境与社会经济概况

三峡库区位于长江咽喉地带和长江流域西部结合部，是因长江三峡水库的新建而形成的特殊区域。因此，三峡库区既是长江上游经济带的重要组成部分，又是我国极为重要的敏感生态经济区，其面临着生态重建和经济发展的双重任务。三峡库区涵盖了湖北省宜昌市所辖的兴山县、秭归县、武陵区、恩施土家族苗族自治州（简称恩施州）所辖的巴东县的 4 个区（县），以及重庆市所辖的 22 个区（县），是一个内部差异显著的欠发达地区。三峡库区大部分淹没区域都集中在重庆段，面积约 4.62 万平方千米，占重庆市面积的 56%，约占整个三峡库区面积的 85.6%，具有较大的代表性。三峡库区西起重庆市江津区，东至宜昌市夷陵区，东西跨度长达 600 千米，不同区域的经济社会水平和资源环境禀赋差异也较大。考虑区域发展的特殊性，为了便于比较分析，本书借鉴《三峡库区近、中期农业和农村经济发展总体规划》的分区标准，将三峡库区划分为库首、库腹、库尾三大区域（图 2-1）。库首区即三峡库区湖北段（以下简称湖北库区），涵盖恩施州的巴东县和湖北省宜昌市的兴山县、秭归县、夷陵区等 4 个区（县）；库腹区涵盖重庆市万州区、涪陵区、丰都县、武隆县、忠县、开州区、云阳县、奉节县、巫山县、巫溪县、石柱县等 11 个区（县）；库尾区涵盖重庆市渝中区、大渡口区、江北区、沙坪坝区、九龙坡区、南岸区、北碚区、渝北区、巴南区、江津区、长寿区等 11 个区。库腹区与库尾区共同组成三峡库区重庆段（以下简称重庆库区）。

三峡库区横跨重庆市和湖北省，由于不同地区的政策、制度具有差异性，库首、库腹、库尾三个区域的区位、地形地貌、资源禀赋也各具特色，另外，其人口问题、土地问题、移民安置落户问题、产业结构和经济增长等问题错综复杂，因此，三峡库区要秉承“求同存异”的发展原则，实现自身人口、经济与社会的良性循环，进而促进区域整体经济的健康发展。

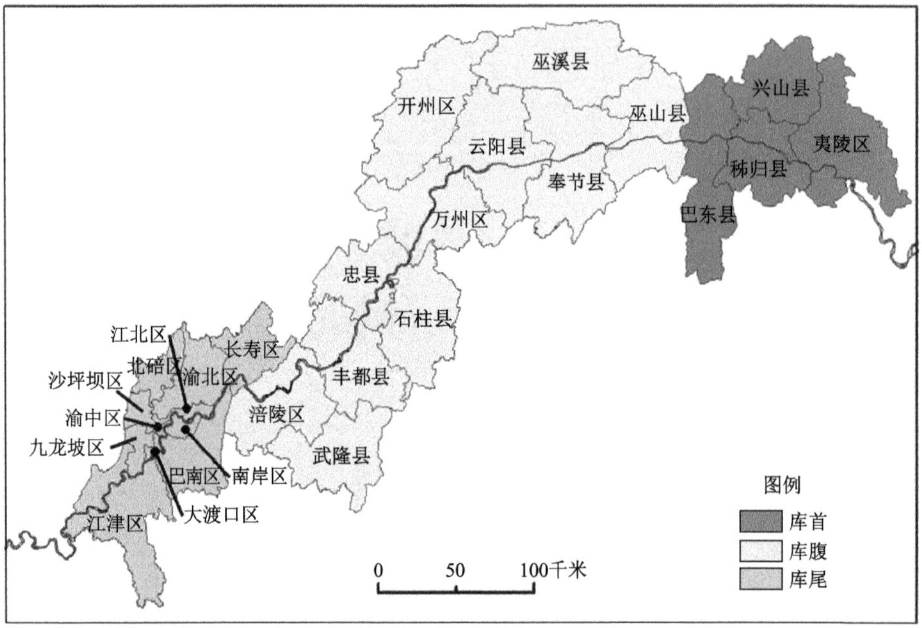

图 2-1 三峡库区库首、库腹、库尾行政区划图

2.1 自然资源情况

2.1.1 土地资源集中度高

土地是人类赖以生存的重要资源。本书的土地利用现状数据的分类体系采用中国科学院“八五”期间“国家资源环境遥感宏观调查、动态分析与遥感技术前沿的研究”项目中所制定的分类体系，将土地利用类型划分为六个一级类，即耕地、林地、草地、水域、建设用地、未利用地。根据该土地利用分类体系，在 TM 遥感影像数据的基础上，将计算机自动分类和人工识别光谱特征结合，解译生成三峡库区 2001～2013 年的土地利用数据。

截至 2013 年，三峡库区土地资源面积 72 014.42 平方千米，主要为耕地和林地，两者达到 80%以上，具体情况如表 2-1 所示。

（1）耕地：包括水田和旱地。截至 2013 年，耕地面积共 26 408.03 平方千米，占土地资源面积的 36.67%，比 2001 年减少了 4.59 个百分点。

（2）林地：包括林地、灌木林、疏林地和其他林地。截至 2013 年，林地面积共 33 219.10 平方千米，占全库区土地资源总面积的 46.13%，比 2001 年减少了 5.33 个百分点。

（3）草地：包括高覆盖度草地、中覆盖度草地和低覆盖度草地。截至 2013 年，草地面积 1630.45 平方千米，占土地资源总面积的 2.26%，与 2001 年相比变化不大。

（4）水域：包括河渠、湖泊、水库坑塘、冰川积雪、海涂、滩地。截至 2013 年，水域面积 1729.70 平方千米，占全区土地资源总面积的 2.40%，与 2001 年相比变化不大。

（5）建设用地：包括城镇用地、农村居民点用地和工况和交通用地。截至 2013 年，建设用地共 8582.16 平方千米，占土地资源总面积的 11.92%，与 2001 年相比，增加了 9.02 个百分点，面积增加较多。

（6）未利用地：包括沙地、戈壁、盐碱地、裸土地、沼泽地、裸岩及其他。截至 2013 年，未利用地面积 444.98 平方千米，占全区土地总面积的 0.62%，比 2001 年增加 0.59 个百分点。

表 2-1　三峡库区 2001～2013 年土地变化情况

年份	项目	耕地	林地	草地	水域	建设用地	未利用地	总计
2001 年	面积/千米^2	29 715.80	37 058.30	1 579.60	1 553.70	2 088.10	18.90	72 014.40
	占比/%	41.26	51.46	2.19	2.16	2.90	0.03	
2013 年	面积/千米^2	26 408.10	33 219.10	1 630.45	1 729.70	8 582.16	444.98	72 014.40
	占比/%	36.67	46.13	2.26	2.40	11.92	0.62	
增长率/%		−4.59	−5.33	0.07	0.24	9.02	0.59	

资料来源：2001 年、2013 年美国陆地卫星 TM 遥感影像数据

通过上述分析可以看出，三峡库区土地资源具有以下两方面特点。①农业用地比重较高，大农业特色明显。2013 年，全区耕地面积占土地资源总面积的 36.67%，若把林地也计算在内比例则超过 80%。②建设用地面积增长较快，林地和耕地面积持续下降。

2.1.2　水资源环境复杂

三峡库区入境河流主要有长江、嘉陵江、乌江、綦江等几十条，出境河流主要是长江，总出口位于巫山县碚石镇。地表径流及地下水全部由大气降水补给，其年际变化和年内分配都和同期的降水量呈正相关。同时受地质构造、地形地貌因素的影响，地区之间形成较大差异。境内地质构造复杂，因此水文地质环境也十分复杂。全区地下水主要有碳酸盐岩层溶水、碎屑岩孔隙裂隙水、基岩裂隙水三种类型。

2.1.3 生物资源丰富

三峡库区在植物地理区划上属亚热带常绿阔叶林区，水热条件较好，地面高差变化大，环境相对稳定，物种资源丰富，属于中国17个具有全球保护意义的生物多样性关键地区之一，生物物种资源非常丰富。研究表明，三峡库区共有植物6088种，分属220科1428属。其中，蕨类植物41科100属，400种；裸子植物9科30属，88种；被子植物170科1298属，5600种。三峡库区分布有脊椎动物452种，其中哺乳类100种，鸟类291种，爬行类32种，两栖类29种。

2.1.4 矿产资源种类繁多

三峡库区矿产资源种类繁多，资源丰富。现已查明的就有煤、铁、天然气、岩盐、灰岩、砂岩等几十种资源。其中，保有储量较高的矿产有陶瓷用砂岩、水泥配料用泥岩、汞矿、砖瓦用砂岩、天然气、锶矿、铸型用砂、锰矿、滑石、玻璃用砂岩、铝土矿、砖瓦用黏土、重晶石及岩盐等。在发现的矿种中，具有现实资源优势并在国民经济中具有重要地位的矿产有天然气、锶矿、锰矿、水泥用灰岩、煤炭等；矿产主要集中在库区北部、中部和东部，尤其是东部矿产种类分布明显较多。天然气、煤层气、煤炭、石灰岩等分布较普遍。重庆库区矿产资源开发力度较大、开发利用较好的金属矿产有锶矿、锰矿等少数矿种。非金属矿产资源开发利用较好，主要有水泥用灰岩、建筑用灰岩、砖瓦用页岩、岩盐、冶金辅助矿产、玻璃陶瓷矿产、煤、天然气等。

2.2 经济发展情况

2.2.1 区域经济发展迅速，但内部发展不平衡

由表2-2可知，2001～2013年，三峡库区的经济总量呈快速增长态势，库区经济总量由2001年的1231亿元一直飙升至2013年的9507亿元，年均增长18.57个百分点，高于全国经济总量增长的速度，表明库区的经济增长十分迅猛。同时从人均GDP来看，2013年三峡库区的人均GDP为4.7万元/人，高于全国人均GDP。整体而言，库首、库腹、库尾地区差异明显，库首地区低于库腹地区，库腹地区低于库尾地区。

库首地区经济总量由2001年的107亿元上升至2013年的633亿元，年均增长15.97%，其中兴山县、夷陵区的增长速度较为明显，2013年夷陵区的人均GDP

达到 74 625 元/人，远远高于库首其他区（县）和全国的平均水平。

库腹地区经济总量由 2001 年的 339 亿元上升至 2013 年的 2621 亿元，年均增长 18.57%，其中万州区和涪陵区增长速度较为明显，年均增长率为 20.73%和 20.10%，库腹地区除涪陵区外，其余地区人均 GDP 低于三峡库区。

库尾地区经济总量由 2001 年的 800 亿元上升至 2013 年的 6253 亿元，年均增长 18.69%。同时库尾大部分地区增长速度较为明显，特别是渝北区的年均增长速度惊人，达到了 28.67%，同时，渝北区在人口总数较多的情况下，人均 GDP 还能保持 68 370 元/人。除此之外，2013 年渝中区的人均 GDP 达到 123 686 元/人，远高于三峡库区其他地区，处于领先地位；江北区经济总量的增长速度和人均 GDP 都表现较好，分别达到 21.01%和 66 842 元/人。

表 2-2　2001～2013 年三峡库区经济总量

地区	区（县）	2001 年 GDP /万元	2013 年 GDP /万元	年均增长率 /%	2013 年人均 GDP /（万元/人）
库首	巴东县	172 725	740 000	12.89	1.746 5
	兴山县	117 945	780 800	17.06	4.579 5
	秭归县	177 155	912 400	14.64	2.526 7
	夷陵区	598 000	3 898 400	16.91	7.462 5
库首合计		1 065 825	6 331 600	16.01	16.01
库腹	万州区	731 981	7 020 296	20.73	4.400 3
	涪陵区	765 872	6 900 374	20.10	6.173 2
	丰都县	229 387	1 196 884	14.76	1.929 5
	武隆县	159 307	1 079 088	17.28	3.088 4
	忠县	248 289	1 826 278	18.09	2.497 0
	开州区	416 690	2 654 674	16.69	2.284 8
	云阳县	244 433	15 03 412	16.34	1.667 7
	奉节县	242 848	1 601 148	17.02	2.039 7
	巫山县	134 575	751 277	15.41	1.599 1
	巫溪县	89 340	602 204	17.24	1.513 8
	石柱县	132 186	1 074 299	19.08	2.691 8
库腹合计		3 394 908	26 209 934	18.57	18.57
库尾	渝中区	1 246 107	8 042 049	16.81	12.368 6
	大渡口区	432 462	1 366 193	10.06	4.160 1
	江北区	562 561	5 548 592	21.01	6.684 2
	沙坪坝区	919 510	7 012 817	18.45	6.357 4

续表

地区	区（县）	2001 年 GDP /万元	2013 年 GDP /万元	年均增长率 /%	2013 年人均 GDP /（万元/人）
库尾	九龙坡区	1 189 426	8 235 805	17.50	7.103 5
	南岸区	615 262	5 320 271	19.69	6.413 8
	北碚区	576 340	3 715 769	16.80	4.883 4
	渝北区	486 430	10 017 593	28.67	6.837 0
	巴南区	528140	4 659 295	19.89	4.861 0
	长寿区	554 600	3 740 808	17.24	2.959 0
	江津区	886 580	4 865 813	15.24	6.061 1
库尾合计		7 997 418	62 525 005	18.69	6.158 7
三峡库区		12 309 650	95 066 539	18.57	4.715 7
全国		1 096 550 000	5 688 450 000	14.70	4.180 5

资料来源：《中国统计年鉴》（2001 年、2014 年）、《重庆统计年鉴》（2001 年、2014 年）、《宜昌统计年鉴》（2001 年、2014 年）、《恩施州统计年鉴》（2001 年、2014 年）

2.2.2 区域内产业结构逐步升级，但内部差异大

由图 2-2、图 2-3 可知，总体来看，2013 年重庆、三峡库区的库首和库腹地区的三次产业比重均是第二产业占比较大，其次是第三产业，第一产业占比较小。然而，各区域的产业结构内部情况则大不相同。库首地区第二产业占比最大，第二产业份额比第三产业份额高 31 个百分点，其中，夷陵区、兴山县的第二产业比重较大，分别为 65%和 57%。而库首第二产业又是以工业为主，可见库首地区的工业对环境造成的生态压力之大。

整体来说，库腹地区仍以第二产业为主，但第三产业在逐步崛起，并有继续上升之势，特别是万州区、涪陵区，第二产业的比重达到 52%和 63%，但这两个区的第三产业比重相对较高，第一产业很低，都为 7%，第二、第三产业挤占了很大部分的第一产业，对农业的开发力度不足。库腹其他地区的第二、第三产业的比重差距较小，渝东北地区的云阳县、奉节县、巫溪县、巫山县等地区的第一产业维持在 20%左右，说明这些地方的农业为该地区 GDP 的发展贡献了较大的份额。按照钱纳里的工业化阶段理论，该地区处于产业发展工业化中期阶段，该阶段非农业劳动力开始占主体，第三产业开始迅速发展，大部分产业属于资本密集型产业。

在这几大区域中，库尾地区的三次产业结构发生了明显的变化，自 2013 年起，库尾地区第一产业比重较小，第三产业超越第二产业开始成为该地区的主导产业，库尾地区第三产业的发展较为强劲，不论是产业结构还是经济发展水平都要远远

优于库首和库腹地区。该地区已进入工业化后期阶段，以服务业为主的第三产业成为经济增长的新动力。同一时期，全国第三产业也超越第二产业。从图 2-3 可以看出，渝中区作为重庆的中央商务区（CBD），第三产业非常发达，所占比例达到了 96%，充分凸显了它作为重庆商业中心的地位。另外，南岸区、北碚区、渝北区、江津区、长寿区的第二产业比重较大，达到了 60%左右。

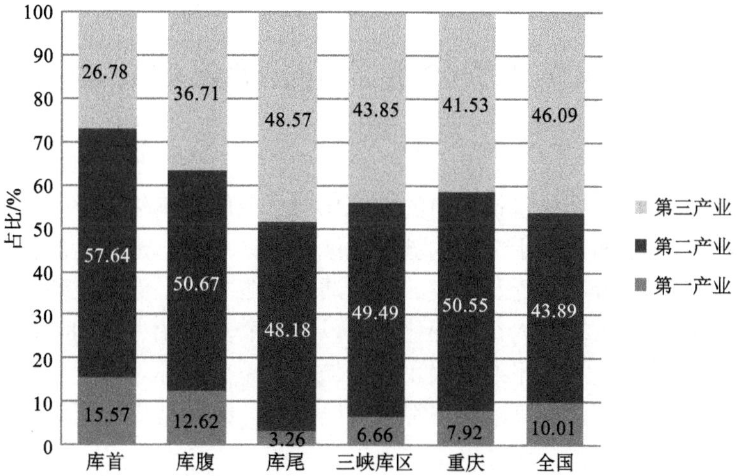

图 2-2 2013 年各区域产业结构图

资料来源：《中国统计年鉴》（2014 年）、《重庆统计年鉴》（2014 年）、《宜昌统计年鉴》（2014 年）、《恩施州统计年鉴》（2014 年）

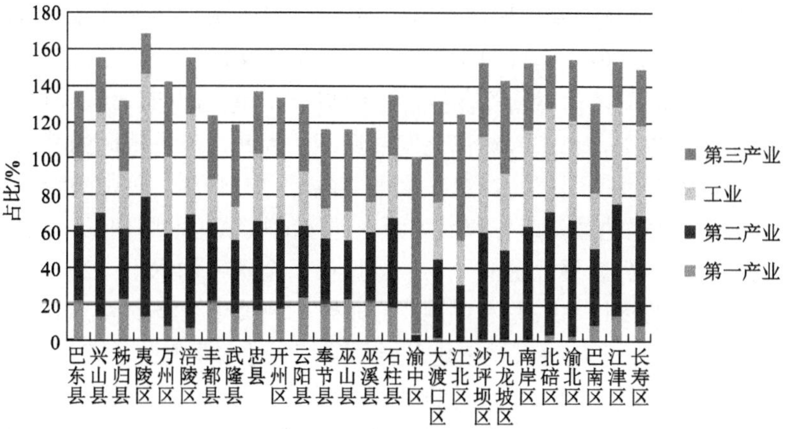

图 2-3 2013 年三峡库区各区（县）产业结构图

资料来源：《重庆统计年鉴》（2014 年）、《宜昌统计年鉴》（2014 年）、《恩施州统计年鉴》（2014 年）

为了增强三峡库区产业支撑力，国务院设立了三峡库区产业发展基金，以支持三峡库区各区域产业的发展。三峡库区水、矿产、生物资源相当丰富，库区发展应坚持因地制宜的原则。库首地区适宜发展旅游业、磷矿产业、清洁能源、新型矿业，库腹地区则发展果蔬、畜禽产业等特色农业产业，库尾地区发展先进制造业、高新技术产业、金融业、商贸业、电子信息产业、汽车及零部件装备制造业、船舶业等，形成各具特色、优势互补的产业格局，以此推动三峡库区的经济发展。

2.2.3 区域内城镇化发展严重不平衡，户籍人口城镇化小于常住人口城镇化

从广义上讲，城镇化包括人口的城镇化、产业的城镇化、空间的城镇化和社会的城镇化四个方面。由于空间的城镇化涉及各区（县）建成区面积的数据，社会的城镇化涉及教育、医疗、卫生、交通通信等各方面，数据收集难度较大，同时本书主要研究三峡库区人口的变化，所以此处着重介绍人口的城镇化。从狭义上讲，衡量城镇化发展水平通常采用人口城镇化率为指标，按国家统计局规定，城镇化率=城镇人口/总人口，均按常住人口计算，而不是户籍人口，即城镇化率不是以户口性质计算的，而是以常住人口计算的。

由于三峡库区各区（县）城镇人口数据的统计起步较晚，从 2003 年开始才出现城镇化率指标，因此本书从 2003 年开始分析三峡库区城镇化发展进程。从 2003 年开始，三峡库区整体城镇化率缓慢增长。截至 2013 年年末，库区 26 个区（县）常住人口 2015.94 万人，其中城镇人口 1269.77 万人，人口城镇化率达 63%，高于全国平均水平（53.73%），主要是受库尾地区高城镇化率拉动的影响。从 2003 年开始，库尾地区城镇化率始终保持在 60%以上，虽然起起伏伏，但总体来说大多数年份在 80%以上，已进入城镇化发展后期。因此，库尾地区的城镇化水平已经接近或超过部分发达国家的城镇化水平（截至 2014 年，美国的城镇化水平为 81.4%）。相比库尾地区，库首和库腹两个地区的城镇化率则偏低，2013 年库首尚未达到 40%，不到库尾地区的一半，远远低于全国平均水平。2003～2009 年，该地区城镇化率始终在 20%左右徘徊，长期处在城镇化初级阶段。2009～2010 年实现了断崖式增长，之后进入城镇化发展平稳期，这主要得益于湖北省 2009 年实施的“两圈一带”战略和长期推进的“一主两副”战略（武汉为主中心，宜昌、襄阳为两副中心），人口流动较大地促进了城镇化的发展。而库腹地区从 2003 年到 2013 年都是处在城镇化发展加速期，但其中巫溪、巫山、奉节、石柱等区（县）城镇化水平较低，截至 2013 年，分别为只有 29.9%、34.6%、36.9%、37%。可见，三峡库区内部城镇化发展严重不平衡（图 2-4）。

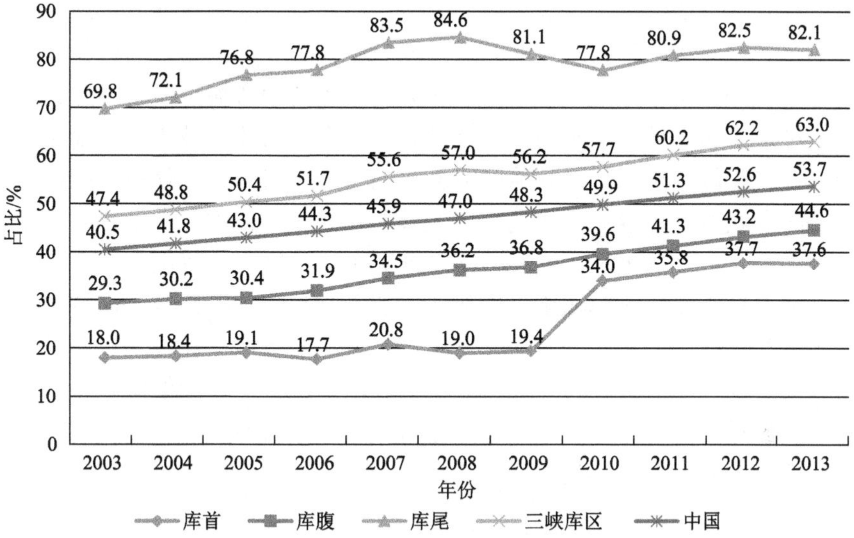

图 2-4　各区域城镇化率

资料来源：《中国统计年鉴》（2003～2014 年）、《重庆统计年鉴》（2003～2014 年）、《宜昌统计年鉴》（2003～2014 年）、《恩施州统计年鉴》（2003～2014 年）

截至 2013 年年底，按户籍人口计算，三峡库区户籍人口城镇化率仅为 43.9%；按常住人口计算，三峡库区常住人口城镇化率为 63%，两者相差 19.1 个百分点。可见，整个库区户籍人口城镇化和常住人口城镇化发展水平不匹配，户籍人口城镇化远远滞后于常住人口城镇化，说明农村确实有大量人口到了城镇务工或经商，实现了非农化，但身份还是农民，还没有实现真正的人口城镇化。

综上所述，三峡库区内部城镇化发展严重不平衡，户籍和常住人口城镇化差距较大，三峡库区要按照国家的主体功能规划，结合重庆市和湖北省的总体规划，因地制宜，既要加强小城镇建设，又要突出区域性中心城市的辐射作用，使三峡库区逐渐成为宜居、宜业的载体和联系城乡的纽带，尤其是库腹和库首地区要深入推进户籍制度改革，以此促进就地城镇化。同时，三峡库区要充分发挥万州和涪陵等区域经济中心城市、宜昌副中心城市的辐射作用，进一步突出城镇化对产业及人口聚集的作用。

2.2.4　区域内居民收入差距大，城乡二元结构突出

2013 年，三峡库区村镇职工人均可支配收入为 22 729 元，农村居民人均可支配收入为 8943 元，区域内部差异较大（图 2-5）。库腹地区城镇职工、农村人均可支配内部收入差距较大，其中万州区、涪陵区总体来说收入水平优于其他乡镇，

巫溪县最低。库腹地区的城乡收入差距之所以较大，主要是由于库腹地区为三峡库区腹地，其发展布局遵循“点上开发，面上保护”，特别是万州区作为重庆市除主城九区以外的第二大城市，涪陵区作为重庆市的中心城市，承担了带动武陵山等地经济发展的重任。库腹地区经济增长的资金、人才和技术等要素主要集中在万州区、涪陵区等点上，而其他区（县）的发展相对较差，使得库腹地区的内部区域差距和城乡差距较大。库尾地区城镇职工、农村人均可支配收入水平普遍较高，高于重庆市平均水平。同时，库尾地区除江津区、长寿区外，各区（县）内部差距相对较小。但城镇职工与农村居民的可支配收入差距较大，特别是渝北区达到 16 582 元。这说明三峡库区城乡二元经济结构尤为突出，农村居民收入基数低，不仅严重影响农业、农村经济和三峡库区整体的可持续健康发展，而且还有可能引发严重的社会问题。因此，国家必须持续加大对“三农”发展的扶持力度，大幅缩小城乡收入相对差距。

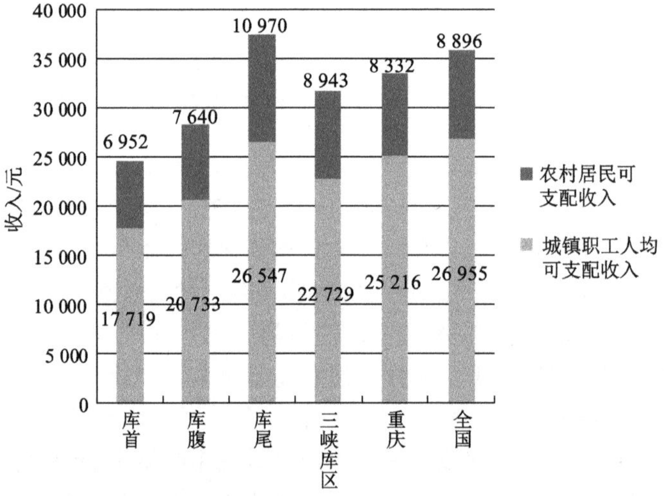

图 2-5　2013 年各区域可支配收入

资料来源：《中国统计年鉴》（2014 年）、《重庆统计年鉴》（2014 年）、《宜昌统计年鉴》（2014 年）、《恩施州统计年鉴》（2014 年）

2.3　社会生活情况

2.3.1　教育平稳向前发展

本书采用义务教育阶段中小学专任教师数量来反映三峡库区教育的发展情况，中小学专任教师数量越多，则库区学生受到教师的关注度就越高，学生成长会更加健康和快速，库区学生的综合素质就越高，基础教育就越发达。2013 年，三峡库区小学及中学共有 3745 所，其中小学 2978 所，中学 767 所；小学及中学专任教师共有 146 389 人，其中小学教师 72 342 人，中学教师 74 047 人。由图 2-6 可知，库区中小学专任教师数量以十分平缓的速度增长，由 2005 年的 133 474 人增加到 2013 年的 146 389 人，年均增长 1.16 个百分点，库区基础教育并未衰退，而是保持平稳速度向前发展，与库区人口增长速度基本相同。另外，库区各区域基础教育教师增长速度也是略有差异，仍以库尾地区增速最快，库腹次之，库首最缓。库尾地区基础教育专任教师数量由 2005 年的 53 052 人增长到 2013 年的 61 831 人，年均增长 1.93 个百分点。库腹地区基础教育专任教师数量由 2005 年的 68 845 人增长到 2014 年的 74 893 人，年均增长 0.94 个百分点。库首地区基础教育专任教师数量由 2005 年的 11 577 人下降到 2013 年的 9665 人，年均减少 2 个百分点。库区基础教育专任教师变化的根本原因还是在于区域经济发展的差异，库首地区经济发展水平较为落后，致使部分人口外流，大批优秀教师也随之流失，而且优秀教师一旦流失就再难返回，流失的优秀教师往往可以找到更好的工作岗位实现自己的个人价值，库首地区的基础教育发展令人担忧。相反，库尾地区以其较高的经济发展水平和完备的教育体系，从启蒙教育到基础教育，从基础教育到高等教育，基础教育专任教师在库尾地区可更好地实现个人价值，库尾地区自然就吸引了大批优秀的教师。

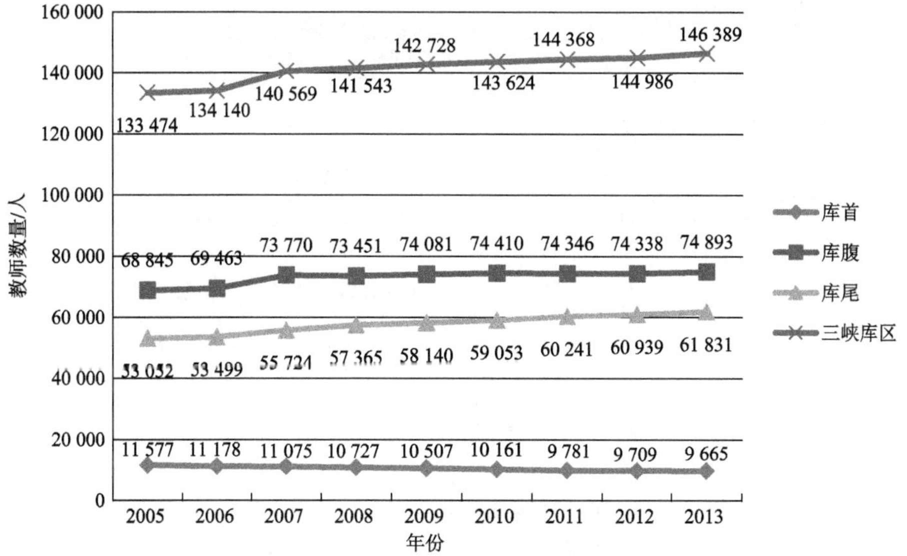

图 2-6　2005～2013 年三峡库区各区域中小学专任教师数量

资料来源：《重庆统计年鉴》（2005～2014 年）、《宜昌统计年鉴》（2005～2014 年）、《恩施州统计年鉴》（2005～2014 年）

2.3.2 卫生医疗条件显著改善

由图 2-7 可知，三峡库区卫生机构床位数在 2005～2014 年增长较为迅猛，库区居民医疗设施条件得到显著改善，床位数由 2005 年的 46 569 张增长至 2013 年的 103 877 张，年均增长 10%左右。同时，三峡库区医疗资源分配不均，过度集中于库尾地区，库尾、库腹地区的卫生机构床位保持了一定幅度的增长，而库首地区的增长幅度较为平缓。三峡库区幅员辽阔，真正的大农村、大库区、大山区是在库腹和库首地区，而库首和库腹地区才是基本公共服务落后的地区，卫生医疗资源应该向库首、库腹地区集聚，应该真正把医疗卫生服务的重点下沉到基层。只有这样才有利于三峡库区基本公共服务资源的均等化，提升三峡库区整体的医疗卫生服务水平。

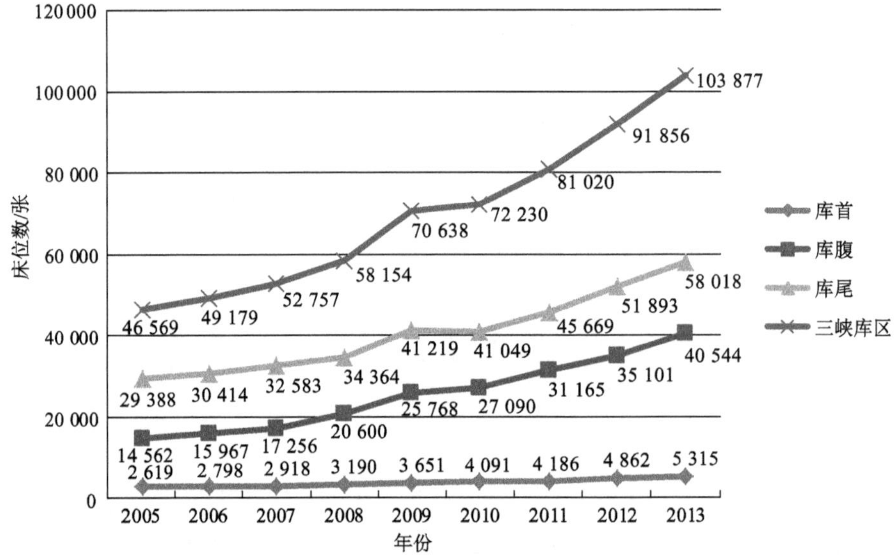

图 2-7　2005～2013 年三峡库区各区域卫生机构床位数

资料来源：《重庆统计年鉴》（2005～2014 年）、《宜昌统计年鉴》（2005～2014 年）、《恩施州统计年鉴》（2005～2014 年）、三峡库区各区县国民经济和社会发展统计公报（2005～2013 年）

2.3.3 电视广播覆盖率显著提高

三峡库区各区（县）电视广播覆盖率显著提高。截至 2013 年年底，三峡库区内 26 个县域电视广播的覆盖率基本达到 90%以上。主城九区及武隆县覆盖率基本达到 100%，其余大多数地区也在 95%以上（图 2-8）。这主要得益于在 2009 年全面完成了前三峡时期的各项任务后，国家把重点放置在库区安稳致富、提高人们生活水平等方面。近年来，三峡库区着力实施“村村通”直播卫星工程、试点启动地面数字电视无线覆盖工程，推进农村中央广播电视节目无线覆盖工程，以及编制了《三峡工程重庆库区广播电视后续工作规划项目建议纲要》，推进了三峡库区广播电视的发展。

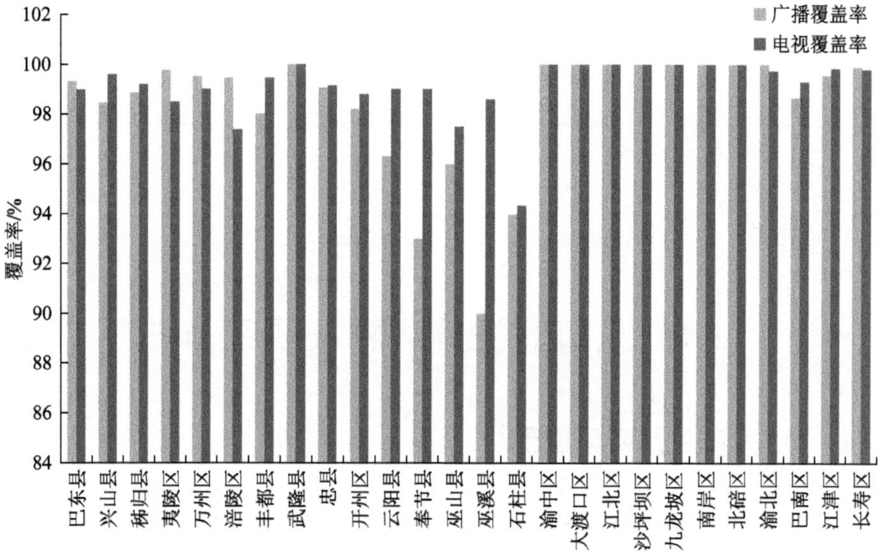

图 2-8　2013 年三峡库区各区域电视广播覆盖率

资料来源：《重庆统计年鉴》（2013 年）、《宜昌统计年鉴》（2013 年）、《恩施州统计年鉴》（2013 年）、三峡库区各区县国民经济和社会发展统计公报（2013 年）

3 三峡库区人口时空分异特征研究

3.1 人口时空分异特征研究方法

3.1.1 人口总量变化模型

人口总量变化模型是用来描述人口数据变化总量的指标，可以表示当年的人口总量变化程度，也可以表示指定时间段内人口的变化总量，具体的计算如式（3-1）和式（3-2）所示。

$$F'_{ti} = F_{ti} - F_{(t-1)i} \tag{3-1}$$

$$F'_{t'i} = F_{ti} - F_{t_0 i} \tag{3-2}$$

式中，F_{ti} 表示第 t 年 i 区（县）的年末人口总量，$F_{(t-1)i}$ 表示第 t–1 年 i 区（县）的年末人口总量，F'_{ti} 表示第 t 年 i 区（县）的人口总量变化值；$F_{t_0 i}$ 表示 i 区（县）在指定时间段中初始时间点（第 t_0 年）的人口总量，$F'_{t'i}$ 表示从第 t_0 年年末到第 t 年年末 i 区（县）的人口变化总量，其中，t' 表示从第 t_0 年年末至第 t 年末之间的总年数，即 $t' = t - t_0$。

3.1.2 人口流动模型

本章描述的人口流动与区域的户籍人口和常住人口相关，是指固定时间段内区域常住人口与户籍人口的差值，具体计算公式如式（3-3）所示。

$$Q_{ti} = F'_{ti} - Z_{ti} \tag{3-3}$$

式中，Q_{ti} 表示第 t 年 i 区（县）的人口流动规模，F_{ti}' 表示第 t 年 i 区（县）的常住人口总规模，Z_{ti} 表示第 t 年 i 区（县）的户籍人口总规模。当人口流动规模为正值时，该区域常住人口规模大于户籍人口规模，即该区域为人口净流入区域，值越大表明净流入人口规模越大；当人口流动规模为负值时，该区域常住人口规模小于户籍人口规模，即该区域为人口净流出区域，值越大表明净流出人口规模越大。

3.1.3 人口密度模型

人口密度是指区域内单位面积土地上居住的人口数量。本章中的人口密度是指三峡库区各区（县）内每平方千米土地上居住的人口数量，具体计算方法如式（3-4）所示。

$$M_{ti} = F_{ti} \div S_i \tag{3-4}$$

式中，M_{ti} 表示第 t 年 i 区（县）的人口密度，F_{ti} 表示第 t 年 i 区（县）的人口总量，S_i 表示 i 区（县）的行政区面积。

3.1.4 人口重心迁移模型

人口重心迁移模型能够将区域内的人口指标数据与区域空间属性相融合，直观清晰地表现出区域人口在时间和空间上的演化特征。人口重心迁移模型的计算公式如式（3-5）所示。

$$\begin{cases} \overline{X}_t = \sum_{i=1}^{n} F_{ti} X_i \Big/ \sum_{i=1}^{n} F_{ti} \\ \overline{Y}_t = \sum_{i=1}^{n} F_{ti} Y_i \Big/ \sum_{i=1}^{n} F_{ti} \end{cases} \tag{3-5}$$

式中，$\overline{X}_t$ 和 $\overline{Y}_t$ 分别为整个三峡库区第 t 年人口重心 X 坐标和 Y 坐标，X_i 和 Y_i 分别表示 i 区（县）行政区重心点的 X 坐标和 Y 坐标。

3.2 数据源与数据预处理

3.2.1 数据源

本章分析过程中使用的主要数据源包括 2000～2013 年三峡库区涉及的 26 个

区（县）的户籍总人口数据和常住总人口数据，以及26个区（县）的行政区界限矢量数据和各区（县）的面积；数据主要来源于历年《重庆统计年鉴》、重庆市第五次人口普查数据、重庆市第六次人口普查数据、历年《湖北统计年鉴》、湖北省各区（县）的国民经济和社会发展统计公报。

3.2.2 数据预处理

本章数据预处理主要包括两个部分：第一，根据分析模型计算数据，获取分析模型中的最终数据结果；第二，处理行政区矢量数据，主要是基于GIS平台将三峡库区各区（县）的行政区矢量数据与对应的人口数据相连接，将数据落实到空间上，从时间和空间的角度深入分析库区各区（县）的人口数据。其中，需要基于原始人口数据进行计算的指标主要包括人口变化总量、人口流动规模、人口密度。同时，利用GIS平台，计算行政区几何中心，将行政区矢量数据与各项人口指标数据进行空间连接，使人口指标数据与空间上的区（县）逐一对应起来，并结合人口重心迁移模型计算各年份的人口重心。

3.3 三峡库区人口结构的时空特征

人口结构是指一个国家或地区的总人口中的年龄、性别、就业及受教育程度等社会人口特征的分布状况和关系状况。人口结构就是描述人们在社会中的地位，以及人与人之间的关系。研究人口结构有助于掌握三峡库区人口发展变化的趋势及社会经济发展的方向。

3.3.1 人口年龄结构的变动

作为生产者与消费者的统一体，人出生之后首先是消费者，然后成长为一名劳动者或生产者，但消费始终伴随，最后随着年老又成为消费者。国际上通常将0～14岁儿童归为少儿人口，15～64岁为劳动年龄人口，65岁及以上为老年人口。不同的年龄组人口具有不同的经济行为，对社会经济增长的影响也不相同。

人口年龄结构描述了一国人口的年龄分布状况，通常以总抚养比指标来衡量。总抚养比又分为少儿抚养比（即0～14岁少儿人口占15～64岁劳动年龄人口的比重）和老年抚养比（即65岁及以上老年人口占15～64岁劳动年龄人口的比重），二者之和为总抚养比。一个地区的总抚养比越高，其受抚养人口对经济造成的抚养负担就越重。

从两次普查数据可以看出（表 3-1），目前三峡库区人口年龄呈现“中间大、两头小”的结构，表明库区人口劳动力供给充足，社会负担相对较轻。两次普查库区劳动年龄人口占比都在 70%以上，目前的总抚养比处于 50%以下的“人口红利期”（邵林杉，2014）。“五普”时期，三峡库区劳动年龄人口占比为 71.40%，“六普”时期上升到 73.34%，同时，总抚养比也有明显下降，表明在这期间，库区内人力资本充足。

表 3-1　“五普”“六普”时期三峡库区人口年龄结构及对比表

（单位：%）

时期	地区	占总人口的比重			年龄构成指数		
		0～14 岁	15～64 岁	65 岁及以上	总抚养比	少儿抚养比	老年抚养比
“五普”	全国	22.89	70.15	6.96	42.55	32.63	9.92
	重庆市	21.84	70.15	8.01	42.55	31.13	11.42
	三峡库区	20.50	71.40	8.10	40.07	28.71	11.36
	库首	19.98	71.45	8.57	39.95	27.96	11.99
	库腹	24.55	67.96	7.49	47.14	36.12	11.02
	库尾	15.77	75.47	8.76	32.50	20.89	11.61
“六普”	全国	16.60	74.53	8.87	34.17	22.27	11.90
	重庆市	17.00	71.28	11.72	40.30	23.85	16.45
	三峡库区	15.35	73.34	11.31	36.34	20.92	15.42
	库首	12.57	76.60	10.83	30.54	16.41	14.13
	库腹	19.86	67.96	12.18	47.14	29.22	17.92
	库尾	11.67	77.73	10.60	28.65	15.01	13.64

三峡库区的年龄结构与重庆市和全国无较大差异，但其内部差异性较大。“五普”和“六普”时期，库腹地区总抚养比均为最高，总抚养比的值都是 47.14%。但两次普查时抚养比的构成发生了明显变化，“五普”时，库腹地区少儿抚养比和老年抚养比分别为 36.12%和 11.02%，而“六普”时，变为 29.22%和 17.92%，其少儿抚养比下降，老年抚养比上升。造成库腹地区抚养比较高的原因为该地区大量劳动年龄人口外出务工，只有留守儿童和老人在库区，造成常住人口的抚养比明显偏高。

从人口年龄类型来看，联合国把人口年龄结构划分为三种类型，即年轻型、成年型和老年型，划分标准如表 3-2 所示。将三峡库区两次普查的数据与表 3-2 对比分析，可以清晰地发现三峡库区人口年龄结构类型属于典型的“老年型”。

表 3-2　联合国对人口年龄结构类型的划分标准

类型	年轻型	成年型	老年型
65 岁及以上 老年人口比重/%	4 以下	4～7	7 以上
0～14 岁儿童比重/%	40 以上	30～40	30 以下
老少比/%	15 以下	15～30	30 以上
年龄中位数/岁	20 以下	20～30	30 以上

3.3.2　人口性别结构的变动

人口的性别结构是指男性和女性在人口中所占比例及其相互关系。通常以女性人口为 100 来计算对应的男性人口的数值，即性别比，又称为性比例。三峡库区人口性别结构如表 3-3 所示。

表 3-3　“五普”“六普”时期三峡库区人口性别结构及其对比表

时期	地区	合计	男性人口/人	女性人口/人	性别比
“五普”	三峡库区	19 934 248	10 360 391	9 573 857	108.22
	库首	1 629 385	860 909	768 476	112.03
	库腹	9 948 876	5 170 052	4 778 824	108.19
	库尾	8 355 987	4 329 430	4 026 557	107.52
“六普”	三峡库区	19 552 630	9 917 365	9 635 265	102.93
	库首	1 478 763	762 397	716 366	106.43
	库腹	8 613 110	4 346 590	4 266 520	101.88
	库尾	9 460 757	4 808 378	4 652 379	103.35

多数学者认为，人口性别比的通常值范围置于 95～102。倘若人口性别比在 90～105 之外，则常被视为是“极端”现象，即异常。据此分析，“五普”时，三峡库区人口性别比表现为“异常”，而“六普”时，三峡库区性别比明显下降，接近于正常值范围，如图 3-1 所示。

从三峡库区各区（县）的情况可以看出，各区（县）性别比有明显的区域差异，性别结构变动也十分明显。“五普”时，除长寿区性别比小于 105 以外，其他区（县）人口性别比均处于“异常”状态，男性人口明显偏多。最高的为武隆县，男女比例高达 115.3。“六普”时，三峡库区人口性别比整体趋于正常，其中渝中区和万州区还出现了男性人口少于女性人口的情况，其性别比分别为 98.53 和 99.39。另外，除巫山县、巴南区、秭归县、夷陵区、兴山县、武隆县和九龙坡区人口性别比高于 105 以外，其他区（县）人口性别比均在 90～105，为“非极端”现象。值得注意的是，从三峡库区“五普”和“六普”的人口性别结构比的空间变化可以看出，“六普”时库腹地区男性占比明显减小，这反映库腹地区男性适龄劳动人口大量流出。

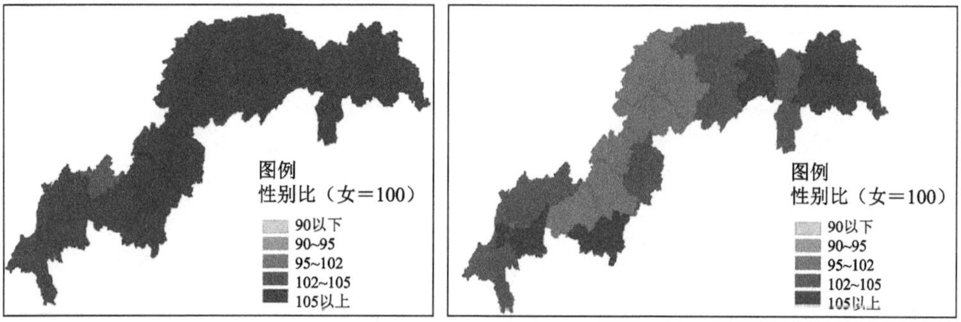

(a)“五普”　　(b)“六普”

图 3-1　“五普”与“六普”时期三峡库区人口性别结构空间变化图

3.3.3 人口质量结构的变动

人口受教育程度是衡量人口质量的重要指标，也是反映一个国家人力资本变动的重要参数。我国人口普查中的人口受教育程度是指 6 岁及以上人口按照国家教育体制所接受教育的最高学历。按照不同的受教育程度大致分为未受教育（包括扫盲班）、小学、初中、高中（包括中专）、大学专科、大学本科、研究生七类。本书采用国际上通用的计算方式（童玉芬，2012），即平均受教育年限=未受教育人口比重×0+小学人口比重×6+初中人口比重×9+高中人口比重×12+大专及以上人口比重×16，计算结果如表 3-4 所示。

由普查数据可知，“六普”时期，三峡库区未受教育的人口数量为 812 882 人，比“五普”时期未受教育的人口数量减少了将近一半，占 6 岁及以上人口的 4.41%。“六普”时期，三峡库区大专及以上学历的人口数量为 1 991 325 人，占 6 岁及以上人口的 10.81%，比“五普”时期的 3.91%增长了 6.9 个百分点。这表明这十年来三峡库区的受高等教育人口在逐渐增加，人口文化水平在快速提高，人力资本水平在稳步提升。

表 3-4　三峡库区 6 岁及以上受教育程度及其对比表

时期	地区	平均受教育年限/年	受教育程度构成/%				
			未受教育	小学	初中	高中	大专及以上
"五普"	全国	7.62	9.54	38.18	36.52	11.95	3.81
	重庆市	7.25	9.02	46.82	31.83	9.29	3.04
	三峡库区	7.54	8.35	43.93	32.60	11.21	3.91
	库首	7.44	8.61	42.01	36.18	11.19	2.01
	库腹	6.78	10.53	52.45	29.10	6.45	1.47
"六普"	全国	8.81	5.00	28.75	41.70	15.02	9.53
	重庆市	8.53	5.00	36.00	35.78	14.15	9.07
	三峡库区	8.86	4.41	32.92	35.64	16.22	10.81
	库首	8.57	4.66	31.54	40.10	18.21	5.50
	库腹	7.87	6.34	41.96	35.08	11.76	4.87
	库尾	9.79	2.67	25.13	35.44	19.85	16.91

从表 3-4 中可以看出，"五普"时，三峡库区和重庆市整体的平均受教育年限都低于全国平均水平，其中三峡库区还略高于重庆市平均水平。库腹地区平均受教育年限只有 6.78 年，初中及以上占比只有 37.02%，受教育水平明显偏低。到"六普"时，三峡库区受教育年限略高于全国和重庆市的平均水平，主要是因为库尾地区集结了大量优质的教学资源，尤其是大学教育，从而拉升了库尾地区平均受教育年限，进而提升了整个库区的平均受教育水平。但库区内部差异依然明显，库腹地区平均受教育水平还是相对较低。

3.3.4　人口就业结构的变动

就业结构是指在整个劳动者群体中，事先按不同的标准进行划分和归类，然后研究各类所占的百分比，其中有就业部门结构、经济类型结构、地区结构等。我国人口普查中就业人数的统计是严格按照《国民经济行业分类》（GB/T4754—2011）来进行统计的。根据普查数据中的各地区行业大类的统计数据可以计算得到全国、重庆市和三峡库区三次产业人口就业情况（表 3-5）。

表 3-5　三峡库区人口就业及其对比表

时期	地区	三次产业就业人口数/万人				占总就业人口比重/%		
		合计	第一产业	第二产业	第三产业	第一产业	第二产业	第三产业
“五普”	全国	6687.49	4305.17	1124.44	1257.88	64.38	16.81	18.81
	重庆市	158.72	115.50	18.75	24.47	72.78	11.81	15.41
	三峡库区	103.30	70.84	13.97	18.49	68.58	13.53	17.90
	库首	9.84	7.63	0.85	1.36	77.52	8.69	13.79
	库腹	51.77	42.38	3.50	5.89	81.87	6.76	11.37
	库尾	41.70	20.84	9.62	11.24	49.97	23.06	26.97
“六普”	全国	7154.79	3458.42	1728.44	1967.93	48.34	24.16	27.51
	重庆市	137.45	69.09	27.44	40.92	50.26	19.97	29.77
	三峡库区	94.30	42.20	20.33	31.77	44.75	21.56	33.69
	库首	8.63	5.86	1.13	1.64	67.88	13.12	19.00
	库腹	39.63	25.04	5.52	9.07	63.18	13.93	22.89
	库尾	46.02	11.29	13.68	21.05	24.53	29.72	45.75

由表 3-5 可以看出，三峡库区第一产业就业人口比重明显下降，第二、第三产业就业人口比重有所提升。两次普查时，库区第一产业就业人口比重从 68.58%降低到 44.75%，第二产业和第三产业的就业人口比重分别从 13.53%和 17.90%提高到 21.56%和 33.69%。这与我国产业结构转型发展有着密不可分的关系，随着三峡库区国民经济的发展，第一产业就业人数趋于下降，第二、第三产业快速增长，劳动力从第一产业向第二、第三产业转移符合现代社会发展的规律。

三峡库区第一产业就业人口下降最快，第三产业就业人口上升最快。与“五普”相比，“六普”时三峡库区第一产业就业人口比重下降 23.83 个百分点，全国和重庆市分别下降 16.04 个和 22.52 个百分点。三峡库区第三产业就业人口比重在两次普查期间上升了 15.79 个白分点，全国和重庆市分别上升了 8.7 个和 14.36 个百分点。三峡库区就业人口的变化，说明了库区产业结构调整整体较好。

库尾地区发展为劳动吸引力最强地区。“五普”时，库腹地区的就业人口总数最多，其次为库尾地区，而库腹地区的劳动力主要从事的是第一产业，达 81.87%；随着经济社会的发展，“六普”时，库尾地区成为劳动力的主要目的地，主要是因为库尾地区经济发展得较快，尤其是第三产业的快速发展吸引了大量劳动力在此就业。

库首与库腹地区第一产业就业人口过高，第三产业就业比重偏小。由于库腹和库首地区属于高山地区，其地理位置和生态环境具有特殊性，国家和地方政府在区域发展政策上对其第二产业进行了限制，从而导致这两个地区整体上第二产业的就业人数偏低。加之库首与库腹地区人员流出量较大，第三产业就业人员比重也相对偏小。

3.4 三峡库区人口时空分异特征分析

3.4.1 人口总量分布特征分析

1. 户籍人口总量分布特征分析

如表 3-6 和图 3-2 所示，在 2001～2013 年各时间节点上，三峡库区每个区（县）的户籍人口总量随时间的变化呈现出明显的变化趋势；不同区（县）户籍人口总量的空间分布也存在显著的差异性特征。

表 3-6 2001～2013 年三峡库区各区（县）户籍人口数量汇总表（单位：万人）

区（县）	2001 年	2004 年	2007 年	2010 年	2013 年
万州区	167.95	169.70	172.96	173.32	175.35
涪陵区	110.93	111.567	113.45	115.66	116.77
渝中区	58.61	59.92	60.16	57.26	54.92
大渡口区	20.41	21.30	22.40	23.69	24.77
江北区	46.65	48.87	51.53	54.61	58.14
沙坪坝区	67.60	72.67	75.41	79.08	79.64
九龙坡区	72.18	76.15	79.42	82.24	86.87
南岸区	47.57	52.68	56.63	60.79	65.07
北碚区	63.60	65.05	65.04	63.50	63.40
渝北区	80.83	84.78	92.73	102.47	113.69
巴南区	85.97	85.75	87.19	88.30	89.81
长寿区	87.76	87.49	89.50	90.21	90.67
江津区	145.47	145.48	147.67	149.23	150.26
丰都县	77.36	78.67	81.78	84.29	83.53
武隆县	39.50	39.84	40.84	41.27	41.45
忠县	96.94	96.25	98.27	100.41	100.94
开州区	150.35	152.95	158.45	163.40	166.68

续表

区（县）	2001 年	2004 年	2007 年	2010 年	2013 年
云阳县	126.51	128.75	132.38	133.56	135.07
奉节县	98.11	100.20	104.15	105.31	107.27
巫山县	58.45	59.45	61.59	63.17	64.36
巫溪县	50.63	51.95	52.99	53.41	54.50
石柱县	50.68	51.45	52.97	53.96	54.79
夷陵区	51.45	51.73	51.91	51.70	52.13
秭归县	39.51	39.16	38.73	38.25	37.98
兴山县	18.75	18.52	18.27	17.66	17.32
巴东县	48.40	48.33	48.84	49.27	49.77

注：夷陵区行政区划在 2001 年之后有调整，2001 年夷陵区数据为原宜昌县数据乘以现夷陵区国土面积占比系数 0.901 所得

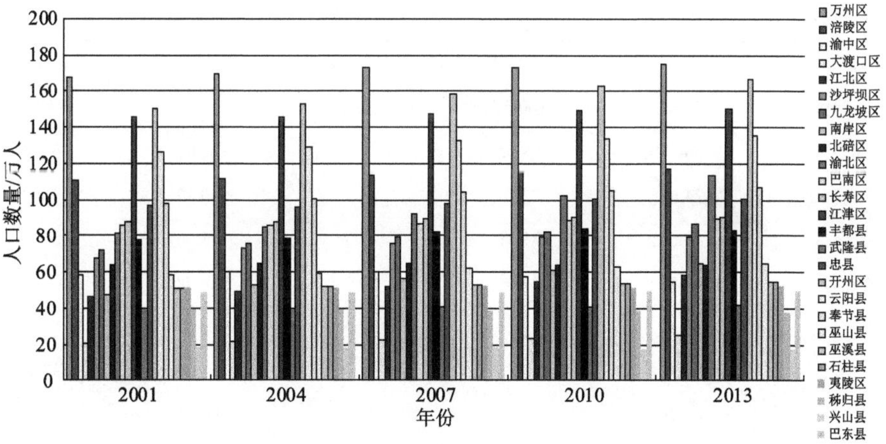

图 3-2　2001～2013 年三峡库区各区（县）户籍人口总量分布直方图

从三峡库区每个区（县）户籍人口总量的变化趋势来看，大多数区（县）都呈现出增加趋势，部分区（县）在个别年份呈现出减少趋势。长寿区和忠县的人口总量在 2004 年有所减少，2007 年之后持续上升；渝中区和北碚区的人口总量在 2010 年明显减少，在 2013 年，渝中区仍然持续较大幅度地减少，而北碚区人口总量的减少幅度变小；丰都县人口总量在 2013 年有减少趋势。分析湖北段四个区（县）的户籍人口变化量可知，夷陵区和巴东县的户籍人口总量在 2001～2013 年整体上呈现上升趋势，夷陵区在 2010 年有小幅度下降趋势；相反，秭归县和兴山县户籍人口总量在 2001～2013 年整体呈下降趋势。

各年份不同区（县）的人口总量差异性较为突出。万州区、涪陵区、江津区、开州区及云阳县的人口总量皆在 100 万人以上，其中万州区和开州区的人口总量在 150 万人以上，万州区是三峡库区各区（县）中人口总量最大的区（县）。大渡口区的人口总量不到 30 万人，其次是武隆县的人口数量也较小；大渡口区是由于区域辖区面积较小，武隆县则是由于其独特的地形地貌，属于喀斯特地貌区域，地形条件复杂，利用难度较大。分析湖北段四个区（县）可知，夷陵区、巴东县、秭归县和兴山县人口总量相对重庆段的各区（县）皆不算太高，以兴山县人口总量最低，兴山县总量最高年份也未超过 20 万人。

2. 常住人口总量分布特征分析

如表 3-7 和图 3-3 所示，在 2001～2013 年各时间节点上，三峡库区各区（县）的常住人口总量随时间的变化呈现出明显的变化趋势；不同区（县）常住人口总量的空间分布也存在显著的差异性特征。

表 3-7 2001～2013 年三峡库区区（县）常住人口数量汇总表（单位：万人）

区（县）	2001 年	2004 年	2007 年	2010 年	2013 年
万州区	149.43	150.67	151.91	156.31	159.54
涪陵区	99.89	100.67	101.45	106.67	111.78
渝中区	66.17	68.63	71.09	63.01	65.02
大渡口区	24.44	25.70	26.96	30.10	32.84
江北区	59.66	63.51	67.36	73.80	83.01
沙坪坝区	79.10	84.09	89.08	100.00	110.31
九龙坡区	86.49	92.22	97.95	108.44	115.94
南岸区	61.11	65.13	69.15	75.96	82.95
北碚区	62.39	66.20	70.01	68.04	76.09
渝北区	70.85	81.88	92.91	134.54	146.52
巴南区	72.49	79.80	87.11	91.87	95.85
长寿区	74.02	74.69	75.36	77.00	80.28
江津区	125.25	125.87	126.49	123.31	126.42
丰都县	64.69	64.32	63.95	64.92	62.03
武隆县	34.84	34.63	34.42	35.10	34.94
忠县	74.31	74.21	74.11	75.14	73.14
开州区	117.01	116.10	115.19	116.03	116.19
云阳县	101.41	101.21	101.01	91.29	90.15
奉节县	86.38	85.78	85.18	83.43	78.50

续表

区（县）	2001 年	2004 年	2007 年	2010 年	2013 年
巫山县	50.11	49.85	49.59	49.51	46.98
巫溪县	44.62	44.25	43.88	41.41	39.78
石柱县	43.79	43.36	42.93	41.51	39.91
夷陵区	49.36	50.68	52.00	50.02	52.24
秭归县	43.64	40.62	37.60	36.71	36.11
兴山县	20.30	18.90	17.50	17.06	17.05
巴东县	62.34	52.92	43.50	42.08	42.37

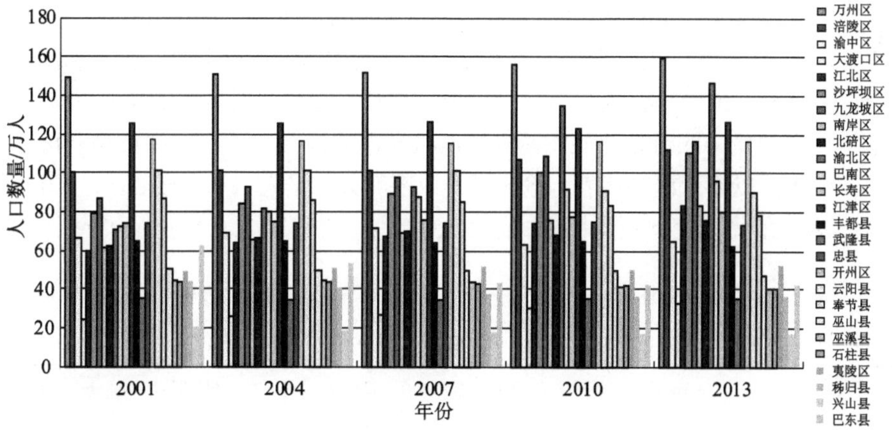

图 3-3　2001～2013 年三峡库区各区（县）常住人口总量分布直方图

从三峡库区各区（县）常住人口总量的变化趋势来看，大多数区（县）都呈现出增加趋势，部分区（县）在个别年份呈现出减少趋势。丰都县、武隆县、忠县、开州区在 2004 年、2007 年人口总量逐渐减少，2010 年人口总量回升。渝中区、北碚区和江津区在 2010 年明显减少，2013 年以后保持增加趋势。其中，渝中区人口总量减少趋势最明显。云阳县、奉节县、巫山县、巫溪县、石柱县、秭归县、兴山县、巴东县人口总量持续下降。巴东县 2004 年、2007 年的人口总量下降明显，之后变化缓慢。

不同区（县）各年份的人口总量差异性较为突出。万州区、涪陵区（除 2004 年）、江津区、开州区及云阳县（除 2010 和 2013 年）的人口总量皆在 100 万人以上，其中万州区（除 2001 年）的人口总量在 150 万人以上，万州区是三峡库区各区（县）中人口总量最高的。武隆县处于喀斯特地貌区，地质条件复杂，土地利用难度大，常住人口总量维持在 35 万人左右。分析湖北段四个区（县）可知，夷陵区、巴东县、秭归县和兴山县人口总量相对重庆段的各区（县）皆不算太高，其中兴山县人口总量最低，其人口总量最高年份也仅为 20.3 万人。

3.4.2 人口流动时空特征分析

常住人口规模大于户籍人口规模的区域人口流动量为正值时，人口净流入；常住人口规模小于户籍人口规模时，人口净流出。结合表 3-8 和图 3-4 分析发现，2001 年，人口流入量较大的区（县）有九龙坡区、巴东县、南岸区、江北区，主要分布在重庆主城区，人口密集，人口流动性强；人口流出量较大的是开州区、云阳县、忠县、江津区，人口流出量都在 20 万人以上。2004 年，开州区、云阳县、忠县的人口流出量较大，这三个区（县）都在渝东北生态涵养发展区，以生态发展为中心，人口的流出有利于降低区域人口承载的压力；人口流入量较大的有九龙坡区、江北区、南岸区、沙坪坝区，这些区（县）位于重庆主城区，经济较发达，交通便利，吸引人口流入。2007 年，2/3 的区（县）人口都在流出，其中开州区的人口流出量最大，超过了 40 万人，人口的流入集中在重庆主城区的部分区（县）和湖北段的部分区（县）。2010 年，人口流出量较大的是开州区和云阳县，超过了 40 万人，人口的流出主要集中在渝东北生态涵养发展区及湖北段区（县），都市功能核心区人口不断流入，以渝北区为代表，渝北区人口密度大，是人口高度核心区。2013 年与 2010 年人口的流动变化趋势相似，但 2013 年人口流动数量迈上了新台阶。

表 3-8　2001～2013 年三峡库区各区（县）流动人口数量汇总表（单位：万人）

区（县）	2001 年	2004 年	2007 年	2010 年	2013 年
万州区	−18.52	−19.03	−21.05	−17.01	−15.81
涪陵区	−11.04	−10.897	−12.00	−8.99	−4.99
渝中区	7.56	8.71	10.93	5.75	10.10
大渡口区	4.03	4.40	4.56	6.41	8.07
江北区	13.01	14.64	15.83	19.19	24.87
沙坪坝区	11.50	11.42	13.67	20.92	30.67
九龙坡区	14.31	16.07	18.53	26.20	29.07
南岸区	13.54	12.45	12.52	15.17	17.88
北碚区	−1.21	1.15	4.97	4.54	12.69
渝北区	−9.98	−2.90	0.18	32.07	32.83
巴南区	−13.48	−5.95	−0.08	3.57	6.04
长寿区	−13.74	−12.80	−14.14	−13.21	−10.39
江津区	−20.22	−19.61	−21.18	−25.92	−23.84
丰都县	−12.67	−14.35	−17.83	−19.37	−21.50
武隆县	−4.66	−5.21	−6.42	−6.17	−6.51
忠县	−22.63	−22.04	−24.16	−25.27	−27.80

续表

区（县）	2001 年	2004 年	2007 年	2010 年	2013 年
开州区	−33.34	−36.85	−43.26	−47.37	−50.49
云阳县	−25.10	−27.54	−31.37	−42.27	−44.92
奉节县	−11.73	−14.42	−18.97	−21.88	−28.77
巫山县	−8.34	−9.60	−12.00	−13.66	−17.38
巫溪县	−6.01	−7.70	−9.11	−12.00	−14.72
石柱县	−6.89	−8.09	−10.04	−12.45	−14.88
夷陵区	−2.09	−1.05	0.09	−1.68	0.11
秭归县	4.13	1.46	−1.13	−1.54	−1.87
兴山县	1.55	0.38	−0.77	−0.60	−0.27
巴东县	13.94	4.59	−5.34	−7.19	−7.40

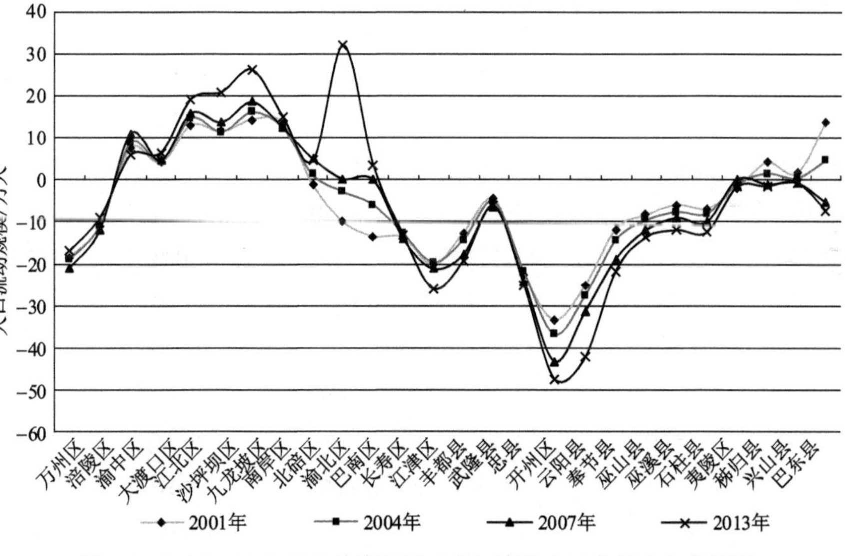

图 3-4 2001～2013 年三峡库区区（县）流动人口总量分布曲线图

分析图 3-4，对比 2001 年、2004 年、2007 年、2010 年、2013 年 5 年的人口流动情况，波动最大的是渝北区，渝北区 5 年人口流动波动达到了 40 万人左右，渝北区位于重庆主城区，与北碚区、江北区、长寿区相邻，矿产、生物、水能资源丰富，交通发达，经济发展潜力大，吸引了较多人口；其次是巴南区，巴南区是近年开发的新区，政府给予了较高的重视，且投入了大量的人力、物力、财力，兴修基础设施，学校和商圈的修建促进了短期内人口的迅速增长，拉动了经济的增长；巴东县、沙坪坝区、九龙坡区，人口都有明显的流入，这与区域内经济发展状况息息相关。开州区、云阳县人口都有明显的流出，其与奉节县、巫溪县、万州区相邻，与四川省接壤，人口向大城市集聚，因为大城市基础设施较完备，生活条件更优越。

3.4.3 人口密度时空差异分析

利用式（3-4），计算三峡库区各区（县）2001 年、2004 年、2007 年、2010 年、2013 年各年份的户籍人口密度和常住人口密度，如表 3-9 和图 3-5 所示。根据表 3-10 人口密度类型分级一般标准，结合三峡库区人口密度特征，将库区各区（县）的人口密度按照表 3-11 的类型区细化分级表进行类型细分。

表 3-9 2001～2013 年三峡库区各区（县）户籍人口密度汇总表（单位：人/千米²）

区（县）	2001 年	2004 年	2007 年	2010 年	2013 年
万州区	485.83	490.89	500.32	501.36	507.23
涪陵区	376.54	378.71	385.10	392.60	396.37
渝中区	26 640.91	27 236.36	27 345.45	26 027.27	24 963.64
大渡口区	2 171.28	2265.96	2 382.98	2 520.21	2 635.11
江北区	2 179.91	2 283.64	2 407.94	2 551.87	2 716.82
沙坪坝区	1 765.01	1 897.39	1 968.93	2 064.75	2 079.37
九龙坡区	1 629.35	1 718.96	1 792.78	1 856.43	1 960.95
南岸区	1 705.02	1 888.17	2 029.75	2 178.85	2 332.26
北碚区	842.38	861.59	861.46	841.06	839.74
渝北区	556.68	583.88	638.64	705.72	782.99
巴南区	469.78	468.58	476.45	482.51	490.77
长寿区	620.21	618.30	632.51	637.53	640.78
江津区	454.59	454.63	461.47	466.34	469.56
丰都县	266.67	271.18	281.90	290.55	287.94
武隆县	136.16	137.33	140.78	142.26	142.88
忠县	443.86	440.71	449.95	459.75	462.18
开州区	379.77	386.33	400.23	412.73	421.02
云阳县	347.17	353.32	363.28	366.52	370.66
奉节县	240.05	245.17	254.83	257.67	262.47
巫山县	197.60	200.98	208.22	213.56	217.58

续表

区（县）	2001 年	2004 年	2007 年	2010 年	2013 年
巫溪县	125.63	128.91	131.49	132.53	135.24
石柱县	168.20	170.76	175.80	179.09	181.85
夷陵区	150.22	151.03	151.55	150.96	152.21
秭归县	162.79	161.35	159.59	157.58	156.51
兴山县	80.56	79.57	78.48	75.87	74.39
巴东县	144.29	144.10	145.62	146.90	148.39

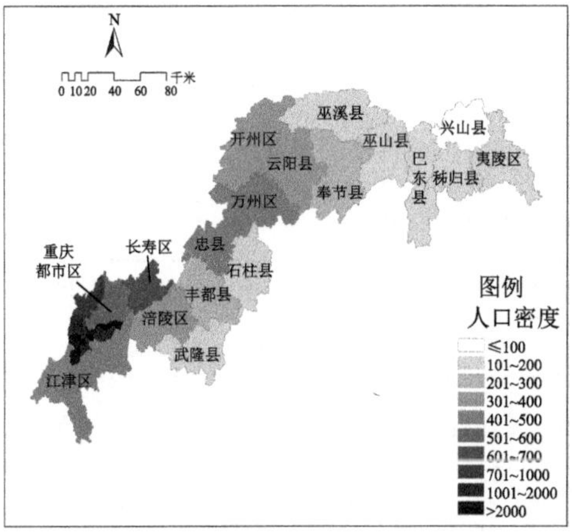

(a) 2001年

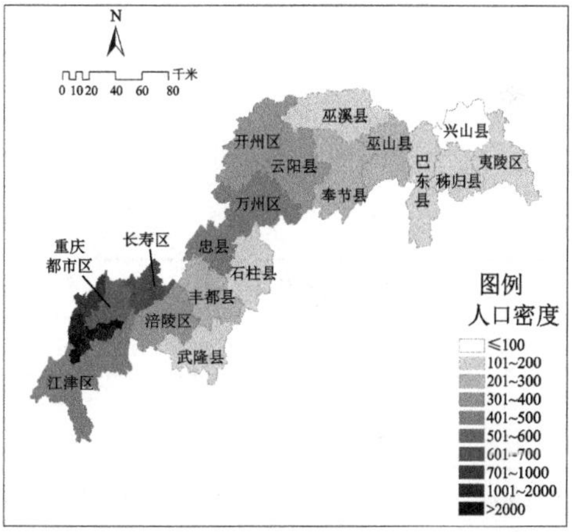

(b) 2004年

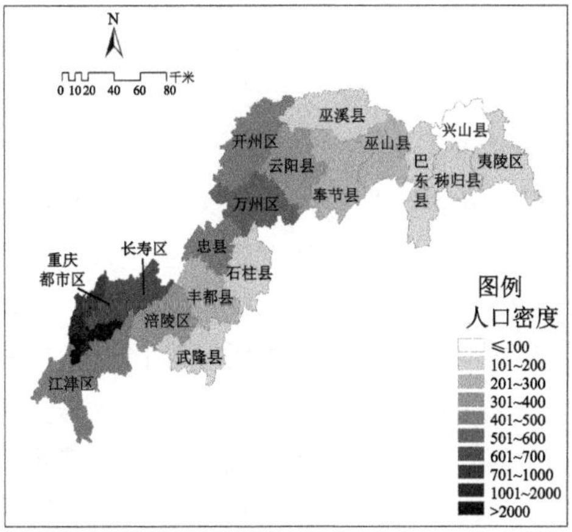

(c) 2007年

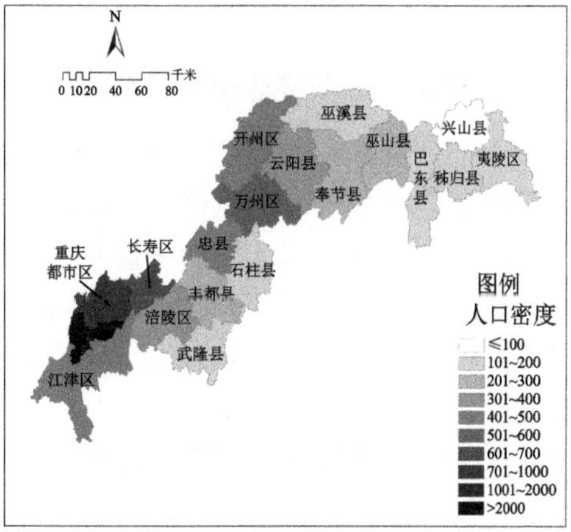

(d) 2010年

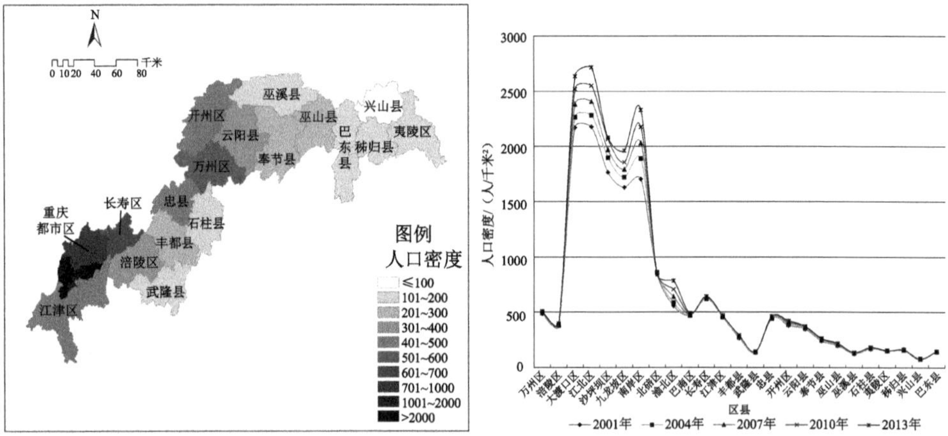

(e) 2013年　　　　(f) 曲线图

图 3-5　2001～2013 年三峡库区各区（县）户籍人口密度空间分布图和曲线图

表 3-10　人口密度类型区分级表　　（单位：人/千米²）

人口密度类型区	集聚核心区	高度核心区	中度集聚区	低度集聚区	一般过渡区	相对稀疏区
人口密度值	>1000	501～1000	401～500	201～400	101～200	≤100

表 3-11　人口密度类型区细化分级表　　（单位：人/千米²）

人口密度类型区	高集聚核心区	中度集聚核心区	高度核心区	中高度核心区	较高度核心区	中度集聚区	中低度集聚区	低度集聚区	一般过渡区	相对稀疏区
人口密度值	>2000	1001～2000	701～1000	601～700	501～600	401～500	301～400	201～300	101～200	≤100

1. 户籍人口密度时空差异分析

通过分析表 3-9，并结合表 3-10 人口密度的划分类型可知，三峡库区各区（县）的人口密度存在较大的差异。以重庆市中心区渝中区为首，区内每平方千米的人口已经达 20 000 人以上，渝中区早已属于集聚核心区。大渡口区、江北区、沙坪坝区、九龙坡区、南岸区五个主城区的人口密度也持续高于 1000 人/千米²，大渡口区和江北区已经超过 2000 人/千米²，这五个主城区也属于重庆段人口的集聚核心区。北碚区、渝北区及长寿区人口密度为 500～1000 人/千米²，其中北碚区和渝北区属于主城九区的范畴，长寿区临近渝北区；三个区域连接成片，皆在重庆市 1 小时经济圈内。巴南区、江津区、万州区、忠县四个区（县）的人口密度为 400～500 人/千米²，属于人口中度集聚区，其中巴南区和江津区地处重庆市 1 小时经济圈的最南部，在重庆市最西南的方位；万州区和忠县相邻，位于重庆市东北部，地处三峡库区腹心地带。涪陵区、丰都县、开州区、云阳县、奉节县五个区（县）属于人口低度集聚区，人口密度相对较小；涪陵区位于重庆市 1 小时经济圈的最东侧，与丰都县相邻；开州区、云阳县及奉节县相连成片，位于渝东北翼，临近地处三峡库区腹心地带的万州区。武隆县、石柱县、巫山县、巫溪县人口密度低于 200 人/千米^2，属于人口一般过渡区，四个区（县）皆处于三峡库区相对边缘的地带，同时也处于重庆市相对边缘的位置，地形条件相对复杂，高差起伏较大，也是人地矛盾最为突出的区域。夷陵区、秭归县、兴山县、巴东县人口密度也均低于 200 人/千米^2，夷陵区的人口密度持续在 150 人/千米^{2}左右波动，秭归县在 160 人/千米^{2}左右波动，巴东县在 140～150 人/千米^{2}的范围内波动，这四个区（县）都属于湖北省的边缘地带，与巫山县相邻，地形起伏大，不太适合人口集聚，属于人口的边缘过渡区；兴山县在 70～80 人/千米^{2}的范围内波动，在这四个区（县）中人口密度最小，属于相对稀疏区。

由图 3-5（f）可知，大渡口区、江北区、沙坪坝区、九龙坡区、南岸区、渝北区的人口密度变化趋势最为明显，这几个区域的人口密度一直在持续增长，2013 年达到最高；渝中区由于人口密度过大，没有列入曲线分布图，但其人口密度的变化幅度实际为最大。从各区（县）人口密度的分布曲线可以直观地看出，三峡库区主城九区内的人口密度相对较大，主城九区经济发达，交通便利，人口数量多，人口密度大，地处渝东北翼和渝东南翼区（县）的人口密度相对较小。在湖北四区（县）中，只有巴东县有明显的变化，巴东县的常住人口在不断减少，其他三个区（县）几乎没有什么变化，这四个区（县）人口密度都较小，常住人口总量基本都在 60 万人以下，人口密度都在 200 人/千米^{2}以下。

根据三峡库区各区（县）人口密度分布的实际情况，同时为了更深入地分析库区各区（县）人口密度在各时间节点上的变化情况，将三峡库区各区（县）人口密度进行再次划分。将 201～400 人/千米^{2}的低度集聚区重新划分为 201～300 人/千米^{2}的低度集聚区和 301～400 人/千米^{2}的中低度集聚区；将 501～1000 人/千米^{2}的高度核心区重新划分为 501～600 人/千米^{2}的较高度核心区、601～700 人/千米^{2}的中高度核心区和 701～1000 人/千米^{2}的高度核心区；将 1000 人/千米^{2}以上的集聚核心区重新划分为 1001～2000 人/千米^{2}的中度集聚核心区和 2000 人/千米^{2}以上的高集聚核心区。具体划分类型如表 3-11 所示。

结合人口密度类型区细化分级表 3-11 和区（县）人口密度空间分布图 3-5，综合分析三峡库区各区（县）的人口密度随时间的变化趋势可知，大部分区（县）的人口密度是随着时间的推移在持续地增长，小部分区域的人口密度在近几年有小幅度的减少；人口密度持续增加的区（县）中，大部分区（县）的人口密度类型并没有改变，仍有部分区（县）的人口密度类型逐步向相邻类型变化。丰都县的人口密度在近几年呈现出减少趋势，兴山县人口也呈现出减少趋势。大渡口区和南岸区的人口密度从 2001 年到 2013 年不断增加，逐步从人口中度集聚核心区发展为如今的人口高集聚核心区，且南岸区的发展速度更快。渝北区在12年间的人口密度持续增大，对应的人口密度类型区也在不断地变化，持续从较高度核心区发展为中高度核心区直至高度核心区，人口密度的增长速度较快。万州区自2007年起从人口中度集聚区逐步发展成为人口较高度核心区。开州区自2007年起从人口中低度集聚区逐步发展成为人口中度集聚区。巫山县自2004年起从一般过渡区逐步发展成为低度集聚区。夷陵区、巴东县、秭归县一直处于人口一般过渡区，人口密度为101～200人/千米^2，兴山县也持续处于相对稀疏区，人口密度未能突破100人/千米^2。

2. 常住人口密度时空差异分析

通过分析表3-12，并结合表3-10人口密度的划分类型可知，三峡库区各区（县）的常住人口密度存在明显差异。以重庆市中心区渝中区为首，区内人口密度为30 000人/千米^{2}左右，在2001年、2004年、2007年甚至达到30 000人/千米^{2}以上，渝中区早已成为高集聚核心区。大渡口区、江北区、沙坪坝区、九龙坡区、南岸区五个主城区的人口密度也持续高于1000人/千米^2，除了九龙坡区在2001年接近2000人/千米^2，其他四个区域在2001～2013年及九龙坡区2001年之后的人口密度皆超过2000人/千米^2，也属于人口高集聚核心区。北碚区和渝北区从2001到2013年逐步发展成为人口密度超过1000人/千米^{2}的人口集聚核心区。近几年，巴南区和长寿区人口密度也超过了500人/千米^2，成为人口较高度核心区。万州区的人口密度为401～500人/千米^2，属于人口中度集聚区。巴南区（2001年）、涪陵区、江津区、忠县属于人口中低度集聚区，丰都县、开州区、云阳县、奉节县（除2013年）属于人口低度集聚区，武隆县、石柱县、巫山县、巫溪县（除2013年）和2013年的奉节县，以及湖北的夷陵区、秭归县、巴东县人口密度低于200人/千米^2，属于人口一般过渡区。兴山县及2013年的巫溪县人口密度不足100人/千米^2，属于人口相对疏远区。

通过观察图3-6可知，2001～2013年三峡库区重庆段的主城九区人口密度变化幅度相对较大，除了渝中区人口密度有较大幅度减少之外，其他八区的人口皆为增长趋势，其中以江北区的增长量为首，人口密度增长达到1000人/千米^2，其次是大渡口区、沙坪坝区、南岸区、九龙坡区、渝北区，人口密度增长量达到500人/千米^{2}以上，北碚区和巴南区的人口密度增长幅度相对较少，但增长量也达到100人/千米^{2}以上。2001～2013年三峡库区重庆段的长寿区、涪陵区、万州区和江津区人口密度有小幅度上升以外，其他区（县）的人口密度皆呈现下降趋势，以渝东北翼的云阳县、奉节县、巫山县、巫溪县为首。

分析2001～2013年三峡库区湖北段的四个区（县）可知，夷陵区的人口密度有小幅度上升；秭归县、巴东县、兴山县的人口密度呈现下降趋势，且巴东县的变化量最大，人口密度变化量超过 50 人/千米 ^{2}，其次是秭归县，人口密度变化量接近 40 人/千米 ^{2}。

表 3-12 2001～2013 年三峡库区各区（县）常住人口密度汇总表（单位：人/千米 ^{2}）

区（县）	2001 年	2004 年	2007 年	2010 年	2013 年
万州区	432.25	435.84	439.43	452.16	461.50
涪陵区	339.07	341.72	344.37	362.08	379.43
渝中区	30 077.27	31 195.45	32 313.64	28 640.91	29 554.55
大渡口区	2 600.00	2 734.04	2 868.09	3 202.13	3 493.62
江北区	2 787.85	2 967.76	3 147.66	3 448.60	3 878.97
沙坪坝区	2 065.27	2 195.56	2 325.85	2 610.97	2 880.16
九龙坡区	1 952.37	2 081.72	2 211.06	2 447.86	2 617.16
南岸区	2 190.32	2 334.41	2 478.49	2 722.58	2 973.12
北碚区	826.36	876.82	927.28	901.19	1 007.81
渝北区	487.95	563.91	639.88	926.58	1 009.09
巴南区	396.12	436.07	476.01	502.02	523.77
长寿区	523.11	527.84	532.58	544.17	567.35
江津区	391.41	393.34	395.28	385.34	395.06
丰都县	222.99	221.72	220.44	223.78	213.82
武隆县	120.10	119.37	118.65	120.99	120.44
忠县	340.25	339.79	339.33	344.05	334.89
开州区	295.55	293.26	290.96	293.08	293.48
云阳县	278.29	277.74	277.20	250.52	247.39
奉节县	211.35	209.89	208.42	204.14	192.07
巫山县	169.41	168.53	167.65	167.38	158.82
巫溪县	110.72	109.80	108.88	102.75	98.71
石柱县	145.34	143.91	142.48	137.77	132.46
夷陵区	144.12	147.97	151.82	146.04	152.53
秭归县	179.81	167.37	154.92	151.26	148.78
兴山县	87.20	81.19	75.17	73.28	73.24
巴东县	185.87	157.78	129.70	125.46	126.33

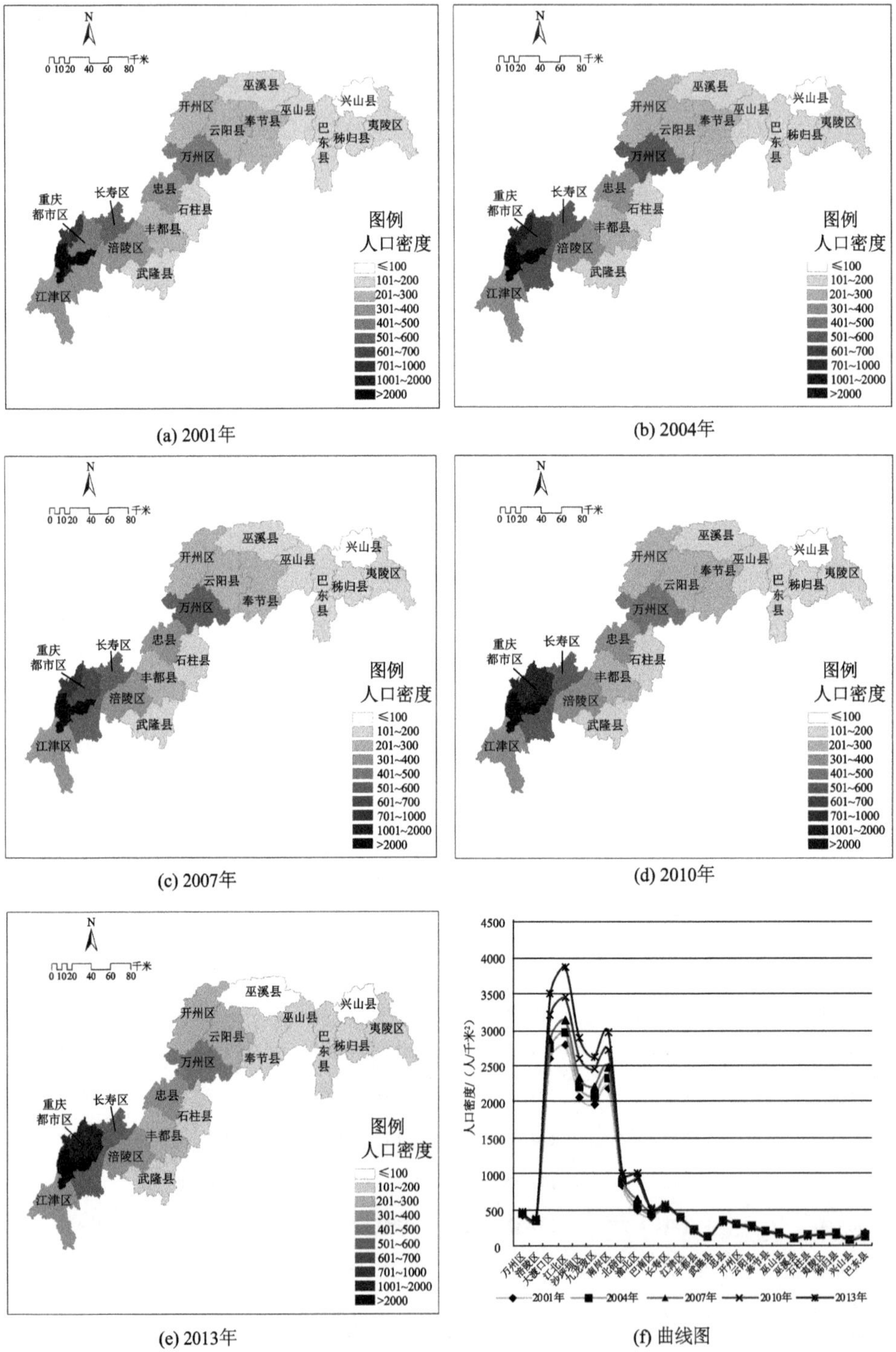

图 3-6　2001～2013 年三峡库区各区（县）常住人口密度空间分布图和曲线图

3.4.4 人口时空演变特征分析

1. 三峡库区 2001～2013 年各时间段内人口总量时空变化

结合式（3-1），统计分析出 2001～2004 年、2004～2007 年、2007～2010 年、2010～2013 年四个时间段上的人口总量变化值。将四个时间段上各区（县）的人口变化总量按总增长量和总减少量形成空间分布图，同时，将各区（县）的人口总量变化值形成曲线分布，更为直观地分析各区（县）人口总量在时间上的变化趋势，如图 3-7～图 3-9 所示。由于 2001 年各区（县）常住人口总量是通过测算前一时段人口增长量预测获取的，因此常住人口 2001～2004 年的总量变化与 2004～2007 年的总量变化趋势相似，对 2001～2004 年常住人口的人口总量变化曲线图不进行单独统计分析。

通过观察和分析图 3-7～图 3-9 可知，总体而言，三峡库区人口数量增长的区（县）较多，且在 2001～2007 年增长幅度逐渐变大，2007～2010 年增长幅度明显变小，在此之后，2010～2013 年人口增长幅度较大。

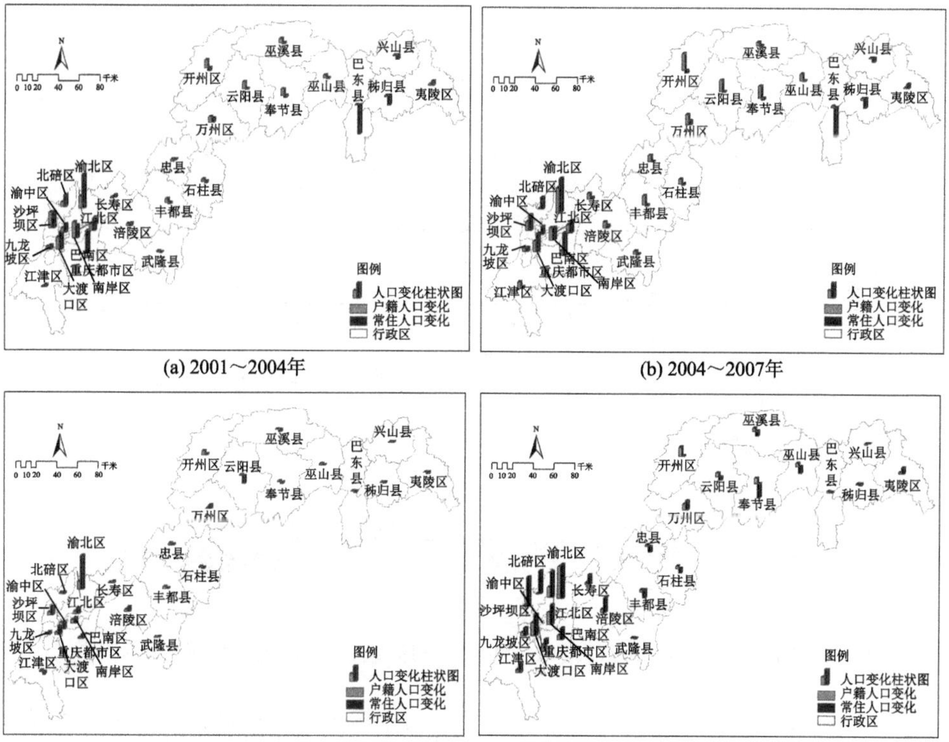

(a) 2001～2004年　(b) 2004～2007年

(c) 2007～2010年　(d) 2010～2013年

图 3-7　2001～2013 年各时间段内三峡库区各区（县）人口总量变化分布图

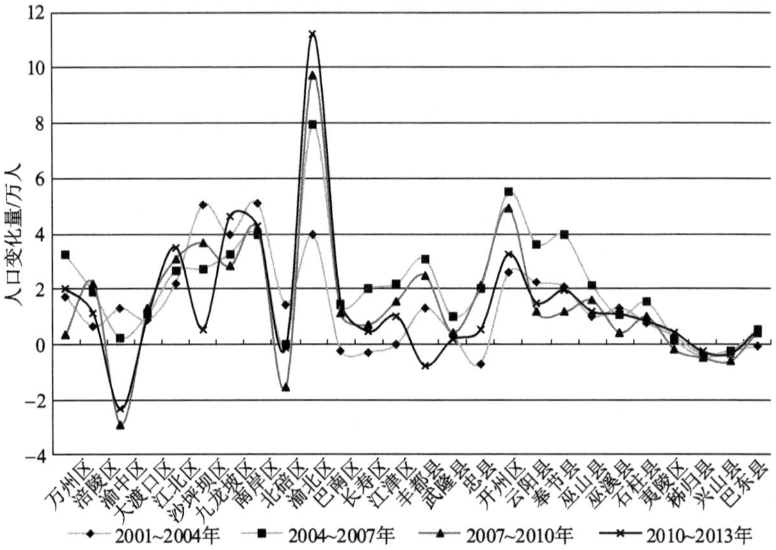

图 3-8　2001～2013 年各时间段内三峡库区各区（县）户籍人口总量变化曲线图

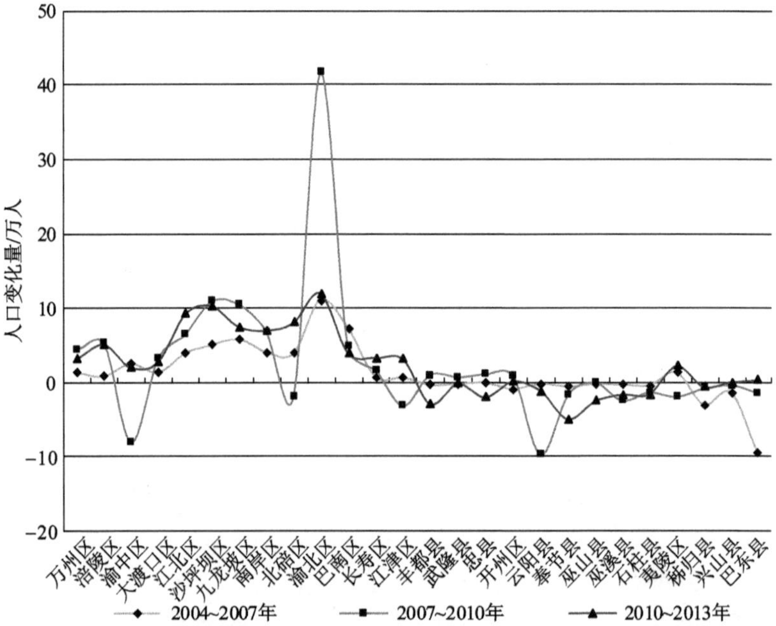

图 3-9　2004～2013 年各时间段内三峡库区各区（县）常住人口总量变化曲线图

2001～2004 年，从三峡库区各区（县）的户籍人口变化量来看，重庆主城九区中南岸区、沙坪坝区、九龙坡区和渝北区的人口增长量依次排列前三位；南岸区和沙坪坝区的人口增长量超过 5 万人；九龙坡区和渝北区的人口增长量接近 4

万人；江北区、开州区、云阳县、奉节县的人口增长量超过 2 万人；巴南区、长寿区、忠县，以及湖北段秭归县、兴山县和巴东县的人口总量有不到 1 万人的小幅度减少；其他区（县）皆表现出 1 万人左右的小幅度上升。

2004～2007 年，三峡库区各区（县）人口总量变化幅度相对于上一个阶段皆有所增长，人口增长最大的区（县）渝北区增长量接近 8 万人；其次为开州区，人口增长量超过 5 万人；南岸区与奉节县的人口增长量为 4 万人；人口增长量为 2 万～4 万人的区（县）有万州区、江北区、沙坪坝区、丰都县、云阳县；人口增长量为 2 万人左右的区（县）有涪陵区、江津区、忠县和巫山县；人口增量为 1 万～2 万人的区（县）有大渡口区、武隆县、巫溪县、石柱县；人口增量在 1 万人以下的区（县）有渝中区、北碚区、夷陵区、秭归县、兴山县、巴东县，其中秭归县和兴山县人口总量变化量为负数，说明这两个地区的人口一直在不断减少。

2007～2010 年，大部分地区较上一阶段人口增长量有所下滑，但也不乏一些地区人口继续增长，其中以渝北区为代表，人口增长量接近 10 万人，其次为开州区，人口增长量大约为 5 万人；江北区、沙坪坝区、南岸区、忠县四个区域的人口增长量为 3 万～4 万人；丰都县和九龙坡区人口增量为 2 万～3 万人；人口增长量为 1 万～2 万人的有涪陵区、江津区、巫山县；人口增量在 1 万人及其以下的有万州区、大渡口区、巴南区、长寿区、武隆县、云阳县、奉节县、巫溪县、石柱县、巴东县；其余几个地区人口增量为负，其中渝中区减少了将近 3 万人，人口减少的还有北碚区、夷陵区、秭归县、兴山县。

2010～2013 年，从户籍人口变化量来看，人口增加量最多的是渝北区，增加了 11 万人左右，其次是九龙坡区和南岸区，人口增量为 4 万～5 万人；人口增量为 3 万～4 万人的有江北区和开州区；人口增量在 2 万人左右的有云阳县、巴南区、万州区和奉节县；大部分地区的人口增量都在 1 万人及其以下，如涪陵区、大渡口区、沙坪坝区、江津区、武隆县、忠县、巫山县、巫溪县、石柱县、夷陵区、巴东县；还有几个区域人口处于减少状态，其中渝中区减少了 2 万多人口，丰都县减少了将近 1 万人，秭归县和兴山县人口都在减少。从常住人口的变化量上看，巴东县常住人口急剧减少，除重庆主城九区常住人口有增加外，其余区域常住人口基本都有减少的趋势。

2. 三峡库区 2001～2013 年人口时空演变总量分析

2001～2013 年，重庆主城区域人口总量增加明显，以巴南区、九龙坡区、沙坪坝区、江北区、南岸区为代表，渝北区人口总量的增长尤为明显。渝东北少部分地区人口总量在增长，如开州区和万州区，其他区（县）有人口总量减少的趋势，云阳县和奉节县最为明显。湖北四区（县），除夷陵区人口总量有增长的趋势外，其他三个区（县）均在减少，巴东县人口总量减少的最多，如图 3-10、图 3-11 所示。

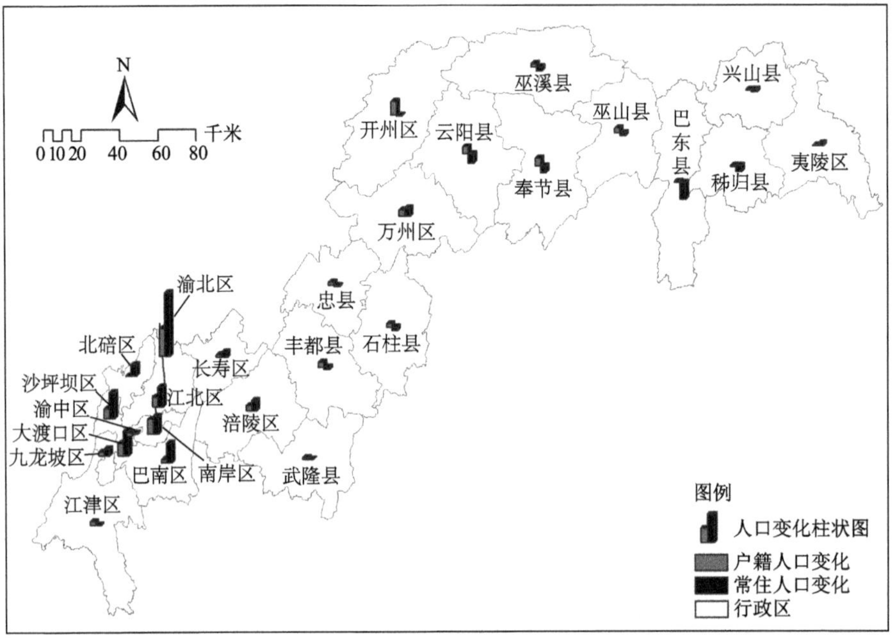

图 3-10　2001～2013 年三峡库区区（县）人口变化总量分析图

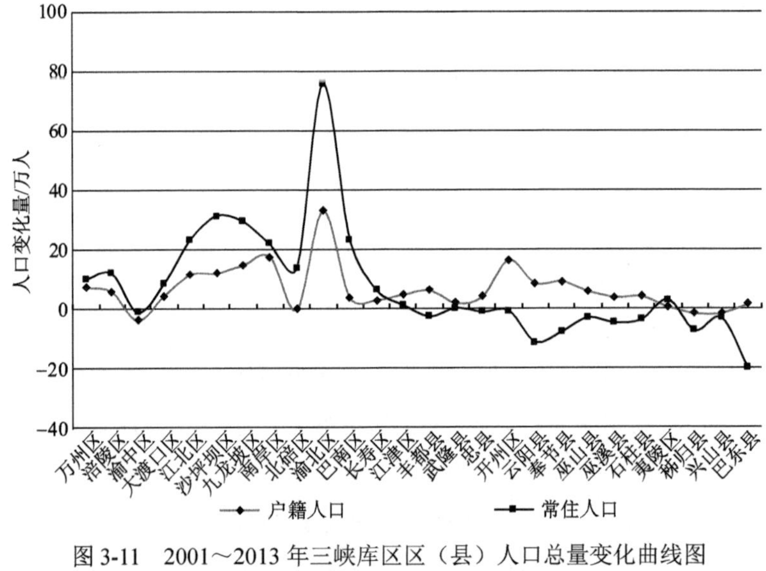

图 3-11　2001～2013 年三峡库区区（县）人口总量变化曲线图

2001～2013 年的 12 年中，主城区区域的常住人口总量一直大于户籍人口总量。从图 3-10、图 3-11 可知，这 12 年间，人口总量减少最明显的是渝中区和北碚区，折线在此处有大幅度的下降，云阳县、秭归县和巴东县常住人口总量减少。人口总量增长的最明显的应属巴南区，可能由于政府对巴南区的大规模开发政策，推动了巴南区的发展，学校的陆续修建迅速拉动了人口的增长。其次，开州区的户籍人口总量也呈现出不断上升的趋势。

3.4.5 人口重心迁移时空变化特征分析

结合式（3-7）和三峡库区各区（县）2001～2013 年五个时间节点上的常住人口数据，计算出三峡库区各区（县）各个时间节点上的人口重心；同时，基于三峡库区 26 个区（县）的行政区界限数据，利用 GIS 软件平台计算出行政区空间几何中心点，如图 3-12、图 3-13 所示。

1. 三峡库区重庆段人口重心迁移时空变化特征分析

分析三峡库区的人口重心和行政区几何中心可知，各年份的人口重心点主要集中在丰都县西北部，而区域几何中心在临近丰都县的忠县，位于忠县与石柱县接壤的边缘地带。三峡库区的人口重心在行政区几何中心的左下侧，人口重心更偏向于重庆市主城区方位。

观察和分析 2001 年、2004 年、2007 年、2010 年及 2013 年三峡库区的人口重心，可以发现人口重心随着时间的推移总体呈现出向重庆市西南方向移动的趋势，不断靠近重庆市主城区，且两个时间节点之间人口重心移动的距离和方位都基本一致，表现出相对稳定的移动速率；仅仅在 2004～2007 年，人口重心表现出向西偏北方向的移动趋势，且移动幅度较小。

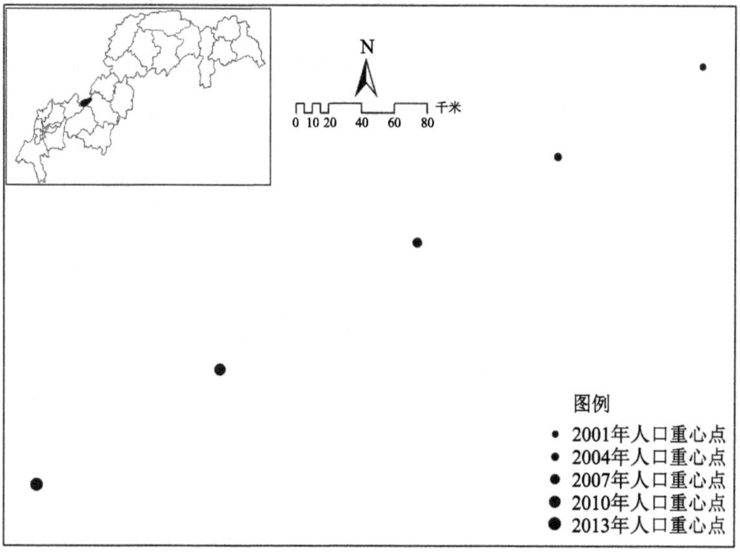

图 3-12　2001～2013 年三峡库区重庆段人口重心迁移分析图

2. 三峡库区湖北段人口重心迁移时空变化特征分析

分析三峡库区的人口重心和行政区几何中心可知，湖北段中秭归县、巴东县、兴山县和夷陵区，其中巴东县人口比较多，但人口变化不大，人口变化倾向于湖北中心区段。

观察和分析 2001 年、2004 年、2007 年、2010 年及 2013 年三峡库区的人口重心，可以发现人口重心随着时间推移总体向湖北省东北方向移动，且随着时间的推移，偏移的距离变得越来越小，速率变得越来越慢。

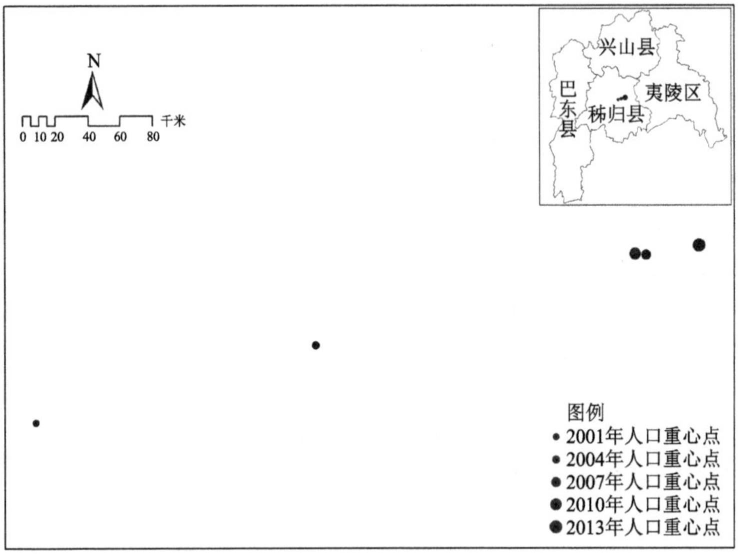

图 3-13　2001～2013 年三峡库区湖北段人口重心迁移分析图

4 适度人口的相关研究回顾

人口理论是关于人口发展的基本观点、学说，是人们对人口发展一般过程的系统化、理论化认识。不同的人口理论反映着不同的世界观和社会历史背景。在前资本主义社会，适应当时人口与政治、军事、经济发展的关系，代表奴隶主、封建主统治阶级利益的思想家，一般都把人口看做富国强兵、征收劳役赋税的源泉，主张增加人口，但没有形成系统的人口理论。到了资本主义社会，代表资产阶级利益的思想家分成不同学派，在资本主义工场手工业时代，重商主义、重农主义、早期古典政治经济学派，从资本的原始积累利益出发，大都主张增加人口。最早专门论述人口理论的著作，是马尔萨斯的《人口原理》。马尔萨斯人口理论的产生，是人口理论的革命，具有划时代的意义。这一时期影响较大的有马尔萨斯人口理论、人口经济理论、人口社会理论、人口统计理论等，它们是结合近代人口变动的特点和人口问题形成和发展的，是近代人口理论的代表。

第二次世界大战以后，世界政治、经济发生了巨大变化。发展中国家蓬勃兴起，开始发展民族经济。引人注目的是，现代医药和医疗技术的发展使发展中国家的死亡率迅速下降，而出生率依然维持在很高的水平上，人口增长速度加快，世界人口增长驶上了快车道。人口数量的急剧膨胀和城市化的加速发展，使世界各国面临许多复杂而又迫切需要解决的人口问题。特别是发展中国家，遇到了巨大的人口压力。各国民族经济的发展，日趋严峻的人口形势，成为国际社会极为关注的世界性重大问题。联合国成立了人口基金等国际性人口组织，许多国家及政府首脑直接参与人口问题的国际活动。同时，国际的和各国的人口调查、人口普查和人口统计工作迅速开展起来。所有这些都推动了当代人口理论研究的繁荣与发展。这一时期比较著名的人口理论有适度人口理论、凯恩斯人口经济理论、刘易斯宏观人口经济理论、微观人口经济理论、现代马尔萨斯金义、零值增长理论、人口与发展理论等。

鉴于众多的人口理论，其产生和发展都适应当时的社会历史时代背景，对当时研究人口问题、人口与经济发展的关系做出了突出的贡献。本书研究结合了三峡库区的发展实际，对人口的研究主要借助于适度人口理论。这一理论在20世纪初到30年代末成为西方人口理论研究的一门热门课题。其起初研究的是一个国家最适度的人口数量、人口规模，后来又研究适度人口增长率、人口密度、人口素质等，从分析静态适度人口到分析动态适度人口，纵观适度人口理论的发展，大致可以将其分为三个阶段：早期适度人口论、现代适度人口论和可持续生态适度人口论。

4.1 适度人口研究的起源及演变

4.1.1 西方适度人口理论的演进历程

1. 早期的适度人口理论

1）坎南的适度人口理论

早期的适度人口理论是由英国经济学家坎南提出来的，他在1888年出版的《初级政治经济学》一书中就明确提出了适度人口的思想。他认为适度人口是指“在任何一定时期内，在一定的土地上生存的达到产业最大收益时的人口”。这里的适度人口，坎南认为可以从以下几个方面进行理解。

适度人口并不是固定不变的，原因是在不同时期最大收益点会发生变动。随着经济发展、知识增加及技术进步，最大收益点会向着有利于人口增长的方向变动。正因为这样，所以以前在经济不发达的时候，历史上人口只有现在的几十分之一，那时人口已经过剩了，而在现在看来却不觉得过剩。

适度人口不仅仅是一个特定时点上的人口，它既是过去人口的产物，也是未来人口发展的趋势。

最佳的人口规模就是要考虑到产业的长期最大收益，并且包括所有各代人口的利益。“这一代人口是上一代人口存在的结果，又是下一代人口出现的原因，因此适度人口就是从长远来看的最适度人口。”

适度人口的确定要遵循边际收益递减规律。在一定时期内，其他条件不变的情况下，当劳动的增加尚未达到一定点时，随着劳动投入的增加，边际收益是递增的，到一定点之后，边际收益就递减了。所以，并不是人口增加就一定使产业的生产率降低，人口减少就一定使产业的生产率上升，只有当人口增加到一定规模的时候，才可能使生产率下降。如果人口本来就不足，再减少人口，只会使生产率下降。只有当人口超过一定限度时，人口减少才能使生产率上升。也就是说，在一定生产条件下，人口既不要太多也不要太少，只有保持一个适度的人口才能使生产率最大化。

坎南在阐述经济问题时，注重探讨人口问题，同时他还从人口与土地、人口与生产率、人口与收益等方面探讨人口的适度规模。

2）威克塞尔的适度人口理论

从18世纪中叶到20世纪30年代，瑞典的人口出生率比较高，为35‰～25‰，死亡率下降非常明显，从33‰下降到12.4‰，因此人口的自然增长率很高。这期间近200年，瑞典总人口从175万增加到612万，瑞典威克塞尔所生活的时代尽管有100多万人口向外移民，但是总人口还是增加了200多万，新增加人口无法被工农业发展所吸纳，产生了大量的过剩人口。

同时，由于这个时期瑞典经济不景气，农业歉收，粮食产量下降，工厂开工不足，加上俄国、美国廉价农产品的竞争，这使得失业人口增加，大批人口向国外迁移。因此人口经济问题成为瑞典当时最重大的问题。

这个时候与坎南同时代的瑞典经济学家威克塞尔对瑞典的人口问题进行了深入的分析和论证，在1910年日内瓦召开的国际马尔萨斯主义者联盟的会议上发表了《论适度人口》的演讲，第一次提出了适度人口的概念。他认为，适度人口是在一定时期内，能够被一国工农业生产潜力允许达到最大生产率所容纳的人口。同时，他也认为，人口的适度规模并不是固定不变的，新的发现和发明，科学技术知识的进步，都会使工农业生产能力提高，从而能够容纳更多的人口。适度人口规模是随着经济的发展而变动的。他认为，人口增长的过程中会存在两种相反的力量。一是由于土地和自然资源十分有限，人口增加导致每个人所占用的土地份额或一般性的自然资源变少，这个时候劳动生产率就会下降；二是人口增加有利于分工和协作的深化，产生新的产业组织，这些新的产业组织能促进生产率的提高。当这两种相反的力量同时发生作用，并且正好相互抵消时，真正的适度人口便达到了。

3）卡尔・桑德斯的适度人口理论

卡尔・桑德斯是继坎南和威克塞尔之后对适度人口学说做出重要贡献的英国社会学家。桑德斯从第一次世界大战前后开始对人口经济问题进行研究，并在1922年出版的《人口问题：人类进化的研究》一书中比较系统地阐述了“适度人口论”。他认为，适度人口是指“按在一定时期内，一个国家获得按人口平均最大收入的人口”。他认为，人口数量不能以其他标准进行决定，只能从经济标准出发，“唯一标准是经济标准——可据以确定可取人数的唯一验证是以每人平均收入为基础的”。他认为，一个国家的人口增长，是经济需要的结果，而人口出生率下降，甚至总人口减少，也是经济变化的反应。“人口增长是与经济需要相适应的。”面对当时人口城市化所带来的各种问题，他又提出了“适度人口密度”理论，即使居民获得最好生活水平的人口密度，并且他把适度人口和适度人口密度作为衡量人口是否过剩的唯一标准。

4）其他学者的适度人口理论

美国人口学者费伦奇在《人口的综合适宜》（1938年）中把适度人口研究扩展到人口质量，提出了人口的“适度质量”概念。他主张用适度的人口数量和质量，应能使每个人获得最高的收入，并保证社会的和平与人们的幸福。

5）早期适度人口理论的缺陷

（1）主要局限于对当时人口与经济关系的静态描述，把理论建立在假设知识、科学技术、物质资源、人口年龄结构等要素不变的基础之上。然而，现实中的这些要素不但是不断变化的，而且变化是非常剧烈的。所以，早期的适度人口理论被称为“静态适度人口论”。

（2）把人口要素视为外生变量，人口的变动纯粹只是其他经济要素变动的被动反应，看问题的视角是单向的，即如何通过社会经济变动来扩大适度人口的规模，以便为快速增长的人口提供适当的社会经济环境。

（3）早期的适度人口理论是建立在报酬递减规律的基础之上的，随着人类科学技术的进步、文明的深化、社会生产力的发展，人类可以不断地克服和减轻该法则的作用。

（4）只涉及人口规模的适度，而几乎没有讨论人口增长率和人口结构的变动，适度人口与环境资源的关系的研究更是空白。

2. 现代适度人口论

1）阿尔弗雷得·索维的现代人口理论

阿尔弗雷得·索维是法国著名的人口学家，现代适度人口理论和经济适度人口理论的主要代表人物。他在1952年出版的《人口通论》中，一方面继承前人从经济学的角度分析“适度人口”的传统；另一方面把“适度人口”的概念扩大到非经济领域，考察许多非经济的社会因素同人口增长的关系。他认为：“适度人口也就是一个以最令人满意的方式达到某项特定目标的人口。”在这些目标中，首先应当考虑个人福利，所以要着重考察“经济适度人口”。索维所说的“经济适度人口”是指在最有利的条件下达到最高生活水平的，即最高的平均产量和收入的人口，也就是使国民获得最大经济福利的人口（Sawyer，1983）。

索维的理论比坎南等的进步的地方是他考察了技术进步等经济增长变量对“适度人口”的影响，提出了人口“适度增长”的概念，将“静态适度人口论”推向“动态适度人口论”。为此，他为适度人口设立了9个精确的目标，其中有4项经济目标、4项社会目标、1项军事政治目标。经济目标包括个人福利、福利总和、财富增加（财富增加最快时的人口数量）、就业（充分就业时的人口数量）；社会目标包括健康长寿、寿命总和（人口数与平均预期寿命的乘积）、居民人数、文化知识；军事政治目标为实力（各种能用于集体目标的手段，包括军事力量和非军事力量）等（Sawyer，1983）。其可以根据不同的标准确定目标在如何达到适度目标的途径上，突破早期适度人口思想单纯提高人口适度规模的局限，主张从提高适度人口规模和适当控制人口增长两方面，提高社会经济系统对人口增长的适应能力。这一时期的重要发展是把适度人口规模的研究延伸到适度人口增长率的领域。

索维还提出了“实力适度人口”理论，在其他条件相同的条件下，在一定的领土范围内，使国家达到最大综合实力时（包括军事力量和其他相关的集体目标）所必需的人口数量，即一个国家达到最大综合实力时的人口。“最大实力”随边际产量和生活水平而变动，当边际产量刚好超过最低生活水平时的人口，就是一个国家的“实力适度人口”，如图 4-1 所示。

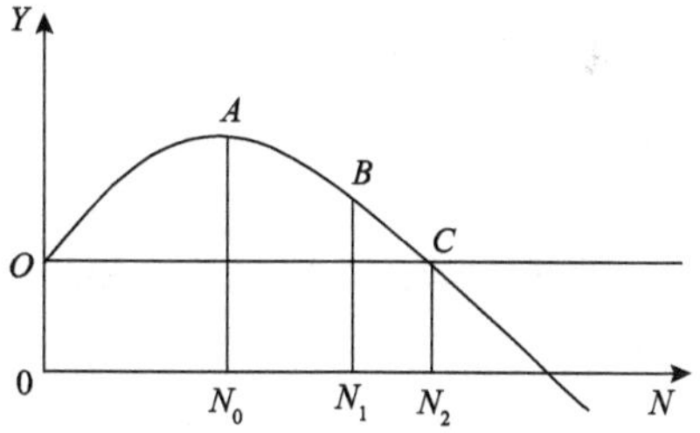

图 4-1 “实力适度人口”示意图

纵轴表示边际生产率，横轴表示人口数量。任何一个国家的政府都要从每个人的产量中征收一定数量的财富，以取得物质上的实力。为了获得最大实力，必须把超过最低生活水平的一切都征走。开始时，边际生产率很低，只能维持最低生活水平（*OC* 水平线表示），*OABC* 表示边际生产率随着人口增加而变动的轨迹。*OABC* 与 *OC* 水平线之间的面积表示政府能够征收到的最大财富。

当总人口规模为 N_0 时，边际生产率达到最大，但是人口继续增加，政府的征收额将增加，直到 N_2，政府的征收额为 0，这是实力适度人口，继续增加人口就不利于实力的提高。显然实力适度人口高于经济适度人口。

一般情况下，一个国家的实力目标和经济目标是一致的，但是执政者往往为了达到自己的政治和军事目的而要增加人口。他们认为，随着人口数量的增长，国家的实力也会随之增长，所以，索维断言“实力适度人口永远高于经济适度人口”。在索维看来，重要的是精确计算“实力适度人口”。只有对它做定量分析，才能知道实际人口是低于还是高于“实力适度人口”，即一个国家是人口不足还是人口过剩。索维还认为，要改善人口的现状，必须缩小适度人口与实际人口之间的差距。和一些马尔萨斯主义者解决人口过剩问题的主张不同，索维认为，如果人口过剩，除非有可能向外移民，否则最好是提高适度人口，而不是减少实际人口。办法是增加就业机会，而不降低个人效率和福利。他提出了人口上限和人口下限的概念及其制定办法，界定了人口过剩的内涵及其表现特征。

2）赫茨勒的适度人口理论

赫茨勒是美国学者，他在1956年出版的《世界人口危机》一书中提出，在适度人口解释方面是有争议的，不管哪个地方，在人口与现有资源、技术及文化状态之间总归存在“正确的”“最好的”“理想的”关系。

在考察适度人口方面，赫茨勒认为绝大多数经济学家及一些人文社会学科的学者都认为适度人口的最终目标是为了谋求最大限度的社会经济福利和人类幸福，但是幸福的衡量标准确实难以界定。不同的国家及其个人或者不同历史阶段幸福的标准都是不一样的。按照赫茨勒的观点，适度条件是个动态的条件，任何适度条件经过一段时间之后总要发生变化。因此，他认为重要的是研究设计一个综合指数，然后考虑应用电子计算机把各个变动的指标统一起来，通过计算机从复杂资料中编出一个具有科学性、有效性的公式或指数。

3）其他学者的适度人口理论

经济学家科尔和胡佛提出从人口增长和经济发展宏观模型出发，来确定最佳人口规模的理论。根据科尔和胡佛的理论，可以把人均收入与人口规模看成函数关系，在一个国家的特定时期内，当非劳动资源的供给不变时，存在一个能使人均收入最大化的人口规模，这一规模就是最佳人口规模；与之相适应的人口，就是适度人口。适度人口并不是固定的，当资本积累，技术进步和新的自然资源获得开发时，人均收入的增加和最佳人口的扩大就会同时出现（童星，1995）。

基哈德・斯密特-林克（J. Schmitt-Rink）在讨论适度人口增长率的存在和性质时，把适度的指标选择标准定为：①总人口的抚养率的最小化，即平均每个劳动力人口所负担的少年儿童和老年人的数量越小越好；②经济负担率最小化，是指平均每个劳动力人口花费在抚养少年儿童和老年人口的支出占人均收入的相对份额越少越好，当然，这种抚养未成年人和赡养老年人的支出本身也应该是适度的，要满足他们追求美好生活的需求；③人均消费最大化，就是说人均收入与平均劳动力人口的总抚养支出之差趋于最大。显然，后两个准则是建立在前一个条件之上的，只有适度的人口增长率，才可能形成最佳的人口年龄结构，使人口的总抚养率最小。

4）现代适度人口理论的贡献

与早期适度人口论相比，首先，现代适度人口理论涉及的领域更宽泛，确定适度人口的标准趋于多元化，不仅从经济上、政治上、社会学上，还从军事上确立了适度人口的目标。其次，现代适度人口理论不仅进行静态考察，而且还进行动态考察，从静态走向动态，使适度人口论更实用、更切合实际。

5）现代适度人口理论的缺陷

（1）现代适度人口理论脱胎于早期适度人口理论，依然把经济收益最大化的人口规模视为适度人口，把经济目标、经济标准作为适度人口的重要尺度。

（2）现代适度人口理论主要建立在分析发达国家工业化过程与人口发展的关

系的基础上，忽视了发展中国家人口增长过快和存在大量相对剩余劳动力的现实。

（3）现代适度人口理论只片面地强调人口的数量和增长速度，忽视了人口结构和人口地域分布，几乎从未考虑过人口素质。

3. 可持续发展的适度人口论

20 世纪六七十年代以来，有人开始把资源环境因素纳入适度人口的研究之中，埃利奇（P. R. Ehrlich）认为，除了社会经济因素外，地球的资源环境容量是分析适度人口的主要因素，也即资源环境因素，这是制约人口增长的瓶颈。可持续发展的适度人口理论首先应当包括人口生产、物质生产和资源环境生产的协调统一，因而协调的本身就包含了适度人口的理念，即人口、经济、资源环境的相互适应和永续发展。其次，在可持续发展理论中的适度人口，不是简单人口数量的适度，而是根据人的全面发展的要求，在人口规模、增长速度、结构和人口素质等各方面的适度。

4.1.2 我国适度人口理论的发展路径

中国自古以来就是人口大国，“适度人口”的思想在中国古代思想家的学说中就有所体现。但是真正的适度人口研究始于 20 世纪 50 年代初，马寅初（1979）通过实地调查人口增长情况，指出人口增长必须同国民经济发展相适应，并在量上保持一定的比例关系，中国不仅要控制人口数量，而且要提高人口质量。孙本文（1957）从劳动就业人数和粮食生产水平的角度研究了中国的适度人口问题，并提出中国当时人口数量限制在 8 亿比较合适。宋健等（1980）从食品、水资源等资源约束条件出发估算百年后中国适度人口数量，从控制论角度为适度人口的研究奠定了方法论基础。随后，原新（1999）借鉴西方适度人口理论，提出适度人口的概念，适度人口是能够使人口与经济社会系统和资源环境系统相互作用的最佳状态。田雪原（2001）定义了全方位适度人口，即相对于一定历史条件下的环境、资源、社会和经济来说，人口数量是适度的、质量是稳步提高的、结构是比较合理的，即能够促进人口与其他因素协调发展的人口。原华荣（2002）把适度人口分为经济适度人口和生态适度人口，指出经济适度人口的目标是追求利益最大化，而生态适度人口的目标是追求人口与生态环境的均衡。吴瑞君等（2003）从人口承载力和人口容量角度，定义了适度人口是一个国家或地区在一定时期内所能供养的最优人口数，其取决于人口的最大承载能力，即人口容量并构成适度人口的上限。王新建和高建昆（2010）较为注重人们生活水平的提高，提出将人均较高生活水平纳入适度人口理论体系，旨在纠正我国适度人口研究的导向错误。巩芳霞（2014）利用“P-E-R”区域匹配模型和能值-生态足迹模型研究了西宁市在一定社会经济和自然资源条件约束下的生态适度人口。张庆红（2016）基于综合承载力构建适度人口模型研究了新疆2000～2013年的适度人口。

4.2 适度人口规模的研究方法

4.2.1 因素分析法

因素分析法是利用统计指数体系分析现象总变动中各个因素影响程度的一种统计分析方法，是现代统计学中一种重要而实用的方法，它是多元统计分析的一个分支，使用这种方法能够使研究者把反映事物性质、状态、特点等的变量简化为少数几个能反映出事物内在联系的、固有的、决定事物本质特征的因素。因素分析法的最大功用就是运用数学方法对可观测的事物发展中表现出的外部特征和联系进行由表及里、由此及彼、去粗存精、去伪存真的处理，从而概括出客观事物的普遍本质。其次，使用因素分析法可以使复杂的研究课题大为简化，并保持其基本的信息量。按影响因素的多少，可以分为单因素分析法和多因素分析法。单因素分析法是指在一种因素变化时，假设其他因素都不发生变化，分析因素与最终结果变化的相互之间的关系。多因素变化就是几种因素同时变化时，研究几种因素的变化与最终结果之间的关系。简单地说，单因素分析就是一对一的分析法，多因素分析就是多对一的分析法。

4.2.2 德尔菲法

德尔菲法（Delphi method）是于20世纪40年代由赫尔姆和达尔克首创，经过戈登和兰德公司进一步发展而成的。“德尔菲”这一名称起源于古希腊有关太阳神阿波罗的神话。传说中，阿波罗具有预见未来的能力。因此，这种预测方法被命名为“德尔菲法”。1946年，兰德公司首次用这种方法进行预测，后来该方法被迅速、广泛地采用。

德尔菲法也称专家调查法，是采用背对背的通信方式，分别将所需解决的问题单独发送到各个专家手中，首轮征询意见，然后回收汇总全部专家的意见，并整理出综合意见。随后将整理出的综合意见和预测问题再次分别反馈给专家，再次征询意见，各专家依据综合意见修改自己原有的意见，然后再汇总。这样多次反复，逐渐使专家小组的预测意见趋于集中，逐步取得比较一致的预测结果。

德尔菲法依据系统的程序，采用匿名发表意见的方式，即专家之间不得互相讨论，不发生横向联系，只能与调查人员发生关系，通过多次调查专家对问卷所提问题的看法，经过反复征询、归纳、修改，最后汇总成专家基本一致的看法，作为预测的结果。这种方法具有广泛的代表性，较为可靠。

德尔菲法的具体实施步骤如下。

（1）确定课题或项目，拟订课题提纲，准备向专家提供的资料（包括预测目的、期限、调查表及填写方法等）。

（2）组成专家小组。按照课题或项目所需要的知识范围，确定专家。专家人数的多少可根据预测课题或项目的大小和涉及面的宽窄而定，一般不超过 20 人。

（3）向所有专家提出所要预测的问题及有关要求，并附上有关这个问题的所有背景材料，同时请专家提出还需要什么材料。然后，由专家做书面答复。

（4）各个专家根据他们所收到的材料，提出自己的预测意见，并说明提出意见的缘由、怎样利用这些材料并提出预测值。

（5）将各位专家第一次判断意见进行汇总，汇总之后的意见再次分发给各位专家，让专家比较自己同他人的不同意见，修改自己的意见和判断。也可以把各位专家的意见加以整理，或请学术造诣更深的其他专家加以评论，然后把这些意见再分送给各位专家，以便他们参考后修改自己的意见。

（6）将所有专家的修改意见收集起来汇总，汇总时候的意见再次分发给各位专家，以便做第二次修改。逐轮收集意见并为专家反馈信息是德尔菲法的主要环节。收集意见和信息反馈一般要经过三四轮。在向专家进行反馈的时候，只给出各种意见，但并不说明发表各种意见的专家的具体姓名。这一过程重复进行，直到每一个专家不再改变自己的意见为止。

我们需要注意以下四点。

（1）并不是所有被预测的事件都要经过六步。可能有的事件在第三步就达到统一，而不必再进行第四步。

（2）在第五步结束后，专家对各事件的预测也不一定都达到统一。不统一也可以用中位数和上下四分点来做结论。事实上，总会有许多事件的预测结果都是不统一的。

（3）必须通过匿名和函询的方式进行。

（4）要做好意见甄别和判断工作。

4.2.3 多目标决策法

多目标决策法是对多个相互矛盾的目标进行科学、合理的优选，然后做出决策的理论和方法。它是 20 世纪 70 年代后迅速发展起来的管理科学的一个新的分支。多目标决策法与只为达到一个目标而从许多可行方案中选出一个最佳方案的一般决策有所不同。多目标决策法要同时考虑多种目标，而这些目标往往是难以比较的，甚至是彼此矛盾的，一般很难使每个目标达到最优，做出各方面都很满意的决策。因此，多目标决策法实际是在各种目标之间和各种限制之间求得一种合理的妥协，这种妥协最终形成一种类似于帕累托最优的状态。

4.3 适度人口规模的测量模型

4.3.1 生态足迹模型

生态足迹（ecological footprint），又称生态空间占用、生态脚印，由加拿大生态经济学家威廉·里斯（William Rees）教授于1992年最早提出，1996年博士生 Wackemagel 等对该方法进行了完善与发展。它测量人类对自然生态服务的需求与自然所能提供的生态服务之间的差距。生态足迹即是在一定的人口和经济条件下，维持资源消费和吸纳产生的废弃物所需要的生物生产性土地面积。

生态足迹基本模型将人类对各种自然资源的需求量及自然界相应的供应能力通过引入均衡因子和产量因子统一量化为“全球公顷”为单位的“生物生产性土地”，提供了全球可比的、简单有用的资源可持续利用评价手段。

生态足迹方法的基本思路是，人类要维持生存需要消费各种产品、资源和服务，每一项最终消费的量都可追溯到提供生产该消费所需的原始物质与能量的生物生产性土地面积上来。生态足迹计算可以分为三个部分：一是生态足迹（EF，消费需求）的计算；二是生态承载力（REC，自然供给）的计算；三是生态足迹与生态承载力的比较。就全球尺度而言，当 EF＞REC 时，即区域生态足迹超过了所能提供的生态承载力，意味着人类对自然资源的过度使用，产生了生态透支，出现了生态赤字，是一种不可持续的资源消费；反之，当 EF＜REC 时，则表明对自然资源的利用程度没有超过其更新速度，表现为生态盈余。

1. 生态足迹

在生态足迹计算中，各种资源和能源消费项目被折算为耕地、林地、草地、建筑用地、化石能源土地和海洋（水域）等六种生物生产面积类型。耕地的生产能力最强，提供了人类所利用的大部分生物量。草地的生产能力比耕地要低得多。近年来，由于人类对森林资源的过度开发，全世界除了一些不能接近的热带丛林外，现有林地的生产能力大多也比较低。化石能源土地是人类应该留出用于吸收 CO_2 的土地，但目前事实上人类并未留出这类土地，出于生态经济研究的谨慎性考虑，在生态足迹的计算中，考虑了 CO_2 吸收所需要的化石能源土地面积。由于人类定居在最肥沃的土壤上，因此建筑用地面积的增加意味着生物生产量的损失。由于这六类生物生产面积的生态生产力不同，要将这些具有不同生态生产力的生物生产面积转化为具有相同生态生产力的面积，以汇总生态足迹和生态承载力，需要对计算得到的各类生物生产面积通过均衡因子转换为统一的全球平均生物生产性土地面积。区域生态足迹的计算方法如式（4-1）所示。

$$\mathrm{EF} = N \times ef = N\sum r_j(aa_i) = N\sum (C_i / Y_i \times r_j) \tag{4-1}$$

式中，EF 表示区域内总的生态足迹，代表区域人口总消耗量；N 表示区域内年度人口总数；ef 表示区域内人均的生态足迹，代表区域人均消耗量；i 表示区域内人类消耗的商品类型；r_j 表示区域内第 j 种生产性土地类型的均衡因子，该指标是针对于不同生产性用地类型的修正指标；aa_i 表示区域内对于 i 类商品的人均消耗折算出来的生物生产性土地的面积；C_i 表示区域内对于 i 类商品的人均消耗量，即人均消耗多少千克；Y_i 表示生物生产性土地在生态型条件下每年能够生产 i 类商品的平均生产能量，即每公顷能够生产多少千克的产量。其中

$$r_j = d_j \div D \quad (j=1,2,3,4,5,6) \tag{4-2}$$

式中，r_j 为均衡因子，d_j 为全球第 j 类生物生产面积类型的平均生态生产力，D 为全球所有各类生物生产面积类型的平均生态生产力。

2. 生态承载力

在生态承载力的计算中，由于不同国家或地区的资源禀赋不同，不仅单位面积耕地、草地、林地、建筑用地、海洋（水域）等的生态生产能力差异很大，而且单位面积同类生物生产面积类型的生态生产力的差异也很大。因此，不同国家和地区同类生物生产面积类型的实际面积是不能进行直接对比的，需要对不同类型的面积进行标准化。那么，“产量因子”就可以用来表示不同国家或地区的某类生物生产面积类型所代表的局地产量与世界平均产量的差异。某个国家或地区某类土地的产量因子是其平均生产力与世界同类土地的平均生产力的比率。同时出于谨慎性考虑，在生态承载力计算时应扣除 12%的生物多样性保护面积。区域生态承载力的计算方法如式（4-3）、式（4-4）所示。

$$\mathrm{EC} = N \times \mathrm{ec} = N\sum a_j r_j y_j \tag{4-3}$$

$$\mathrm{REC} = (1-12\%) \times \mathrm{EC} \tag{4-4}$$

式中，EC 表示区域内理想状态下的生态承载力；ec 表示区域内理想状态下的人均生态承载力；REC 表示区域内实际有效的生态承载力；a_j 表示区域内人均拥有的生物生产性土地的面积；y_j 表示区域不同生物生产性土地类型的产量因子，该

产量因子是将区域生物生产性土地的单位生产能力与全国的平均生产能力进行比值分析获取的数值。

生态足迹法是一种较好的衡量人类社会活动对自然环境影响的定量指标。近年来，生态足迹法以其完善的理论和精简统一的指标体系，以及方法的普适性在国内外有关领域得到了较广泛的应用。

4.3.2 经济承载适度人口模型

“承载力”一词最早出自生态学，由帕克和伯吉斯于 1921 年在人类生态学相关研究中首次提出。其特定含义是生态系统所提供的资源和环境对人类社会良性发展的一种支撑能力。经济人口承载力指在特定区域的一定经济水平条件下，在经济发展的过程中，依靠现有的生产资料所能容纳的最大人口数量，是“最大”人口。而依照法国人口学家索维的观点，经济承载适度人口是指能够使国民获得最大经济收益和福利的人口，是“最优”的人口。一般来说，最优人口≤最大人口。为了简便，本章在计算经济承载适度人口模型时借用了经济人口承载力的计算公式。

经济资源承载指数是参照区人口数量与参照区经济发展总值的比值，这里用 GDP 代表该参照区经济发展情况，也可表示一单位 GDP 所能支撑的人口数量，该比值越大，说明单位经济的人口承载能力越强。经济资源承载指数如式（4-5）所示。

$$I_e = Q_{pe} \div Q_{le} \tag{4-5}$$

式中，I_e 为经济资源承载指数，Q_{pe} 为参照区人口数量，Q_{le} 为参照区 GDP。

在式（4-5）中，参照区的选择尤为关键，选择不同区域作为参照区，可能结果会相差很大，为了避免地区之间的个体差异，一般选择全国作为参照区。

各个区域的经济承载力人口，就等于经济资源承载力指数与研究区 GDP 的乘积，它表示相对于参照区的经济承载力来说，研究区经济承载人口的状况，用式（4-6）表示。

$$C_{re} = I_e \times Q_e \tag{4-6}$$

式中，C_{re} 为区域经济承载人口，Q_e 为研究区 GDP。

4.3.3 土地承载适度人口模型

国内关于土地人口承载力的研究兴起于 20 世纪 80 年代，此后便得以快速发展。总体来说，土地人口承载力是指一定生产条件下，土地资源的生产力和一定生活水平下所能持续供养的人口数量。这里的土地就包括耕地、建设用地、草地、林地、水域等。本章研究的土地主要是指耕地和建设用地，耕地解决人类“吃”的问题，也就是能养活的人口数量；而建设用地解决基本“住”的问题，如果一个国家吃、住能够得到解决，至少说明人口没有超量。所以，土地人口承载力就可以划分为耕地人口承载力和建设用地人口承载力。

1. 耕地承载适度人口模型

耕地承载适度人口是指一定生产条件下，耕地资源所能持续供养的人口数量。可用式（4-7）表示。

$$C_{ri} = I_i \times Q_i \tag{4-7}$$

式中，C_{ri} 为区域耕地承载人口；I_i 为土地资源承载指数，是参照区人口数量与参照区耕地面积的比值，即 $I_i=Q_{Pi}/Q_{li}$，也可理解为一单位耕地面积所能支撑的人口数量，该比值越大，说明单位耕地面积能支撑的人口越多。其中，Q_{Pi} 为参照区人口数量，Q_{li} 为参照区耕地面积，Q_i 为研究区耕地面积。

所以，$I_i \times Q_i$ 表示各个区域的耕地承载力人口，等于耕地资源承载力指数与研究区耕地面积的乘积，它表示相对于参照区的耕地面积来说，研究区耕地承载人口的状况，这里参照区一般选择全国。

2. 建设用地承载适度人口模型

建设用地承载适度人口是指一定生产条件下，建设用地所能持续供养的人口数量。这里的建设用地指居住用地。本书计算的建设用地承载适度人口是基于人均建设用地指标的适度人口容量。根据住房和城乡建设部 2012 年提出的城市用地分类与规划用地标准，结合欧美发达国家经验，确定大城市较为合理的城区人口密度为 1 万人/千米^{2}左右。据此，可得到城市建设用地承载适度人口公式为

$$P = 1 \times L \tag{4-8}$$

式中，P 代表适度人口容量，L 代表适宜居住用地面积（单位为千米^2）。

4.3.4 综合承载适度人口模型

综合承载适度人口是基于生态承载适度人口、经济承载适度人口、建设用地承载适度人口、耕地承载适度人口，通过加权求和的方式计算的综合适度人口。一般要经历两个步骤，首先，利用德尔菲法，通过专家多次确权，最终确定各子适度人口的权重值。然后，根据各子适度人口的权重值，通过加权求和的方式计

算研究区各区（县）的综合适度人口，测算结果如式（4-9）所示。

$$F=\sum A_j \times F_j \quad (4\text{-}9)$$

式中，F 表示区（县）综合适度人口的最终测算结果，F_j 表示第 j（j=1, 2, 3, 4）个子适度人口的测算值，A_j 表示第 j 个子适度人口对综合适度人口的贡献率，即子适度人口的权重值。

4.3.5 重心迁移模型

重心原本是物理学概念，指一个物体出于任何方位时各组成质点所受重力产生的合力的作用点。物体的重心不一定在物体上，但是在该点上各个力保持均衡状态。人口重心的概念源于力学，人口重心（population gravity）是指研究区域内某时刻人口分布在空间平面上力矩达到平衡的点，通过与区域几何中心的比较常用来测定该区域人口分布的均衡状况（张善余，2003）。这一概念是由美国学者弗·沃尔克在 1874 年最先提出来的，他认为在分布着人口的某一区域之内，如果把它看做是一个质地均匀的平面，那么这个平面上便存在一个支点，使上面分布着人口的平面保持平衡，这个支点就是该区域的人口重心点（李仪俊，1983）。

随着自然、社会经济和政策等因素的变化，人口的空间分布不断变化，人口重心也就会有相应的移动。一定时期内，人口重心的迁移轨迹直观、形象地反映出人口分布变化的历史过程，其迁移方向表明人口空间分布演化的方向和趋势，移动速率表示人口在分布的活跃程度。通过对人口重心移动轨迹的研究，能够揭示人口分布空间变化的特征和原因，为制定人口发展政策区域社会经济发展规划提供决策依据（王洪春等，2003）。随着地理信息技术的蓬勃发展和广泛应用，GIS 在区域人口分布中，扮演着越来越重要的角色，国内不少学者成功地将空间分析方法应用到人口分析中。

对于人口分布均衡的区域来说，其人口分布重心就是该区域的几何重心，人口分布不均衡区域的人口重心位置可以通过一定的数学模型计算得出。设某个区域由 n 个统计单元构成，则该区域人口重心坐标为

$$X=\frac{\sum_{i=0}^{n} P_i X_i}{\sum_{i=0}^{n} P_i} \qquad Y=\frac{\sum_{i=0}^{n} P_i Y_i}{\sum_{i=0}^{n} P_i} \quad (4\text{-}10)$$

式中，X、Y 分别表示第 i 个统计单元人口重心的横坐标和纵坐标，X_i、Y_i 分别表示第 i 个统计单元的中心坐标，P_i 为第 i 个统计单元的人口数。

不同年际间区域重心空间区位移动的直线距离一般用如下公式表示：

$$D_{i-k}=\sqrt{(X_i-X_k)^2-(Y_i-Y_k)^2} \tag{4-11}$$

式中，D_{i-k}表示重心在 i、k 年间移动的直线距离；（X_i，Y_i）、（X_k，Y_k）表示第 i、k 年间重心的坐标。

根据不同年际间区域重心空间区位移动的直线距离除以时间间隔，可以求出人口重心的迁移速率公式如下：

$$D_{i-k}=\sqrt{\frac{(X_i-X_k)^2-(Y_i-Y_k)^2}{i-k}} \tag{4-12}$$

式中，V 为时间间隔 i—k 内重心迁移的速率，其他的指标意义同上。

4.4 适度人口研究的最新进展评述

自 2010 年以后，我国学者主要基于人口承载力、生态足迹、城市化率等角度，结合我国不同区（县）人口、经济、社会、生态、资源等情况，对适度人口进行了不同方向的研究。比如，人口和经济结合研究经济适度人口、与生态结合研究生态适度人口、产业适度人口、资源适度人口等。唐湘玲等（2012）基于生态足迹角度，计算了新疆 1998～2008 年的生态足迹和实际利用的生态承载力，并在此基础上估算了新疆 1998～2008 年的生态适度人口。代富强等（2012）以重庆市为研究区，在分析该区生态足迹和生态承载力的基础上，依据土地利用总体规划和不同收入国家的生态足迹水平，构建生态承载力约束下的生态足迹发展情景，对该区适度人口规模进行预测。刘元梅和张海峰（2012）以西宁市 2000～2011 年人口数据为样本，构建灰色系统 GM（1，1）模型并预测西宁市 2015 年和 2020 年的人口数量。张建坤等（2010）以生态足迹理论为基础，通过构建产业生态足迹和产业生态承载力模型，研究了南京市 2008 年三大产业的适度人口。戚颖颖和陶玉龙（2014）以生态足迹为理论，构建生态足迹与生态承载力的模型，研究了上海市适度人口规模。王小丽等（2012）基于生态足迹法对重庆市涪陵区生态适度人口进行研究。范晨辉等（2015）以承载力为理论，构建食品承载力模型、生态足迹模型、改进的经济承载力模型和改进的综合承载力模型，测度和分析西安市 2001～2011 年的适度人口及其变化情况。

近年来，适度人口的研究呈现出以下几个特点。

（1）适度人口理论过分注重人口数量研究，存在着忽视人口质量、人口结构的问题。虽然适度人口理论的代表人物，如卡尔·桑德斯、费伦奇、索维等，提出了人口的“适度密度”“适度质量”“经济适度人口”“生存适度人口”等概念，但不可否认的是，适度人口理论最关注的是适度人口数量。在有关中国适度人口的研究成果中，极少有人将注意力投向人口质量、人口结构等问题。

（2）适度人口的研究借助生态足迹、人口承载力，适度人口数量属于多目标、多变量的复杂系统决策问题，但是无论从哪一个角度进行研究，保持人口总量与经济发展水平相适应、与资源环境相平衡，是适度人口永恒不变的目标。

5 适度人口评价模型建立与数据测算

5.1 可持续发展的适度人口评价——综合承载力

人口状况对可持续发展具有至关重要的作用及影响力，可持续发展强调在环境资源的持续支撑下全面发展社会经济，发展与可持续缺一不可。作为可持续发展的基本要素——经济、社会、环境、资源，无一例外地受到人口的影响。人口是这些要素的核心，适度人口也是推动这些要素达到最优使用状态的关键条件。

因此，可持续发展需要建立在人类适度的干预与管理下，人口数量的增长及社会经济的发展均要建立在自然资源和环境的基础之上，并在自然界可承载范围之内。根据不同的视角，以及研究侧重点的不同，适度人口可以细分为经济承载适度人口、生态承载适度人口和环境承载适度人口，而综合承载适度人口是综合考虑了人口与经济、资源、生态环境协调统一，实现可持续发展，这也是适度人口研究所追求的目标。

5.1.1 经济承载适度人口

经济与人口的相互作用表现为既相互依存又相互制约。当人口超额增长，超过经济承受范围时，就会制约经济发展的步伐，给经济水平提高造成困扰。因此，二者必须在动态上保持一致，一定的经济发展水平需要一个适合其发展的适度人口。经济发展的同时也体现为科学技术的提高，这将提高自然资源的使用效率，让有限的资源能承载更多的人口。

5.1.2 生态承载适度人口

生态环境是人口赖以生存的条件，人类无法脱离自然界而独立生存，人类也不可能超越自然规律和社会规律而任意地改变环境，否则，改变的能量越大，所受的惩罚也就越大，人口与环境相互依存、相互制约。

5.1.3 资源承载适度人口

自然界中的资源是人们生产和生活所依赖的重要部分，是人类生存发展必不可少的物质条件，人口的分布通常与自然资源的数量、质量、分布存在一定的关联性。一个地区的自然资源在某一个时点是固定的，资源的数量在很大程度上决定了该地区能够承载的人口规模。

5.2 适度人口评价指标识别与抽取

5.2.1 识别与抽取的原则

1. 全面性原则

首先，从综合承载力这个目标层出发，全面透析综合承载力的内涵，从整体性出发，将其所包含的所有要素全部列出；其次，进行分析汇总，提取出能够全面性代表综合承载力的各项准则层，即各子承载力；最后，逐一针对每项子承载力全面构建评价指标体系，评价指标体系涵盖的信息必须全面，能够全方位地表示和体现各项子承载力的信息。

2. 代表性原则

构建综合承载适度人口评价指标体系过程时，除了指标类型必须要全面外，各项指标也更应该具有代表性。综合承载力中每项子承载力的大小都可以通过多种类型的指标反映出来，且每种类型的指标又可以通过多种形式表现出来。评价指标体系中的每一个指标都必须考究其是否能够表示出区域的特征，是否具有典型性和代表性。

3. 可操作性原则

构建综合承载适度人口评价指标体系过程时，不仅仅要根据全面性和代表性原则进行指标的选取，而且还必须考虑该项指标值是否能够获取，是否具有可操作性。指标的可操作性非常关键，如果选取的指标不具有可操作性，那么该指标也纯属无意义，反而会影响综合承载适度人口的最终评价结果。

5.2.2 核心指标的选取与说明

综合承载适度人口主要包括生态承载适度人口、耕地承载适度人口、建设用地承载适度人口和经济承载适度人口。其中，生态承载适度人口的确定是以生态足迹计算模型为依据，生态足迹将每个人消耗的资源折合成为全球统一的、具有生产力的地域面积，通过计算区域生态足迹总供给与总需求之间的差值——生态赤字或生态盈余，准确地反映不同区域对于全球生态环境现状的贡献。在生态足迹计算中，基于前面第 3 章对生态足迹的认识，这里把各种资源和能源消费项目折算为耕地、草场、林地、水域等 4 种生物生产面积类型。耕地是最有生产能力的土地类型，提供了人类所利用的大部分生物量。草场的生产能力比耕地要低得多，林地的生产能力大多较低。所以，研究区生态承载适度人口主要包括区域主要生物资源生产类型和生产性用地类型；研究区生物资源生产类型主要包括粮食、油料、蔬菜、茶叶、肉类、烟叶、水果和水产品，研究区生产性用地类型主要包括耕地、草地、林地和水域。由于这 4 类生物生产面积的生态生产力不同，要将这它们转化为具有相同生态生产力的面积，以汇总生态足迹和生态承载力，需要对计算得到的各类生物生产面积乘以一个均衡因子。本书采用世界自然基金会（WWF）2006 年世界生态足迹报告中采用的权重：耕地为 2.10，林地土地为 1.34，草地为 0.49，水域为 0.36；产量因子采用中国各种类型土地产量因子的平均值：耕地为 1.66，林地土地为 0.91，草地为 0.19，水域为 0.36（Wackernagel et al.，1999）。

耕地承载适度人口和建设用地承载适度人口结合第 3 章的计算模型，选取研究区的耕地面积和建设用地面积，以及全国耕地面积和全国人口计算。经济承载适度人口主要依据研究区 GDP 和全国 GDP。

5.2.3 指标的确定

在前文对综合承载适度人口的相关理论分析的基础上，结合三峡库区各区（县）的具体情况，本章内容主要从目标层面、准则层面到指标层面，逐级、全面、递进地构建三峡库区综合承载适度人口评价指标体系。

综合承载适度人口是评价的目标层面，综合承载适度人口评价的准则层面主要包括生态承载适度人口、耕地承载适度人口、建设用地承载适度人口、经济承载适度人口。其中，粮食、油料、蔬菜、茶叶、肉类、烟叶、水果、产品、耕地、草地、林地、水域、研究区耕地面积、全国耕地面积、研究区建设用地面积、全国人口、研究区 GDP 和全国 GDP 作为指标层。具体评价指标体系如表 5-1 所示。

表 5-1 基于综合承载力的三峡库区适度人口评价指标体系表

目标层	准则层	指标层（单位）	指标代码
综合承载适度人口	生态承载适度人口	粮食（吨）	C_1
		油料（吨）	C_2
		蔬菜（吨）	C_3
		茶叶（吨）	C_4
		肉类（吨）	C_5
		烟叶（吨）	C_6
		水果（吨）	C_7
		水产品（吨）	C_8
		耕地面积（千米^2）	C_9
		草地面积（千米^2）	C_{10}
		林地面积（千米^2）	C_{11}
		水域面积（千米^2）	C_{12}
	耕地承载适度人口	研究区耕地面积（千米^2）	C_9
		全国耕地面积（千米^2）	C_{13}
	建设用地承载适度人口	研究区建设用地面积（千米^2）	C_{14}
		全国人口（万人）	C_{15}
	经济承载适度人口	研究区 GDP（亿元）	C_{16}
		全国 GDP（亿元）	C_{17}

5.3 三峡库区适度人口基础数据的测算

结合三峡库区适度人口的评价指标体系，在原始资料的基础之上，本节按年份整理三峡库区各区（县）的评价指标数据；结合第 3 章中适度人口的研究方法和计算模型，对三峡库区适度人口基础数据进行测算。

5.3.1 生态承载适度人口数据测算

根据第 3 章中介绍的生态足迹的研究模型可知，生态足迹模型主要包括两大部分内容：第一是区域生态足迹，即人类对生态的消耗；第二是相对的区域生态承载力，即区域生态能够提供和容纳的体量。其中，人类对生态的消耗是基于区域的生物资源生产量测算，区域生态能够提供和容纳的体量是基于区域土地利用类型的现状面积测算的。基于生态承载适度人口的评价指标体系和数据，结合生态足迹模型，测算出三峡库区各区（县）的生态承载适度人口数据，在计算过程中，各生物生产性土地类型的均衡因子和产量因子标准如表 5-2 所示，生态承载适度人口测算结果如表 5-3 所示。

由于渝中区没有生物资源生产量，生物资源主要靠经济购买，且农用地面积几乎为零，无法测算渝中区生态足迹和生态承载力，加之渝中区的区域特殊性，因此不考虑渝中区生态承载适度人口。

表 5-2　各生物生产性土地类型的均衡因子和产量因子对应表

土地类型	均衡因子	产量因子
耕地	2.10	1.66
草地	0.49	0.19
林地	1.34	0.91
水域	0.36	1.00

表 5-3　三峡库区各区（县）生态承载适度人口测算结果表　（单位：万人）

	区（县）	2001 年	2004 年	2007 年	2010 年	2013 年
库尾	江津区	57.79	54.31	54.01	58.40	54.26
	九龙坡区	16.87	20.28	28.44	43.75	55.38
	大渡口区	2.52	2.86	3.27	10.51	15.92
	巴南区	23.95	25.78	30.78	36.64	34.67
	南岸区	13.86	19.44	17.56	26.57	30.16
	沙坪坝区	16.38	16.67	24.37	49.55	54.12
	江北区	18.41	18.90	22.26	42.21	36.10
	渝北区	29.08	30.56	33.04	56.48	55.04
	北碚区	24.51	26.17	30.75	38.18	40.43
	长寿区	26.57	24.17	24.64	24.53	20.79
小计		229.94	239.14	269.12	386.82	396.87
库腹	涪陵区	62.84	57.23	52.46	50.52	45.90
	武隆县	54.28	41.55	28.06	39.17	34.75
	丰都县	60.78	52.41	48.55	51.19	44.65
	石柱县	57.37	38.97	39.57	35.74	31.53

续表

	区（县）	2001 年	2004 年	2007 年	2010 年	2013 年
库腹	忠县	54.29	44.74	41.07	41.50	33.71
	万州区	92.65	75.24	75.20	79.55	70.98
	开州区	72.46	65.70	56.08	61.04	49.02
	云阳县	67.21	63.64	56.02	59.55	49.31
	奉节县	75.97	68.19	63.73	66.64	57.59
	巫山县	55.76	50.15	46.98	49.63	41.66
	巫溪县	65.87	61.01	56.51	48.73	42.62
小计		719.48	618.83	564.23	583.26	501.72
库首	夷陵区	35.09	34.64	28.53	21.70	19.14
	秭归县	52.93	42.49	34.79	30.39	23.65
	兴山县	40.41	24.32	21.35	17.54	15.44
	巴东县	81.06	87.46	47.53	33.34	27.29
小计		209.49	188.91	132.20	102.97	85.52

5.3.2 经济承载适度人口数据测算

基于经济承载适度人口的指标数据，结合经济承载适度人口计算模型，本节测算出三峡库区各区（县）的经济承载适度人口数据，如表 5-4 所示。

表 5-4　三峡库区各区（县）经济承载适度人口测算结果表（单位：万人）

	区（县）	2001 年	2004 年	2007 年	2010 年	2013 年
库尾	江津区	102.61	104.94	86.72	99.36	112.60
	九龙坡区	137.66	150.06	184.65	193.34	190.58
	渝中区	144.22	142.49	137.79	181.35	186.10
	大渡口区	50.05	46.23	46.29	58.11	31.61
	巴南区	61.13	66.62	70.28	101.24	107.82
	南岸区	71.21	76.68	77.30	115.18	123.12
	沙坪坝区	106.42	112.19	113.21	137.58	162.28
	江北区	65.12	76.78	88.63	128.35	128.40
	渝北区	56.30	76.92	121.03	188.11	231.81

续表

	区（县）	2001 年	2004 年	2007 年	2010 年	2013 年
库尾	北碚区	66.70	65.49	54.34	76.20	85.99
	长寿区	64.19	62.93	61.75	74.98	86.56
小计		925.61	981.33	1041.99	1353.8	1446.87
库腹	涪陵区	88.65	91.33	94.79	142.48	159.68
	武隆县	18.44	20.76	19.73	23.75	24.97
	丰都县	26.55	27.47	23.65	25.29	27.70
	石柱县	15.30	16.48	17.51	21.25	24.86
	忠县	28.74	30.85	30.36	35.88	42.26
	万州区	84.72	88.40	93.90	164.01	162.45
	开州区	48.23	49.40	45.09	48.95	61.43
	云阳县	28.29	30.17	27.46	28.12	34.79
	奉节县	28.11	27.45	30.55	33.77	37.05
	巫山县	15.58	15.61	13.46	16.50	17.39
	巫溪县	10.34	10.32	9.67	12.33	13.94
小计		392.95	408.24	406.17	552.33	606.52
库首	夷陵区	69.21	65.92	43.40	59.75	92.57
	秭归县	20.50	19.15	14.61	17.35	21.11
	兴山县	13.65	13.35	11.57	14.46	18.07
	巴东县	19.99	17.91	12.32	16.18	17.12
小计		123.35	116.33	81.90	107.74	148.87

5.3.3 建设用地承载适度人口数据测算

基于建设用地承载适度人口的指标数据，结合建设用地承载适度人口计算模型，本节测算出三峡库区各区（县）的建设用地承载适度人口数据，如表 5-5 所示。

表 5-5 三峡库区各区（县）建设用地承载适度人口测算结果表 （单位：万人）

	区（县）	2001 年	2004 年	2007 年	2010 年	2013 年
库尾	江津区	66.88	71.63	76.37	101.26	124.64
	九龙坡区	111.93	112.60	112.63	112.67	124.03

续表

	区（县）	2001 年	2004 年	2007 年	2010 年	2013 年
库尾	渝中区	15.67	15.67	15.67	15.67	16.02
	大渡口区	37.24	37.31	37.31	37.31	38.84
	巴南区	74.00	74.08	75.11	75.79	87.21
	南岸区	66.55	66.54	67.65	69.28	82.56
	沙坪坝区	98.53	99.50	99.51	100.38	113.72
	江北区	49.47	49.49	49.58	50.28	68.42
	渝北区	144.19	144.37	146.09	149.85	187.96
	北碚区	59.95	60.04	60.46	60.91	76.94
	长寿区	28.27	37.82	48.61	67.68	79.43
小计		752.68	769.05	788.99	841.08	999.77
库腹	涪陵区	53.56	55.68	62.56	75.44	84.02
	武隆县	21.99	22.84	23.91	28.50	30.18
	丰都县	40.45	41.14	43.59	49.87	53.87
	石柱县	15.86	15.88	18.25	23.45	31.15
	忠县	22.12	22.74	26.69	29.37	33.41
	万州区	56.41	61.03	74.24	81.87	83.76
	开州区	29.59	31.89	37.53	41.25	42.94
	云阳县	27.65	31.38	34.83	41.42	45.05
	奉节县	31.21	31.49	34.70	37.91	40.21
	巫山县	23.63	22.80	24.33	24.37	26.80
	巫溪县	7.89	8.31	12.87	19.15	20.30
小计		330.36	345.18	393.50	452.60	491.69
库首	夷陵区	65.19	65.87	66.11	69.79	75.50
	秭归县	53.26	50.64	51.25	54.44	56.44
	兴山县	26.43	26.44	26.48	26.79	27.24
	巴东县	45.71	45.79	45.94	45.94	47.78
小计		190.59	188.74	189.78	196.96	206.96

5.3.4 耕地承载适度人口数据测算

基于耕地承载适度人口的指标数据，结合耕地承载适度人口计算模型，本节测算出三峡库区各区（县）的耕地承载适度人口数据，如表 5-6 所示。

表 5-6　三峡库区各区（县）耕地承载适度人口测算结果表（单位：万人）

	区（县）	2001 年	2004 年	2007 年	2010 年	2013 年
库尾	江津区	179.51	190.03	193.80	196.86	197.85
	九龙坡区	14.87	15.74	16.10	16.58	15.96
	渝中区	0.21	0.23	0.23	0.24	0.20
	大渡口区	1.84	1.95	1.99	2.05	1.97
	巴南区	86.16	91.42	93.47	96.23	96.61
	南岸区	4.60	4.87	4.88	4.96	4.62
	沙坪坝区	9.64	10.14	10.37	10.65	10.22
	江北	5.19	5.50	5.61	5.71	4.69
	渝北区	51.68	54.84	55.99	57.60	56.51
	北碚区	30.37	32.21	32.95	33.92	33.24
	长寿区	92.55	97.06	97.99	98.94	99.36
小计		476.62	503.99	513.38	523.74	521.23
库腹	涪陵区	138.82	146.95	149.66	152.74	154.24
	武隆县	113.18	119.99	122.24	125.39	127.18
	丰都县	150.57	159.69	162.98	166.67	168.84
	石柱县	73.10	77.59	78.95	80.55	80.96
	忠县	133.90	142.04	144.81	147.48	149.07
	万州区	152.51	161.25	163.49	166.71	168.78
	开州区	158.71	168.14	171.39	175.80	177.64
	云阳县	136.73	143.88	146.37	149.30	151.17
	奉节县	146.92	155.50	158.24	162.73	164.83
	巫山县	98.88	104.65	106.83	109.87	111.11
	巫溪县	85.93	91.14	92.69	94.84	96.34
小计		1389.25	1470.82	1497.65	1532.08	1550.16
库首	夷陵区	93.99	99.68	101.67	104.42	105.34
	秭归县	83.45	87.79	89.67	92.00	93.66
	兴山县	33.15	35.20	35.92	36.99	37.58
	巴东县	108.09	114.41	116.99	120.41	122.48
小计		318.68	337.08	344.25	353.82	359.06

5.3.5 综合承载适度人口数据测算

基于生态承载适度人口、经济承载适度人口、建设用地承载适度人口、耕地承载适度人口，本节利用德尔菲法，通过专家多次确权（表 5-7），最终确定各子适度人口的权重值，如表 5-8 所示。

表 5-7 参评专家结构情况表 （单位：人）

性别		学位		研究专长		
男	女	博士	硕士	区域经济学	人口学	3S 技术应用
9	6	8	7	6	4	5

表 5-8 综合承载适度人口评价因子权重值统计表

片区	生态承载力	耕地承载力	建设用地承载力	经济承载力
都市功能核心区和都市功能扩展区	0.11	0.15	0.32	0.42
城市发展新区	0.19	0.22	0.23	0.36
渝东北生态涵养发展区	0.26	0.26	0.21	0.27
渝东南生态保护区	0.27	0.25	0.21	0.27
湖北四区（县）	0.19	0.30	0.23	0.28

三峡库区中属于都市功能核心区和都市功能扩展区的区（县），其经济承载力权重最高，为 0.42，建设用地承载力权重值为 0.32，耕地承载力权重值为 0.15，生态承载力权重值最低，为 0.11。这也符合这一区域以经济发展为重点的发展策略。

三峡库区中属于城市发展新区的区（县），其经济承载力权重最高，为 0.36，建设用地承载力权重值为 0.23，耕地承载力权重值为 0.22，生态承载力权重值最低，为 0.19。

三峡库区中属于渝东北生态涵养发展区的区（县），其生态承载力权重值为 0.26，耕地承载力权重值为 0.26，经济承载力权重为 0.27，建设用地承载力权重值为 0.21。

三峡库区中属于渝东南生态保护区的区（县），其生态承载力权重值为 0.27，耕地承载力权重值为 0.25，经济承载力权重为 0.27，建设用地承载力权重值为 0.21。

三峡库区中属于湖北省的四个区（县），其耕地承载力权重值为 0.30，生态承载力权重值为 0.19，经济承载力权重为 0.28，建设用地承载力权重值为 0.23。

根据各子适度人口的权重值，结合式（4-9），通过加权求和的方式计算研究区各区（县）的综合承载适度人口，测算结果如表 5-9 所示。由于研究过程中不考虑渝中区生态承载适度人口，同理，其综合承载适度人口也无法客观计算。

表 5-9　三峡库区各区（县）综合承载适度人口测算结果表　（单位：万人）

	区（县）	2001 年	2004 年	2007 年	2010 年	2013 年
库尾	江津区	102.79	106.38	101.68	113.46	123.04
	九龙坡区	97.72	103.65	119.14	124.56	128.22
	渝中区	65.62	64.89	62.92	81.22	83.32
	大渡口区	33.49	31.96	32.04	37.81	27.75
	巴南区	64.91	68.23	70.96	85.24	91.50
	南岸区	53.42	56.37	56.78	74.21	82.14
	沙坪坝区	79.47	82.31	83.63	96.95	112.03
	江北区	45.98	50.99	56.38	75.50	87.76
	渝北区	80.74	90.09	109.61	141.81	172.04
	北碚区	54.45	54.43	50.50	60.78	70.17
	长寿区	55.02	57.30	59.65	68.99	75.24
小计		733.61	766.60	803.29	960.53	1053.21
库腹	涪陵区	86.71	88.89	91.41	111.85	119.46
	武隆县	52.55	51.62	48.48	54.32	54.26
	丰都县	70.61	71.20	70.54	73.94	74.30
	石柱县	41.23	37.70	38.98	40.45	42.01
	忠县	61.33	61.67	62.13	64.99	65.95
	万州区	98.46	98.17	103.00	125.50	123.79
	开州区	79.34	80.83	79.20	83.46	84.54
	云阳县	66.47	68.69	67.35	70.59	70.98
	奉节县	72.10	72.18	73.25	76.72	76.28
	巫山县	49.38	49.25	48.73	51.04	50.04
	巫溪县	43.92	44.09	44.11	44.68	44.16
小计		722.10	724.29	727.18	797.54	805.77
库首	夷陵区	69.24	70.09	63.28	68.23	78.52
	秭归县	53.08	51.42	49.39	50.75	51.48
	兴山县	27.52	25.00	24.16	24.64	25.53
	巴东县	63.94	66.49	58.14	57.55	57.71
小计		213.78	213.00	194.97	201.17	213.24
合计		1669.49	1703.89	1725.44	1959.24	2072.22

6 基于子承载力的三峡库区适度人口分析

在可持续发展目标条件下，适度人口取决于生态、经济、建设用地和耕地等子适度人口的共同作用。本章运用前文适度人口的计算方法和模型，对三峡库区2001年、2004年、2007年、2010年和2013年的生态承载适度人口、经济承载适度人口、建设用地承载适度人口和耕地承载适度人口进行了测算，并对结果进行了分析，探讨其形成原因。但适度人口是动态的，是生产力的函数，建设用地和耕地承载是基础，经济承载是关键，生态承载是限制。本章未曾寻求到既能提高区域适度人口数量，又不对区域生态系统产生破坏与影响的土地、经济和生态承载人口三者之间的动态平衡临界点，这是今后努力的方向。

6.1 生态承载适度人口时空分异特征分析

一个区域生态承载适度人口的确定取决于区域生态承载力与区域人口对生态资源的需求（彭希哲和刘宇辉，2004）。三峡工程建成运行后，三峡库区大量平坝河谷地带被淹没，使本已十分有限的土地资源更加匮乏，加上库区生态环境还将面临移民搬迁、城镇化、经济发展等多重压力，人地矛盾日益加剧。因此，研究生态承载力适度人口规模是三峡库区实现区域可持续发展的需要，对保障三峡库区生态安全具有重要意义（代富强等，2012）。

6.1.1 三峡库区各区（县）生态承载适度人口时空变化分析

由表6-1和图6-1可以看出，三峡库区生态承载适度人口和生态富余人口总体上随时间变化而波动，生态承载适度人口数量与生态富余人口数量呈现正比关系，主要分为三个阶段：2001～2007年，生态承载适度人口减少，生态富余人口减少；2007～2010年，生态承载适度人口增加，生态富余人口增加；2010～2013年，生态承载适度人口减少，生态富余人口减少。

表 6-1　三峡库区 2001～2013 年生态承载适度人口（单位：万人）

年份	生态适度承载度人口	实际人口	生态富余人口
2001	1158.91	1824.09	−665.18
2004	1047.13	1855.89	−808.76
2007	965.53	1887.69	−922.16
2010	1073.05	1953.26	−880.21
2013	984.12	2015.94	−1031.82

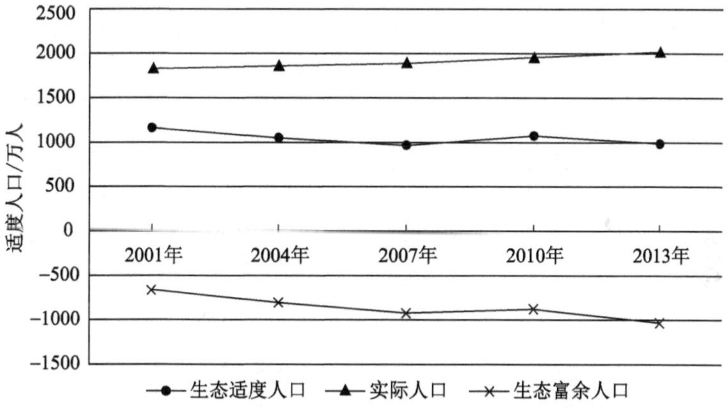

图 6-1　三峡库区 2001～2013 年生态承载适度人口

2001～2007年的6年间，生态承载适度人口持续减少，由2001年的1158.91万人减少到2007年的965.53万人，减少了193.38万人；生态富余人口持续减少，由2001年的−665.18万人减少到2007年的−922.16万人，减少了256.98万人。造成这一时期生态承载适度人口持续减少和生态人口持续增加的主要原因是2001～2007年三峡库区经济发展迅速，导致人们对建设用地需求量的增加，侵占城市周边耕地、草地、林地和水域，而城市周边又以优质耕地居多，耕地又是土地生产力最高的土地利用类型，耕地的减少，直接导致区域生态承载适度人口数量减少。2007～2010年的3年间，生态承载适度人口增加，由2007年的965.53万人增加到2010年的1073.05万人，增加了107.52万人；生态富余人口由2007年的−922.16万人增加到2010年的−880.21万人，增加了41.95万人。造成这一现象的主要原因是2007～2010年正是重庆市大力开展宅基地复垦、土地开发整理和退耕还林工作的时期，使得耕地、草地和林地增加的速度大于建设用地侵占的速度，生态承载适度人口增加。2010～2013 年的 3 年间，生态承载适度人口减少，由 2010 年的 1073.05 万人减少到 2013 年的 984.12 万人，减少了 88.93 万人；生态富余人口减少，由 2010 年的–880.21 万人减少到 2013 年的–1031.82 万人，减少了 151.61 万人。造成这一阶段生态承载适度人口减少和生态富余人口减少的主要原因是三峡库区经济社会快速发展，宅基地复垦、土地开发整理和退耕还林还草潜力被过度挖掘。这就导致生态环境的恢复小于减少用地增加的速度，生态承载适度人口下降。

由表 6-2 和图 6-2 可以看出，2001～2013 年，三峡库区各区（县）实际人口基本都大于生态承载适度人口，只有部分年份武隆县、石柱县和巫溪县实际人口未超过生态承载适度人口，说明各区（县）均存在不同程度的生态超载。都市功能扩展区内区（县）生态承载适度人口随时间推移而增加，城市发展新区、渝东南生态保护区和渝东北生态保护区内区（县）生态承载适度人口随时间推移而减少。

表 6-2　三峡库区各区（县）2001～2013 年生态承载适度人口变化表（单位：万人）

区（县）		2001 年		2004 年		2007 年		2010 年		2013 年	
		适度人口	实际人口	适度人口	实际人口	适度人口	实际人口	适度人口	实际人口	适度人口	实际人口
库尾	江津区	57.79	125.25	54.31	125.87	54.01	126.49	58.40	123.31	54.26	126.42
	九龙坡区	16.87	86.49	20.28	92.22	28.44	97.95	43.75	108.44	55.38	115.94
	渝中区	0	66.17	0	68.63	0	71.09	0	63.01	0	65.02
	大渡口区	2.52	24.44	2.86	25.70	3.270	26.96	10.51	30.10	15.92	32.84
	巴南区	23.95	72.49	25.78	79.8	30.78	87.11	36.64	91.87	34.67	95.85
	南岸区	13.86	61.11	19.44	65.13	17.56	69.15	26.57	75.96	30.16	82.95
	沙坪坝区	16.38	79.10	16.67	84.09	24.37	89.08	49.55	100.00	54.12	110.31
	江北区	18.41	59.66	18.90	63.51	22.26	67.36	42.21	73.80	36.10	83.01
	渝北区	29.08	70.85	30.56	81.88	33.04	92.91	56.48	134.54	55.04	146.52
	北碚区	24.51	62.39	26.17	66.20	30.75	70.01	38.18	68.04	40.43	76.09
	长寿区	26.57	74.02	24.17	74.69	24.64	75.36	24.53	77.00	20.79	80.28
小计		229.94	781.97	239.14	827.72	269.12	873.47	386.82	946.07	396.87	1015.23
库腹	涪陵区	62.84	99.89	57.23	100.67	52.46	101.45	50.52	106.67	45.90	111.78
	武隆县	54.28	34.84	41.55	34.63	28.06	34.42	39.17	35.10	34.75	34.94
	丰都县	60.78	64.69	52.41	64.32	48.55	63.95	51.19	64.92	44.65	62.03
	石柱县	57.37	43.79	38.97	43.36	39.57	42.93	35.74	41.51	31.53	39.91
	忠县	54.29	74.31	44.74	74.21	41.07	74.11	41.50	75.14	33.71	73.14

续表

区（县）		2001 年		2004 年		2007 年		2010 年		2013 年	
		适度人口	实际人口	适度人口	实际人口	适度人口	实际人口	适度人口	实际人口	适度人口	实际人口
库腹	万州区	92.65	149.43	75.24	150.67	75.20	151.91	79.55	156.31	70.98	159.54
	开州区	72.46	117.01	65.70	116.10	56.08	115.19	61.04	116.03	49.02	116.19
	云阳县	67.21	101.41	63.64	101.21	56.02	101.01	59.55	91.29	49.31	90.15
	奉节县	75.97	86.38	68.19	85.78	63.73	85.18	66.64	83.43	57.59	78.50
	巫山县	55.76	50.11	50.15	49.85	46.98	49.59	49.63	49.51	41.66	46.98
	巫溪县	65.87	44.62	61.01	44.25	56.51	43.88	48.73	41.41	42.62	39.78
	小计	719.48	866.48	618.83	865.05	564.23	863.62	583.26	861.32	501.72	852.94
库首	夷陵区	35.09	49.36	34.64	50.68	28.53	52.00	21.70	50.02	19.14	52.24
	秭归县	52.93	43.64	42.49	40.62	34.79	37.60	30.39	36.71	23.65	36.11
	兴山县	40.41	20.30	24.32	18.90	21.35	17.50	17.54	17.06	15.44	17.05
	巴东县	81.06	62.34	87.46	52.92	47.53	43.50	33.34	42.08	27.29	42.37
	小计	209.49	175.64	188.91	163.12	132.2	150.60	102.97	145.87	85.52	147.77

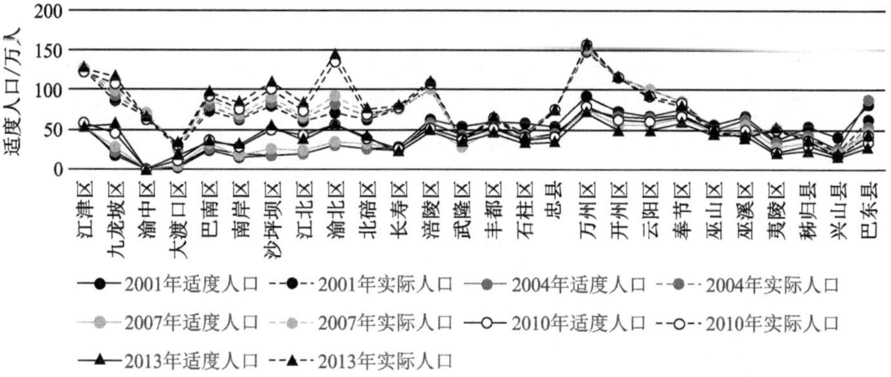

图 6-2　三峡库区各区（县）2001～2013 年生态承载适度人口

库尾地区生态承载适度人口从时间序列变化来看，由 2001 年的 229.94 万人增加到 2013 年的 396.87 万人，增加了 166.93 万人。其中，2001～2004 年变量最少，增加了 9.20 万人；2004～2007 年增加了 29.98 万人；2007～2010 年变化量最多，增加了 117.17 万人；2010～2013 年增加了 10.05 万人。从各区（县）空间变化来看，九龙坡区增加最多，由 2001 年的 16.87 万人增加到 2013 年的 55.38 万人，增加了 38.51 万人。沙坪坝区次之，由 2001 年的 16.38 万人增加到 2013 年的 54.12 万人，增加了 37.74 万人。长寿区最少，从 2001 年的 26.57 万人减少到 2013 年的

20.79 万人，减少了 5.78 万人。

从时间序列变化来看，库腹内区（县）生态承载适度人口由 2001 年的 719.48 万人减少至 2013 年的 501.72 万人，减少了 217.76 万人。其中，2001～2004 年变化量最大，减少了 100.65 万人，2004～2007 年减少了 54.60 万人，2007～2010 年出现了反弹，生态承载适度人口增加了 19.03 万人，2010～2013 年减少了 81.54 万人。库首内区（县）生态承载适度人口由 2001 年的 209.49 万人减少至 2013 年的 85.52 万人，减少了 123.97 万人，其中 2001～2004 年减少了 20.58 万人，2004～2007 年变化量最大，减少了 56.71 万人，2007～2010 年减少了 29.23 万人，2010～2013 年减少了 17.45 万人。

从空间变化来看，如表 6-2、图 6-3 所示，库尾区内各区（县），江津区变化量最小，由 2001 年的 57.79 万人减少到 2013 年的 54.26 万人，只减少了 3.53 万人。九龙坡区变化量最大，由 2001 年的 16.87 万人减少到 2013 年的 55.38 万人，增加了 38.51 万人。库腹内各区（县），巫山县变化量最小，由 2001 年的 55.76 万人减少到 2013 年的 41.66 万人，只减少了 14.10 万人。石柱县变化量最大，由 2001 年的 57.37 万人减少到 2013 年的 31.53 万人，是库腹减少量最多的区（县），减少了 25.84 万人。武隆县由 2001 年的 54.28 万人减少到 2013 年的 34.75 万人，减少了 19.53 万人。库首内各区（县），巴东县变化量最大，由 2001 年的 81.06 万人减少到 2013 年的 27.29 万人，减少了 53.77 万人。夷陵区变化量最小，由 2001 年的 35.09 万人减少到 2013 年的 19.14 万人，只减少了 15.95 万人。

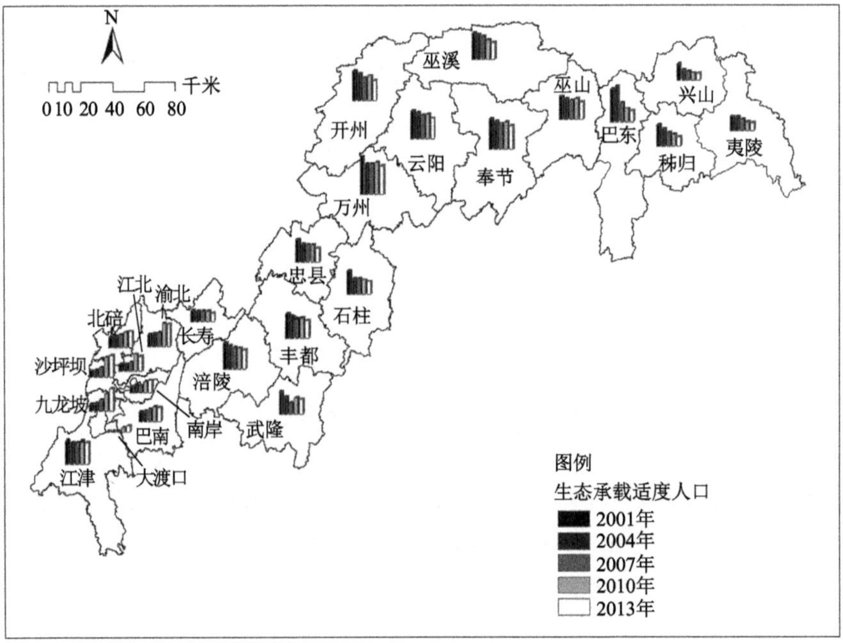

图 6-3　三峡库区各区（县）2001～2013 年生态承载适度人口变化分析图

6.1.2 三峡库区生态承载适度人口重心迁移空间变化分析

从图 6-4 和图 6-5 可以看出，2001～2013 年，三峡库区生态承载适度人口重心由东北方向向西南方向迁移，且 2001～2010 年生态承载适度人口重心都位于忠县境内，只有 2013 年生态承载适度人口重心迁移到了丰都县境内。这说明重庆主城区方向生态承载适度人口比重增加，导致生态承载适度人口重心向西南方向移动。

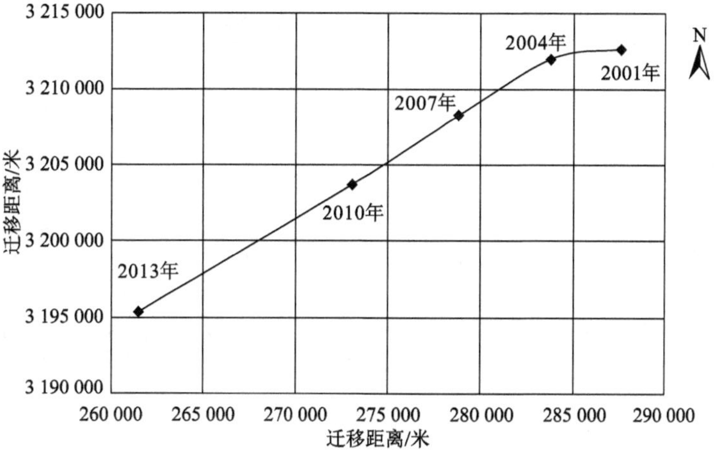

图 6-4 生态承载适度人口重心迁移图

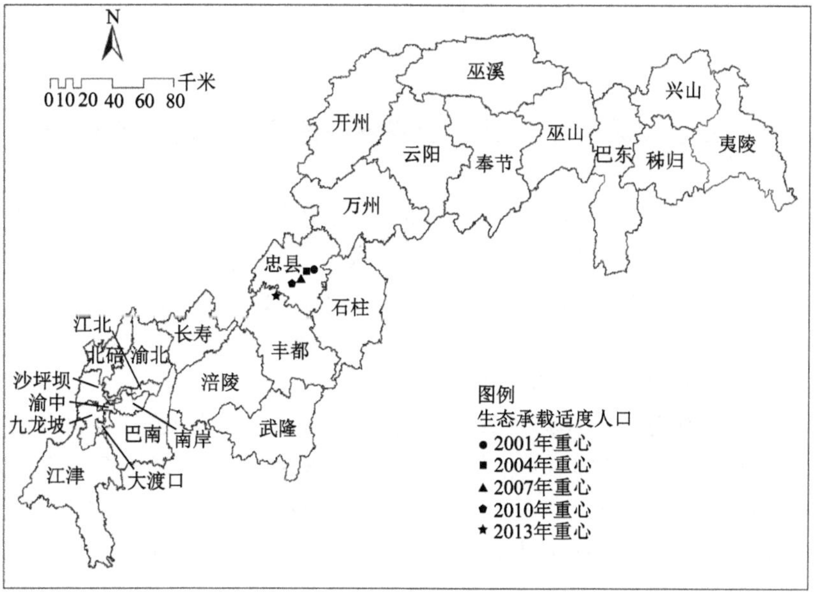

图 6-5 生态承载适度人口重心

由表 6-3 可以看出，2001～2013 年，三峡库区生态承载适度人口重心随时间变化而发生变化，迁移距离逐增大。2001～2004 年迁移距离最小，为 3778.92 米，2010～2013 年迁移距离最大，为 14 322.44 米，且生态承载适度人口重心由忠县境内迁移到了丰都县境内。迁移速率也随时间的变化逐渐变大，2001～2004 年迁移速率最小，为 944.73 米/年，2010～2013 年期间迁移速率最大，为 3580.60 米/年。

表 6-3　生态承载适度人口重心迁移速率

时间段	迁移距离/米	迁移速率/（米/年）
2001～2004 年	3 778.92	944.73
2004～2007 年	6 187.01	1 546.75
2007～2010 年	7 354.21	1 838.55
2010～2013 年	14 322.44	3 580.60

6.2　经济承载适度人口时空分异特征分析

经济承载适度人口是指适合经济发展的适宜人口。人口在区域经济可持续发展中有着非常重要的作用，在一定的社会环境和经济环境下，探讨最有利或尽可能合适的人口规模及人口增长，是我们回避不了的现实问题（彭宇柯，2011）。

6.2.1　三峡库区各区（县）经济承载适度人口时空变化分析

由表 6-4 和图 6-6 可以看出，总体上三峡库区经济承载适度人口和经济富余人口随时间推移而变化，经济承载适度人口数量与经济富余人口数量呈正比关系。经济承载适度人口随时间推移不断增加，这说明随着经济的发展，三峡库区经济条件逐渐改善，经济可承载力和适度人口数量均上升。其中，2001～2007 年变化幅度较小，从 2001 年的 1819.28 万人增加 2007 年的 1922.77 万人，只增加了 103.49 万人；2007～2010 年变化幅度较大，从 2007 年的 1922.77 万人增加到 2013 年的 2791.39 万人，增加了 868.62 万人。经济富余人口随时间推移而增加，2001～2007 年变化幅度较小，2007～2013 年变化幅度较大，2013 年经济富余人口为–30.51 万人，说明随着经济的发展，经济承载适度人口有所增加。

表 6-4　三峡库区 2001～2013 年经济承载适度人口（单位：万人）

年份	经济承载适度人口	实际人口	经济富余人口
2001	1819.28	2640.46	−821.18
2004	1898.53	2671.09	−772.56
2007	1922.77	2701.72	−778.95
2010	2549.70	2765.07	−215.37
2013	2791.39	2821.90	−30.51

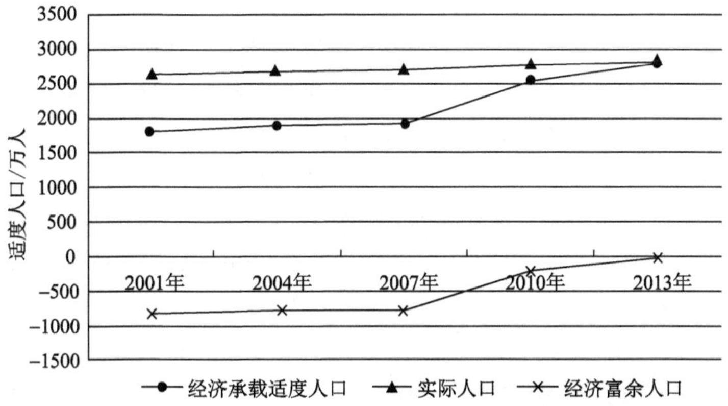

图 6-6　三峡库区 2001～2013 年经济承载适度人口

由表 6-5、图 6-7 和图 6-8 可知，2001～2013 年，三峡库区多数区（县）经济承载适度人口数量都随时间推移而增加，这说明 2001～2013 年 12 年间，三峡库区各区（县）经济状况都有所改善，使得经济承载适度人口增加。

表 6-5　三峡库区各区（县）2001～2013 年经济承载适度人口变化表（单位：万人）

	区（县）	2001 年		2004 年		2007 年		2010 年		2013 年	
		适度人口	实际人口	适度人口	实际人口	适度人口	实际人口	适度人口	实际人口	适度人口	实际人口
库尾	江津区	102.61	125.25	104.94	125.87	86.72	126.49	99.36	123.31	112.60	126.42
	九龙坡区	137.66	86.49	150.06	92.22	184.65	97.95	193.34	108.44	190.58	115.94
	渝中区	144.22	66.17	142.49	68.63	137.79	71.09	181.35	63.01	186.10	65.02
	大渡口区	50.05	24.44	46.23	25.70	46.29	26.96	58.11	30.10	31.61	32.84
	巴南区	61.13	72.49	66.62	79.80	70.28	87.11	101.24	91.87	107.82	95.85
	南岸区	71.21	61.11	76.68	65.13	77.30	69.15	115.18	75.96	123.12	82.95
	沙坪坝区	106.42	79.10	112.19	84.09	113.21	89.08	137.58	100.00	162.28	110.31
	江北区	65.12	59.66	76.78	63.51	88.63	67.36	128.35	73.80	128.40	83.01

续表

区（县）		2001年 适度人口	2001年 实际人口	2004年 适度人口	2004年 实际人口	2007年 适度人口	2007年 实际人口	2010年 适度人口	2010年 实际人口	2013年 适度人口	2013年 实际人口
	渝北区	56.30	70.85	76.92	81.88	121.03	92.91	188.11	134.54	231.81	146.52
	北碚区	66.70	62.39	65.49	66.20	54.34	70.01	76.20	68.04	85.99	76.09
	长寿区	64.19	74.02	62.93	74.69	61.75	75.36	74.98	77.00	86.56	80.28
小计		925.61	781.97	981.33	827.72	1041.99	873.47	1353.80	946.07	1446.80	1015.20
库腹	涪陵区	88.65	99.89	91.33	100.67	94.79	101.45	142.48	106.67	159.68	111.78
	武隆县	18.44	34.84	20.76	34.63	19.73	34.42	23.75	35.10	24.97	34.94
	丰都县	26.55	64.69	27.47	64.32	23.65	63.95	25.29	64.92	27.70	62.03
	石柱县	15.30	43.79	16.48	43.36	17.51	42.93	21.25	41.51	24.86	39.91
	忠县	28.74	74.31	30.85	74.21	30.36	74.11	35.88	75.14	42.26	73.14
	万州区	84.72	149.43	88.40	150.67	93.90	151.91	164.01	156.31	162.45	159.54
	开州区	48.23	117.01	49.40	116.10	45.09	115.19	48.95	116.03	61.43	116.19
	云阳县	28.29	101.41	30.17	101.21	27.46	101.01	28.12	91.29	34.79	90.15
	奉节县	28.11	86.38	27.45	85.78	30.55	85.18	33.77	83.43	37.05	78.50
	巫山县	15.58	50.11	15.61	49.85	13.46	49.59	16.50	49.51	17.39	46.98
	巫溪县	10.34	44.62	10.32	44.25	9.67	43.88	12.33	41.41	13.94	39.78
小计		392.95	866.48	408.24	865.05	406.17	863.62	552.33	861.32	606.52	852.94
库首	夷陵区	69.21	49.36	65.92	50.68	43.40	52.00	59.75	50.02	92.57	52.24
	秭归县	20.50	43.64	19.15	40.62	14.61	37.60	17.35	36.71	21.11	36.11
	兴山县	13.65	20.30	13.35	18.90	11.57	17.50	14.46	17.06	18.07	17.05
	巴东县	19.99	62.34	17.91	52.92	12.32	43.50	16.18	42.08	17.12	42.37
小计		123.35	175.64	116.33	163.12	81.90	150.60	107.74	145.87	148.87	147.77

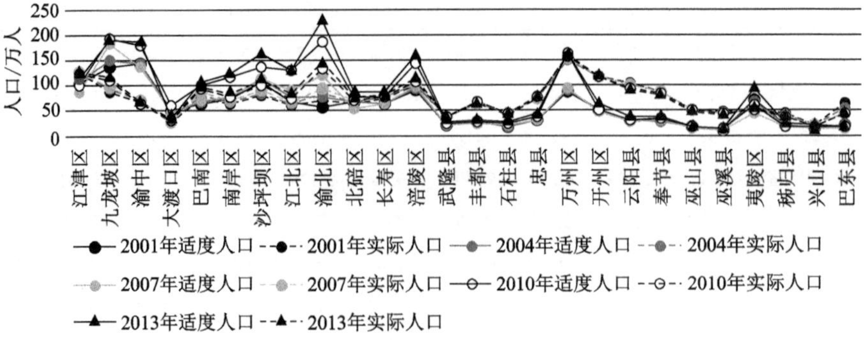

图 6-7　三峡库区各区（县）2001～2013 年经济承载适度人口

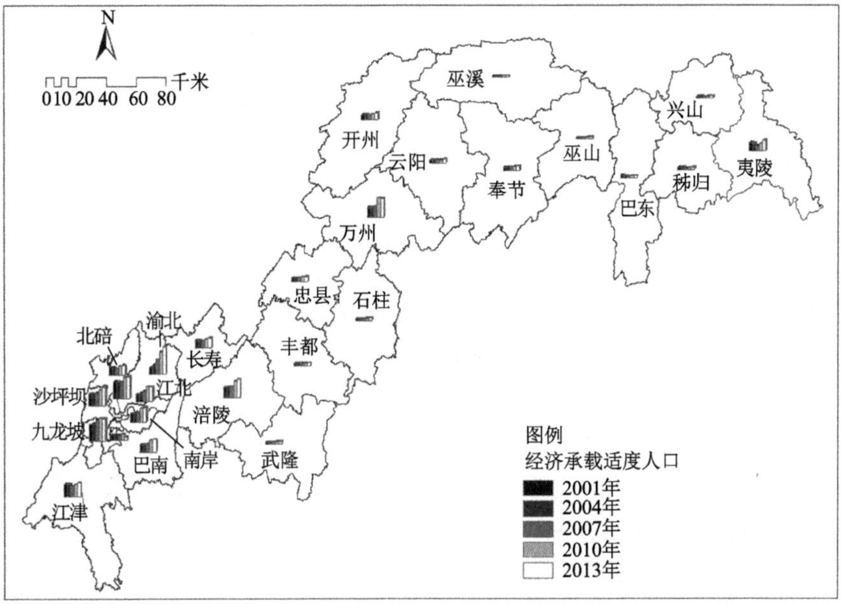

图 6-8 三峡库区各区（县）2001～2013 年经济承载适度人口变化分析图

从时间序列上来看，都市功能拓展区（包括重庆市大渡口区、江北区、沙坪坝区、九龙坡区、南岸区处于内环以外的区域，以及北碚区、渝北区、巴南区全域，约 5275.5 平方千米）内各区（县）的经济承载适度人口由 2001 年的 1441 万人增加到 2013 年的 2202 万人，增加了 761 万人，说明都市功能拓展区内各区（县）在这期间经济发生了跨越式的发展。其中，2001～2004 年的变化量最小，从 2001 年的 1441 万人增加到 2004 年的 1505 万人，只增加了 64 万人；2007～2010 年的变化量最大，从 2007 年的 1530 万人增加到 2010 年的 2013 万人，增加了 483 万人。

2001～2013 年，三峡库区库尾内各区（县）大部分年份经济承载适度人口都是大于实际人口的，只有江津区、巴南区、渝北区和长寿区在 2001 年时实际人口是略大于经济承载适度人口的。渝北区经济承载适度人口变化幅度最大，由 2001 年的 56.30 万人增加到 2013 年的 231.81 万人，增加了 175.51 万人。其中，2001～2004 年变化幅度最小，只增加了 20.62 万人；2007～2010 年变化幅度最大，增加了 67.08 万人。大渡口区变化幅度最小，且呈负增长，从 2001 年的 50.05 万人减少到 2013 年的 31.61 万人，减少了 18.44 万人。

2001～2013 年，三峡库区库尾经济承载适度人口有大幅度增加，由 2001 年的 925.61 万人增加到 2013 年的 1446.80 万人，增加了 521.19 万人。库尾各区（县）除大渡口区外，都呈增长趋势，大渡口区经济承载适度人口由 2001 年的 50.05 万人减少到 2013 年的 31.61 万人，减少了 18.44 万人。库尾各区（县）中增加最多的是渝北区，由 2001 年的 56.30 万人增加到 2013 年的 231.81 万人，增加了 175.51

万人，这是由于渝北区作为重庆市的重点发展区域，先后有重庆市北部新区和国家级开发区两江新区落户，极大地刺激了渝北区的经济发展。

2010～2013 年，三峡库区库腹内各区（县）经济承载适度人口都有所增加。其中，石柱县变化幅度最大，从 2001 年的 15.30 万人增加到了 2013 年的 24.86 万人，增加了 9.56 万人；丰都县经济承载适度人口变化幅度最小，从 2001 年的 26.55 万人增加到 2013 年的 27.70 万人，只增加了 1.15 万人。对比三峡库区库腹各区（县）经济承载适度人口与实际人口可以发现，2010 年以前，库腹各区（县）经济承载适度人口大都小于实际人口，说明 2010 年以前库腹经济还不发达；2010 年以后，库腹各区（县）经济承载适度人口大基本都大于实际人口，说明在这几年库腹各区（县）经济得到了很好的发展。

2001～2013 年，三峡库区库首四个区（县）中，夷陵区、秭归县和兴山县经济承载适度人口都呈增加的趋势，但增速十分缓慢，巴东县经济承载适度人口呈减少趋势，由 2001 年的 19.99 万人减少到 2013 年的 17.12 万人。这说明这一时期三峡库区库首各区（县）经济状况有所改善。

6.2.2 三峡库区经济承载适度人口重心迁移空间变化分析

从图 6-9 可以看出，经济承载适度人口曲线上点的分布并非毫无规律，2001～2007 年，三峡库区重庆段适度人口重心由东北方向向西南方向迁移，说明经济重心也向都市功能拓展区移动；2007～2013 年，经济承载适度人口重心迁移方向由西南方向向东北方向迁移，说明城市发展新区和渝东北生态保护区经济比重在整个三峡库区中正在增大。

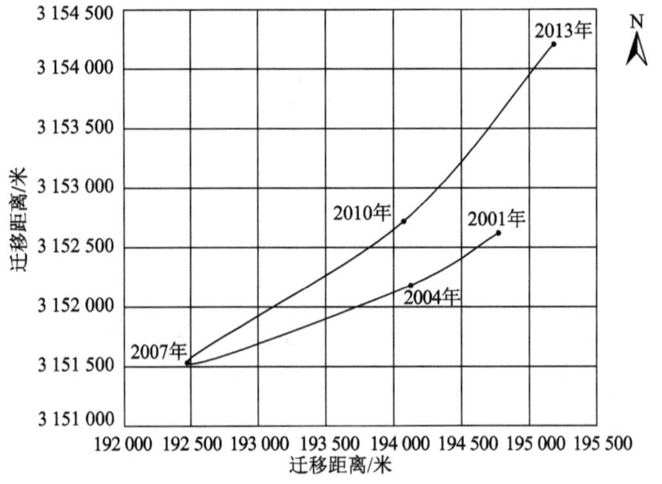

图 6-9 经济承载适度人口重心迁移图

从图 6-10 可知，2001～2013 年三峡库区适度人口重心始终位于长寿区西南部地区，非常接近都市功能拓展区，说明都市功能拓展区经济总量所占比重在整个三峡库区中最高。

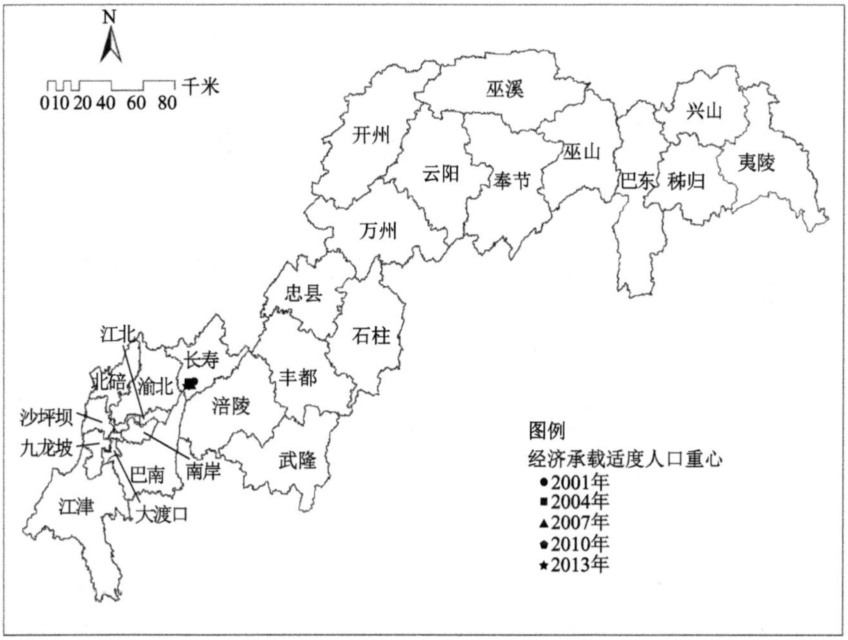

图 6-10　经济承载适度人口重心

由表 6-6 可知，2001～2013 年，三峡库区经济承载适度人口重心迁移距离较小，说明三峡库区经济重心主要集中在这一区域，较为稳定。其中，2001～2004 年迁移距离最小，为 781.32 米，迁移速率为 260.44 米/年。2004～2007 年迁移距离为 1774.75 米，迁移速率为 591.58 米/年；2007～2010 年迁移距离最大，为 1993.25 米，迁移速率为 664.52 米/年；2010～2013 年迁移距离为 1856.03 米，迁移速率为 618.68 米/年。

表 6-6　经济承载适度人口重心迁移速率

时间段	迁移距离/米	迁移速率/（米/年）
2001～2004 年	781.32	260.44
2004～2007 年	1774.75	591.58
2007～2010 年	1993.55	664.52
2010～2013 年	1856.03	618.68

6.3 建设用地承载适度人口时空分异特征分析

建设用地承载适度人口是指在未来不同时间尺度上，以预期的技术、经济和社会发展及与此相适应的物质生活水准为依据，一个国家或地区利用其自身的建设用地所能持续稳定供养的人口数量。

6.3.1 三峡库区各区（县）建设用地承载适度人口时空变化分析

由表 6-7 可知，总体上三峡库区建设用地承载适度人口和建设用地富余人口都随着时间的推移而发生变化，其中建设用地承载适度人口随时间推移而增加，建设用地富余人口随时间推移而减少，建设用地实际人口每一年都大于适度人口，说明三峡库区建设用地面积总体偏小。

表 6-7 三峡库区 2001～2013 年建设用地承载适度人口（单位：万人）

年份	建设用地承载适度人口	实际人口	建设用地富余人口
2001	1273.63	1824.09	−550.46
2004	1302.97	1855.89	−552.92
2007	1372.27	1887.69	−515.42
2010	1490.64	1953.26	−462.62
2013	1698.42	2015.94	−317.52

由图 6-11 可知，三峡库区 2001～2013 年建设用地承载适度人口从 1273.63 万人增加到了 1698.42 万人，增加了 424.79 万人。建设用地富余人口随时间变化也呈上升趋势，由 2001 年的−550.46 人增加到 2013 年的−317.52 万人，说明三峡库区建设用地面积随时间推移逐年增加。

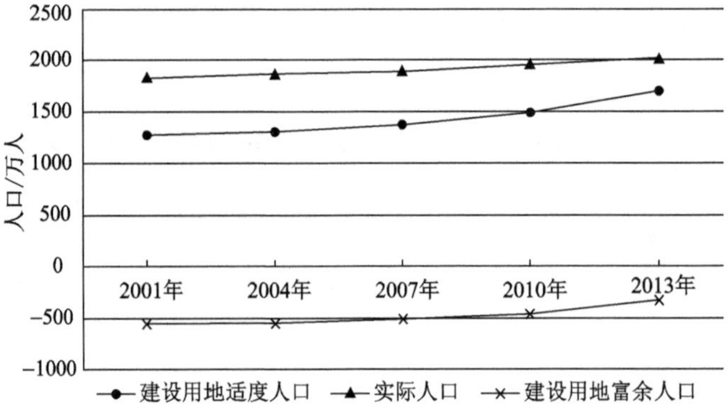

图 6-11 三峡库区 2001～2013 年建设用地承载适度人口

由表 6-8、图 6-12 和图 6-13 可知，库尾内各区（县）2001～2013 年建设用地承载适度人口随时间推移而增加，由 2001 年的 752.68 万人增加到 2013 年的 999.77 万人，增加了 247.09 万人。其中，九龙坡区变化幅度最大，由 2001 年的 66.88 万人增加到了 2013 年的 124.64 万人，增加了 57.76 万人；大渡口区变化幅度最小，由 2001 年的 15.67 万人增加到 2013 年的 16.02 万人，只增加了 0.35 万人，这是因为 2001～2013 年大渡口区所有土地利用类型都是建设用地，建设用地面积已经达到最大。渝北区由于重庆北部新区和两江新区的大力开发，土地利用类型由其他类型向建设用地转化，导致建设用地面积迅速增加，从而使建设用地承载适度人口不断增加。

表 6-8　三峡库区各区（县）2001～2013 年建设用地承载适度人口变化表（单位：万人）

区（县）		2001 年		2004 年		2007 年		2010 年		2013 年	
		适度人口	实际人口	适度人口	实际人口	适度人口	实际人口	适度人口	实际人口	适度人口	实际人口
库尾	九龙坡区	66.88	125.25	71.63	125.87	76.37	126.49	101.26	123.31	124.64	126.42
	渝中区	111.93	86.49	112.60	92.22	112.63	97.95	112.67	108.44	124.03	115.94
	大渡口区	15.67	66.17	15.67	68.63	15.67	71.09	15.67	63.01	16.02	65.02
	巴南区	37.24	24.44	37.31	25.70	37.31	26.96	37.31	30.10	38.84	32.84
	南岸区	74.00	72.49	74.08	79.80	75.11	87.11	75.79	91.87	87.21	95.85
	沙坪坝区	66.55	61.11	66.54	65.13	67.65	69.15	69.28	75.96	82.56	82.95
	江北区	98.53	79.10	99.50	84.09	99.51	89.08	100.38	100.00	113.72	110.31
	渝北区	49.47	59.66	49.49	63.51	49.58	67.36	50.28	73.80	68.42	83.01
	北碚区	144.19	70.85	144.37	81.88	146.09	92.91	149.85	134.54	187.96	146.52
	江津区	59.95	62.39	60.04	66.20	60.46	70.01	60.91	68.04	76.94	76.09
	长寿区	28.27	74.02	37.82	74.69	48.61	75.36	67.68	77.00	79.43	80.28
	小计	752.68	781.97	769.05	827.72	788.99	873.47	841.08	946.07	999.77	1015.23
库腹	涪陵区	53.56	99.89	55.68	100.67	62.56	101.45	75.44	106.67	84.02	111.78
	武隆县	21.99	34.84	22.84	34.63	23.91	34.42	28.50	35.10	30.18	34.94
	丰都县	40.45	64.69	41.14	64.32	43.59	63.95	49.87	64.92	53.87	62.03
	石柱县	15.86	43.79	15.88	43.36	18.25	42.93	23.45	41.51	31.15	39.91
	忠县	22.12	74.31	22.74	74.21	26.69	74.11	29.37	75.14	33.41	73.14
	万州区	56.41	149.43	61.03	150.67	74.24	151.91	81.87	156.31	83.76	159.54
	开州区	29.59	117.01	31.89	116.10	37.53	115.19	41.25	116.03	42.94	116.19
	云阳县	27.65	101.41	31.38	101.21	34.83	101.01	41.42	91.29	45.05	90.15
	奉节县	31.21	86.38	31.49	85.78	34.70	85.18	37.91	83.43	40.21	78.50
	巫山县	23.63	50.11	22.80	49.85	24.33	49.59	24.37	49.51	26.80	46.98
	巫溪县	7.89	44.62	8.31	44.25	12.87	43.88	19.15	41.41	20.30	39.78
	小计	330.36	866.48	345.18	865.05	393.5	863.62	452.60	861.32	491.69	852.94

续表

	区（县）	2001 年		2004 年		2007 年		2010 年		2013 年	
		适度人口	实际人口	适度人口	实际人口	适度人口	实际人口	适度人口	实际人口	适度人口	实际人口
库首	夷陵区	65.19	49.36	65.87	50.68	66.11	52.00	69.79	50.02	75.50	52.24
	秭归县	53.26	43.64	50.64	40.62	51.25	37.60	54.44	36.71	56.44	36.11
	兴山县	26.43	20.30	26.44	18.90	26.48	17.50	26.79	17.06	27.24	17.05
	巴东县	45.71	62.34	45.79	52.92	45.94	43.50	45.94	42.08	47.78	42.37
	小计	190.59	175.64	188.74	163.12	189.78	150.60	196.96	145.87	206.96	147.77

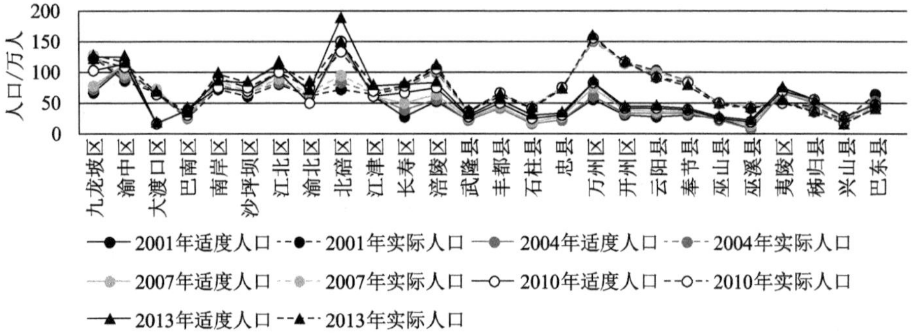

图 6-12　三峡库区各区（县）2001～2013 年建设用地承载适度人口

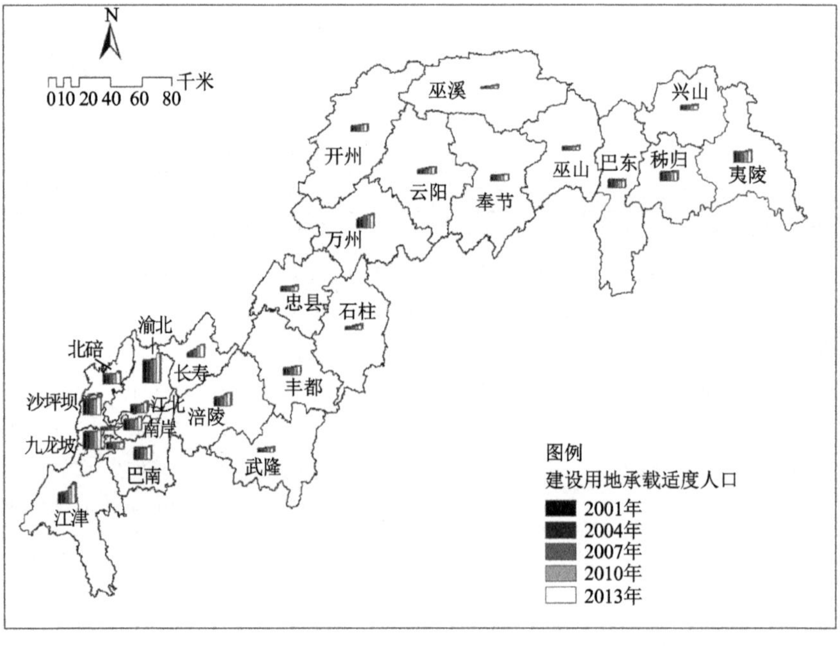

图 6-13　三峡库区各区（县）2001～2013 年建设用地承载适度人口变化分析图

比较库腹各区（县）建设用地承载适度人口和实际人口可以发现，2001～2013年，库腹各区（县）建设用地承载适度人口均小于实际人口。

库首各区（县）建设用地承载适度人口随时间推移而增加，从2001年的190.59万人增加到2013年的206.96万人，增加了16.37万人。其中，兴山县建设用地承载适度人口增加最少，只增加了0.81万人。在这一期间，库首地区绝大部分实际人口都小于建设用地承载适度人口，说明在这一区域建设用地仍有富余。

6.3.2 三峡库区建设用地承载适度人口重心迁移时空变化分析

由图6-14可知，三峡库区建设用地承载适度人口重心随时间变化而变化。2001～2010年，建设用地承载适度人口重心由西南方向向东北方向迁移，而东北方向是渝东北生态保护区和渝东南生态保护区所在区域，这说明2001～2010年，这一区域建设用地面积迅速增加，这与这一时期该区域经济发展情况相符。2010～2013年，建设用地承载适度人口重心由东北方向向西南方向迁移，西南方向为城市发展新区和都市功能拓展区，这说明在2010～2013年这一区域建设用地大量增加。

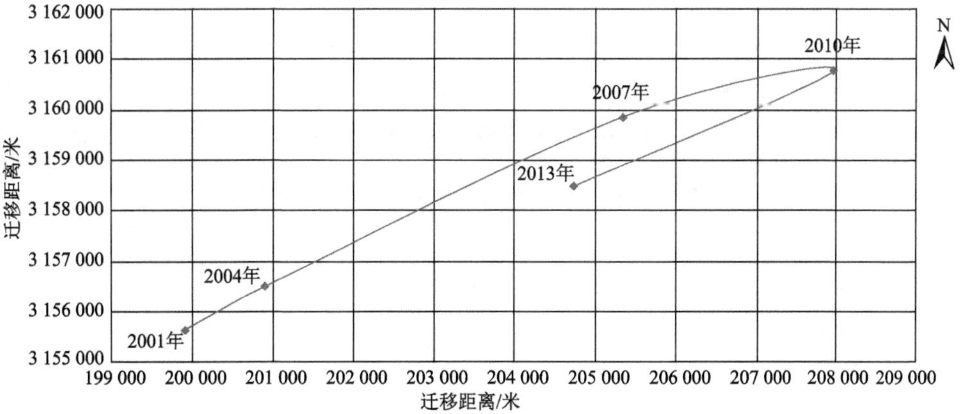

图6-14 建设用地承载适度人口重心迁移图

由图6-15可知，2001～2013年，三峡库区建设用地承载适度人口重心始终位于长寿区西南部，非常接近都市功能拓展区，说明都市功能拓展区和城市发展新区在整个三峡库区几大区域中所占建设用地比重非常大，渝东南生态保护区和渝东北生态保护区所占建设用地比重相对较小。

由表6-9可知，三峡库区建设用地承载适度人口重心迁移速率和迁移距离随时间变化而变化。其中，2001～2004年迁移距离最小，为1297.49米，迁移速率为432.50米/年；2004～2007年迁移距离最大，为5559.65米，迁移速率为1853.22米/年；2007～

2010 年迁移速率有所回落，为 2784.07 米，迁移速率为 928.02 米/年；2010～2013 年迁移速率有所增加，为 3982.44 米，迁移速率为 1327.48 米/年。

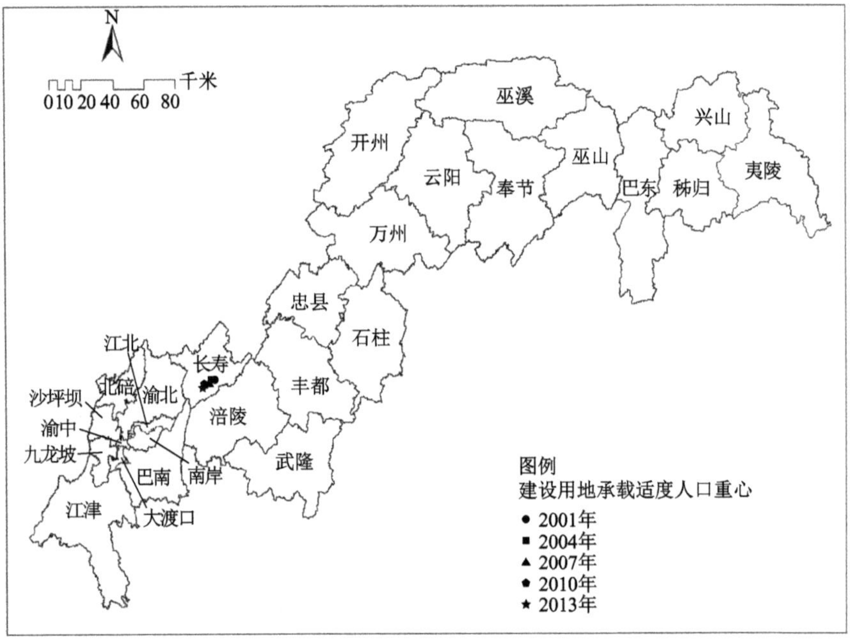

图 6-15 建设用地承载适度人口重心

表 6-9 建设用地承载适度人口重心迁移速率

时间段	迁移距离/米	迁移速率/（米/年）
2001～2004 年	1297.49	432.50
2004～2007 年	5559.65	1853.22
2007～2010 年	2784.07	928.02
2010～2013 年	3982.44	1327.48

6.4 耕地承载适度人口时空分异特征分析

耕地承载适度人口是指在一定时期、一定空间区域和一定的经济、社会、资源、环境等条件下，耕地所能承载的人类各种活动的最适合规模和强度。承载对象不仅是人口，还包括人类的各种经济、社会活动，如承载的城市建设规模、经济规模、生态环境质量等。

6.4.1 三峡库区各区（县）耕地承载适度人口时空变化分析

由表 6-10 和图 6-16 可知，三峡库区耕地承载适度人口随时间推移而增加，从 2001 年的 2184.56 万人增加到 2013 年的 2430.46 万人，增加了 245.90 万人，其中 2001～2007 年增长较快，2007～2013 年增长速度有所放缓。

表 6-10　三峡库区 2001～2013 年耕地承载适度人口　（单位：万人）

年份	耕地承载适度人口	实际人口	耕地富余人口
2001	2184.56	1824.09	360.47
2004	2311.88	1855.89	455.99
2007	2355.28	1887.69	467.59
2010	2409.65	1953.26	456.39
2013	2430.46	2015.94	414.52

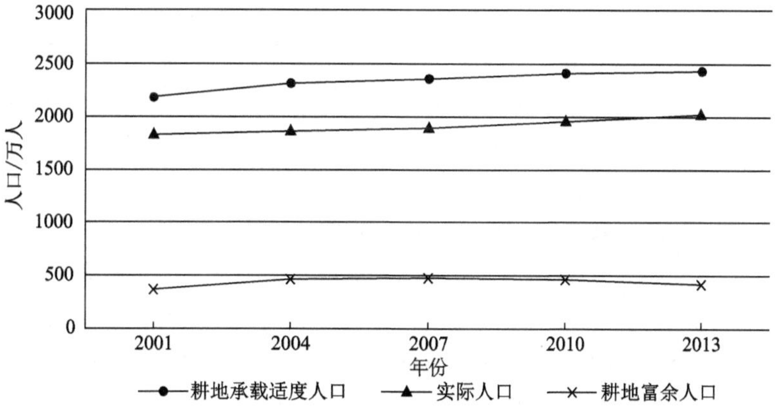

图 6-16　三峡库区 2001～2013 年耕地承载适度人口

耕地富余人口在 2001～2013 年都为正数，说明这一期间实际人口是小于耕地承载适度人口的。其中，2001 年耕地富余人口最小，为 360.47 万人，2007 年耕地富余人口最大，为 467.59 万人。

由表 6-11、图 6-17 和图 6-18 可知，总体上看，三峡库区库尾 2001～2013 年耕地承载适度人口有所增加，从 2001 年的 476.62 万人增加到 2013 年的 521.23 万人，增加了 44.61 万人，其中 2001～2010 年呈递增趋势，2010～2013 年有所减少。2001～2013 年 12 年间，耕地承载适度人口始终远远小于实际人口，这与都市功能扩展区以工业、商业、金融和服务业为主的经济发展模式相符。在都市功能扩展区 9 个行政区中，虽然耕地承载适度人口都随时间推移而增加，但耕地承载适度人口都远远小于当年实际人口。

表 6-11 三峡库区各区（县）2001～2013 年耕地承载适度人口 （单位：万人）

区（县）		2001年		2004年		2007年		2010年		2013年	
		适度人口	实际人口	适度人口	实际人口	适度人口	实际人口	适度人口	实际人口	适度人口	实际人口
库尾	九龙坡区	179.51	125.25	190.03	125.87	193.80	126.49	196.86	123.31	197.85	126.42
	渝中区	14.87	86.49	15.74	92.22	16.10	97.95	16.58	108.44	15.96	115.94
	大渡口区	0.21	66.17	0.23	68.63	0.23	71.09	0.24	63.01	0.20	65.02
	巴南区	1.84	24.44	1.95	25.70	1.99	26.96	2.05	30.10	1.97	32.84
	南岸区	86.16	72.49	91.42	79.80	93.47	87.11	96.23	91.87	96.61	95.85
	沙坪坝区	4.60	61.11	4.87	65.13	4.88	69.15	4.96	75.96	4.62	82.95
	江北区	9.64	79.10	10.14	84.09	10.37	89.08	10.65	100.00	10.22	110.31
	渝北区	5.19	59.66	5.50	63.51	5.61	67.36	5.71	73.80	4.69	83.01
	北碚区	51.68	70.85	54.84	81.88	55.99	92.91	57.60	134.54	56.51	146.52
	江津区	30.37	62.39	32.21	66.20	32.95	70.01	33.92	68.04	33.24	76.09
	长寿区	92.55	74.02	97.06	74.69	97.99	75.36	98.94	77.00	99.36	80.28
	小计	476.62	781.97	503.99	827.72	513.38	873.47	523.74	946.07	521.23	1015.23
库腹	涪陵区	138.82	99.89	146.95	100.67	149.66	101.45	152.74	106.67	154.24	111.78
	武隆县	113.18	34.84	119.99	34.63	122.24	34.42	125.39	35.10	127.18	34.94
	丰都县	150.57	64.69	159.69	64.32	162.98	63.95	166.67	64.92	168.84	62.03
	石柱县	73.10	43.79	77.59	43.36	78.95	42.93	80.55	41.51	80.96	39.91
	忠县	133.90	74.31	142.04	74.21	144.81	74.11	147.48	75.14	149.07	73.14
	万州区	152.51	149.43	161.25	150.67	163.49	151.91	166.71	156.31	168.78	159.54
	开州区	158.71	117.01	168.14	116.10	171.39	115.19	175.80	116.03	177.64	116.19
	云阳县	136.73	101.41	143.88	101.21	146.37	101.01	149.30	91.29	151.17	90.15
	奉节县	146.92	86.38	155.50	85.78	158.24	85.18	162.73	83.43	164.83	78.50
	巫山县	98.88	50.11	104.65	49.85	106.83	49.59	109.87	49.51	111.11	46.98
	巫溪县	85.93	44.62	91.14	44.25	92.69	43.88	94.84	41.41	96.34	39.78
	小计	1389.25	866.48	1470.82	865.05	1497.65	863.62	1532.08	861.32	1550.16	852.94
库首	夷陵区	93.99	49.36	99.68	50.68	101.67	52.00	104.42	50.02	105.34	52.24
	秭归县	83.45	43.64	87.79	40.62	89.67	37.60	92.00	36.71	93.66	36.11
	兴山县	33.15	20.30	35.20	18.90	35.92	17.50	36.99	17.06	37.58	17.05
	巴东县	108.09	62.34	114.41	52.92	116.99	43.50	120.41	42.08	122.48	42.37
	小计	318.68	175.64	337.08	163.12	344.25	150.60	353.82	145.87	359.06	147.77

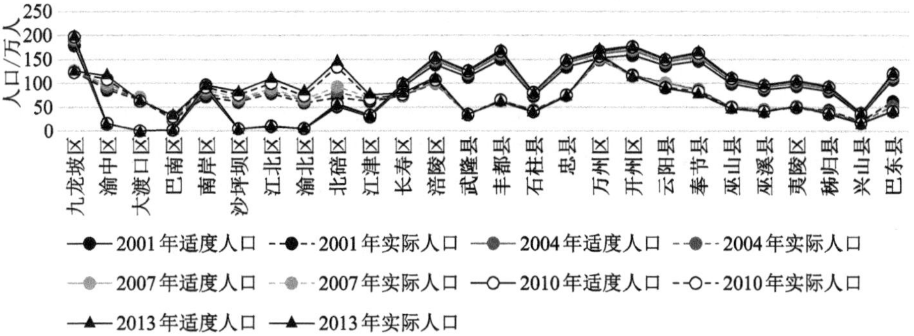

图 6-17　三峡库区各区（县）2001～2013 年耕地承载适度人口

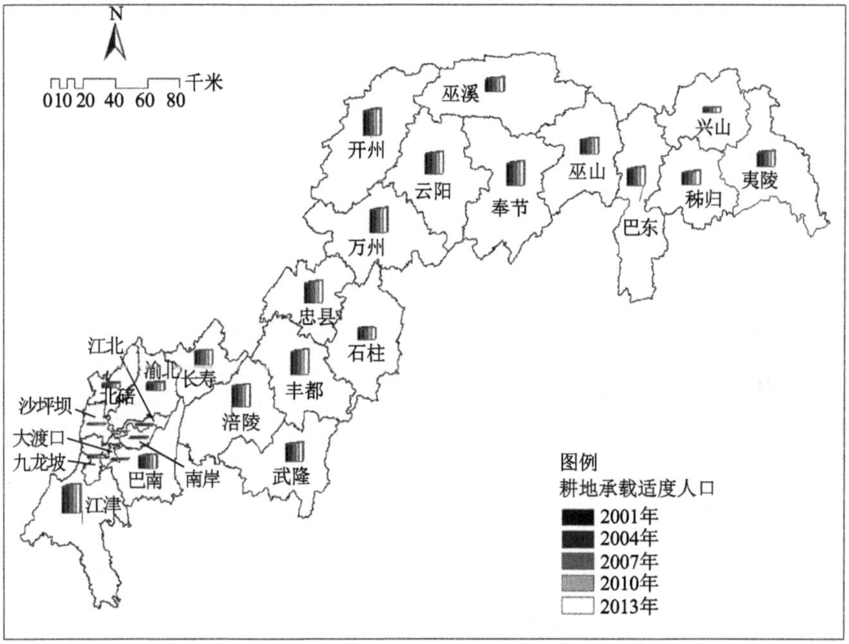

图 6-18　三峡库区各区（县）2001～2013 年耕地承载适度人口变化分析图

库腹和库首地区耕地承载适度人口都随时间迁移而增加，分别由 2001 年的 1389.25 万人和 318.68 万人增加到 2013 年的 1550.16 万人和 359.06 万人，分别增加了 160.91 万人和 40.38 万人。耕地承载适度人口每一年都大于当年实际人口，说明这两个区域耕地资源充裕。

6.4.2　三峡库区耕地承载适度人口重心迁移空间变化分析

从图 6-19 可知，2001～2013 年，三峡库区耕地承载适度人口重心是随时间变化而迁移的。2001～2007 年由东北方向向西南方向迁移，西南方向是都市功能拓展区和城市发展新区所在区域，说明这一时期这些区域耕地面积有所增加。2007～2013 年由西南方向向东北方向迁移，且迁移的距离非常大，东北方向是渝东北生态保护区，说明在这一时期，渝东北生态保区内耕地大量增加，这与这一时期这一区域内大力开展土地开发整理和农村宅基地复垦相符。

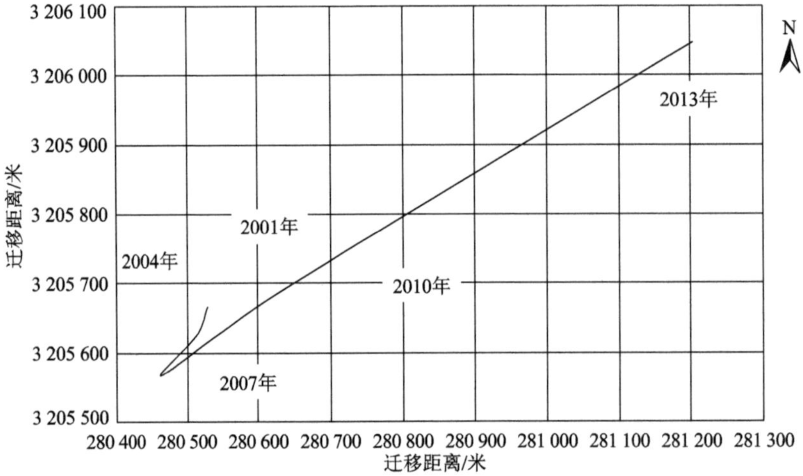

图 6-19　耕地承载适度人口重心迁移图

由图 6-20 可知，2001～2013 年 12 年间，三峡库区耕地承载适度人口重心均分布于忠县南部地区，这一区域正是渝东南生态保护区和渝东北生态保护区的交

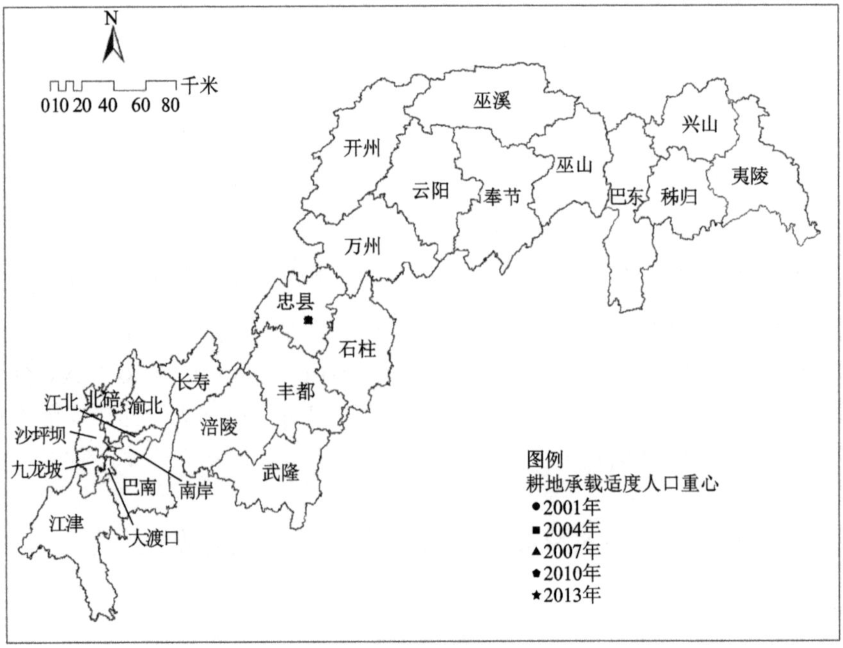

图 6-20　耕地承载适度人口重心

汇处，说明 2001～2013 年，这两个区域耕地面积比重较大。而都市功能拓展区和城市发展新区耕地面积比重较小，这与实际情况相符。

由表 6-12 可知，2001～2013 年，三峡库区耕地承载适度人口重心迁移速率和迁移距离都随时间变化而递增。其中，2001～2004 年和 2004～2007 年两个时间段迁移距离分别为 41.60 米和 75.39 米，都没有超过 100 米，可以忽略不计；2007～2010 年迁移距离为 215.19 米，迁移速率为 71.73 米/年，也非常小；2010～2013 年迁移距离为 664.13 米，迁移速率为 221.38 米/年。

表 6-12　耕地承载适度人口重心迁移速率

时间段	迁移距离/米	迁移速率/（米/年）
2001～2004 年	41.60	13.87
2004～2007 年	75.39	25.13
2007～2010 年	215.19	71.73
2010～2013 年	664.13	221.38

从三峡库区建设用地、耕地、经济和生态承载适度人口的变化趋势看，虽然建设用地、耕地、经济和生态承载适度人口均呈现上升趋势，但建设用地、经济和生态承载适度人口都是小于实际人口的，且上升的空间和潜力非常有限，说明三峡库区经济发展并非可持续，而是以耗竭自身的自然资源为基础的。目前，三峡库区人口已经严重超过环境可持续发展的最优规模，在未来一段时期内继续控制总人口的增长仍然有其必要性。

7 基于综合承载力的三峡库区适度人口时空演化

适度人口是指在一定条件下区域资源能够供养承载的最佳人口数量。富余人口是指一定区域内适度人口与实际人口的差值，若值为正数，说明该区域没有出现人口赤字问题，人口与资源、环境协调可持续发展；反之，则说明该区域存在人口赤字问题，人口与资源、环境之间的关系非常不协调，这将不利于实现该区域的可持续发展目标。因此，本章主要对适度人口的计算方法和基于综合承载力的 2001～2013 年三峡库区各区（县）的适度人口、富余人口进行汇总，并对结果进行分析阐述。

关于适度人口的计算方法，本章主要利用综合承载力的测算模式进行计算，即基于综合承载力的适度人口主要受经济因素、土地因素（主要包括耕地和建设用地两部分）和生态因素三方面的综合影响。因此，在测算适度人口之前需要对各个承载力适度人口进行计算，前文已对三峡库区 2001～2013 年的生态承载适度人口、经济承载适度人口、耕地承载适度人口和建设用地承载适度人口进行了测算。基于此，本章利用德尔菲法确定了这四个承载力评价因子的权重值，最后通过加权求和法得到基于综合承载力的 2001～2013 年三峡库区各区（县）的适度人口。

7.1 三峡库区综合承载适度人口的空间分布

基于综合承载力的 2013 年三峡库区的适度人口总和为 2072.22 万人。其中，库首的综合适度人口为 213.24 万人，库腹的综合适度人口为 805.77 万人，库尾的综合适度人口为 1053.21 万人。基于综合承载力的 2013 年三峡库区的适度人口结果如表 7-1、图 7-1 和图 7-2 所示。

表 7-1　基于综合承载力的三峡库区各区（县）2013 年适度人口汇总表

（单位：万人）

	区（县）	适度人口
库尾	江津区	123.04
	九龙坡区	128.22
	渝中区	83.32
	大渡口区	27.75
	巴南区	91.50
	南岸区	82.14
	沙坪坝区	112.03
	江北区	87.76
	渝北区	172.04
	北碚区	70.17
	长寿区	75.24
	小计	1053.21
库腹	涪陵区	119.46
	武隆县	54.26
	丰都县	74.30
	石柱县	42.01
	忠县	65.95
	万州区	123.79
	开州区	84.54
	云阳县	70.98
	奉节县	76.28
	巫山县	50.04
	巫溪县	44.16
	小计	805.77
库首	夷陵区	78.52
	秭归县	51.48
	兴山县	25.53
	巴东县	57.71
	小计	213.24
	合计	2072.22

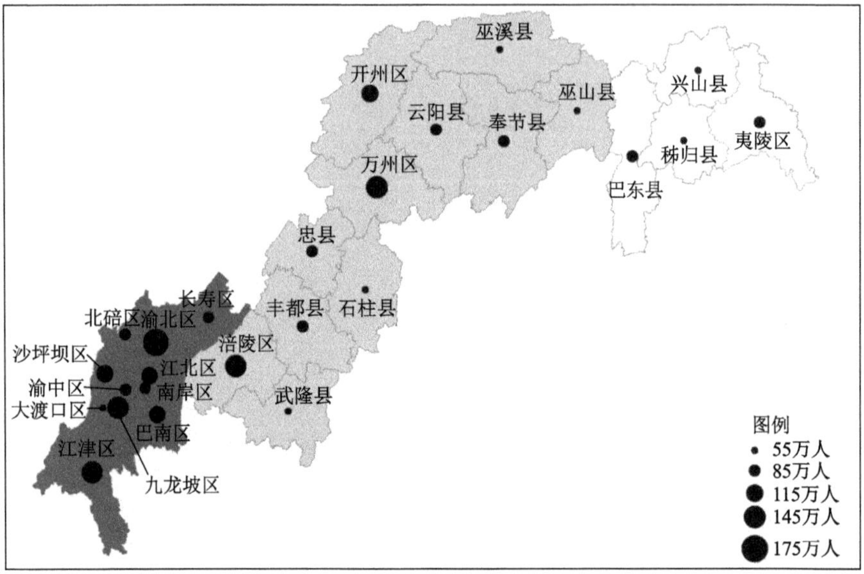

图 7-1 2013 年三峡库区各区（县）适度人口空间分布图

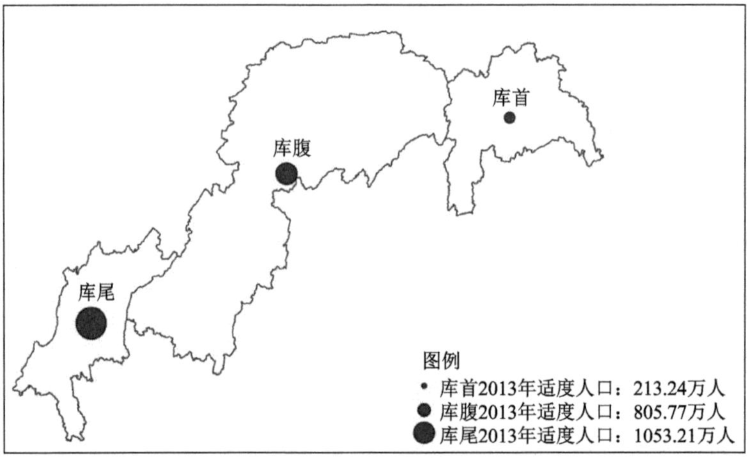

图 7-2 2013 年三峡库区适度人口空间分布图

在三峡库区库尾的 11 个区（县）中，渝北区的综合承载适度人口数量最大，为 172.04 万人；其次为九龙坡区和江津区，综合承载适度人口分别为 128.22 万人和 123.04 万人；大渡口区的综合承载适度人口最少，为 27.75 万人。

在三峡库区库腹的 11 个区（县）中，万州区的综合承载适度人口数量最大，为 123.79 万人；其次为涪陵区，综合承载适度人口为 119.46 万人；巫溪县和石柱县的综合承载适度人口最小，分别为 44.16 万人和 42.01 万人。

在三峡库区库首的 4 个区（县）中，夷陵区的综合承载适度人口最大，为 78.52 万人；最小的是兴山县，为 25.53 万人。

由此可得，2013 年三峡库区库尾的综合适度人口最大（以渝北区为代表），库首的综合适度人口最小（以兴山县为代表）。

7.2 基于综合承载力的三峡库区适度人口动态变化

对三峡库区综合承载适度人口的动态变化进行分析，有助于了解该研究区适度人口的动态变化情况，对该研究区以后的人口发展规划提供一定的理论参考。本小节主要对三峡库区各区（县）2001 年、2004 年、2007 年、2010 年和 2013 年的综合承载适度人口进行测算，以此来反映 2001～2013 年研究区综合承载适度人口的变化情况及其与实际人口之间的变化关系。

7.2.1 基于综合承载力的三峡库区适度人口的变化

1. 基于综合承载力的三峡库区适度人口的数量变化分析

2001～2013 年，基于综合承载力的三峡库区的适度人口数量一直呈上升趋势，总增量为 402.72 万人。2001 年适度人口为 1669.50 万人，到 2004 年，适度人口为 1703.91 万人，增加了 34.41 万人；2007 年的适度人口为 1725.44 万人，比 2004 年增加了 21.53 万人；2010 年的适度人口为 1959.25 万人，在 2007 年的基础上增加了 233.81 万人；2013 年的适度人口为 2072.22 万人，比 2010 年增加了 112.97 万人。基于综合承载力的 2001～2013 年三峡库区适度人口的变化情况如表 7-2、图 7-3 所示。

表 7-2 基于综合承载力的三峡库区 2001～2013 年适度人口变化表

（单位：万人）

年份	适度人口
2001	1669.50
2004	1703.91
2007	1725.44
2010	1959.25
2013	2072.22

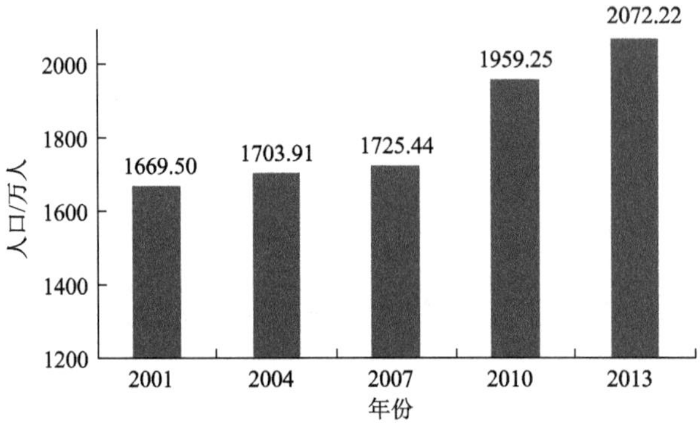

图 7-3 三峡库区 2001～2013 年综合承载力适度人口变化趋势图

2. 基于综合承载力的三峡库区适度人口的数量变化速率分析

结合 2001～2013 年三峡库区综合承载适度人口数量变化来分析其变化速率情况，有助于更科学地了解 2001～2013 年三峡库区的综合承载适度人口增长的速度快慢情况。这对于以后制定相关人口政策有一定的参考借鉴意义。基于综合承载力的三峡库区适度人口的数量变化速率如图 7-4、表 7-3 所示。

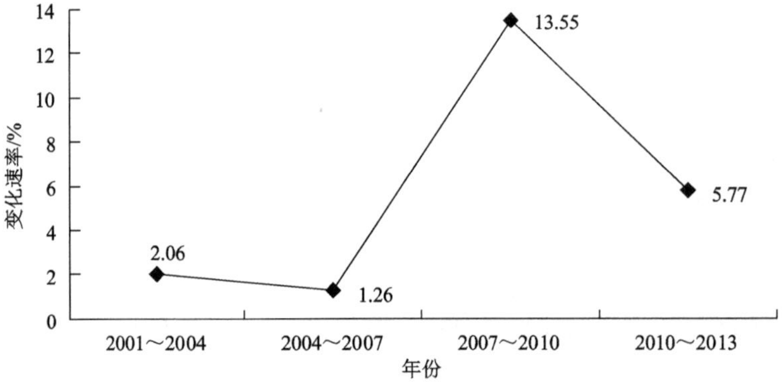

图 7-4 三峡库区 2001～2013 年综合承载适度人口变化速率图

表 7-3 基于综合承载力的三峡库区 2001～2013 年适度人口变化汇总表

时间段	增长量/万人	增长速率/%
2001～2004 年	34.41	2.06
2004～2007 年	21.53	1.26
2007～2010 年	233.81	13.55
2010～2013 年	112.97	5.77
2001～2013 年	402.72	24.12

由图 7-4、表 7-3 可知，基于综合承载力的三峡库区适度人口的增长速率经历

了先下降后上升再下降的过程。尤其是在 2007～2010 年，综合承载适度人口数量增长最多，增长了 233.81 万人；且增长速率也最快，为 13.55%。2010～2013 年，三峡库区的综合承载适度人口的增长速率开始明显变慢，以 5.77%的速率增长。

7.2.2 三峡库区各区（县）综合承载适度人口的时空动态变化

由表 7-4 和表 7-5 可知，2001～2013 年，库首地区的综合承载适度人口数量以 0.25%的速率减少了 0.53 万人；库腹和库尾的综合承载适度人口数量都有不同程度的增加。三峡库区适度人口空间分布图如图 7-5、图 7-6 所示。

表 7-4 基于综合承载力的三峡库区各区（县）2001～2013 年适度人口统计表

（单位：万人）

	区（县）	2001 年	2004 年	2007 年	2010 年	2013 年
库尾	江津区	102.79	106.38	101.68	113.46	123.04
	九龙坡区	97.72	103.65	119.14	124.56	128.22
	渝中区	65.62	64.89	62.92	81.22	83.32
	大渡口区	33.49	31.96	32.04	37.81	27.75
	巴南区	64.91	68.23	70.96	85.24	91.50
	南岸区	53.42	56.37	56.78	74.21	82.14
	沙坪坝区	79.47	82.31	83.63	96.95	112.03
	江北区	45.98	50.99	56.38	75.50	87.76
	渝北区	80.74	90.09	109.61	141.81	172.04
	北碚区	54.45	54.43	50.50	60.78	70.17
	长寿区	55.02	57.30	59.65	68.99	75.24
	小计	733.61	766.60	803.29	960.53	1053.21
库腹	涪陵区	86.71	88.89	91.41	111.85	119.46
	武隆县	52.55	51.62	48.48	54.32	54.26
	丰都县	70.61	71.20	70.54	73.94	74.30
	石柱县	41.23	37.70	38.98	40.45	42.01
	忠县	61.33	61.67	62.13	64.99	65.95
	万州区	98.46	98.17	103.00	125.50	123.79
	开州	79.34	80.83	79.20	83.46	84.54
	云阳县	66.47	68.69	67.35	70.59	70.98
	奉节县	72.10	72.18	73.25	76.72	76.28
	巫山县	49.38	49.25	48.73	51.04	50.04
	巫溪县	43.92	44.09	44.11	44.68	44.16
	小计	722.10	724.29	727.18	797.54	805.77

续表

	区（县）	2001 年	2004 年	2007 年	2010 年	2013 年
库首	夷陵区	69.24	70.09	63.28	68.23	78.52
	秭归县	53.08	51.42	49.39	50.75	51.48
	兴山县	27.52	25.00	24.16	24.64	25.53
	巴东县	63.94	66.49	58.14	57.55	57.71
	小计	213.78	213.00	194.97	201.17	213.24

表 7-5　基于综合承载力的三峡库区各区（县）2001～2013 年变化情况表

	区（县）	变化幅度/万人	变化速率/%
库尾	江津区	20.25	19.69
	九龙坡区	30.50	31.21
	渝中区	17.70	26.97
	大渡口区	–5.74	–17.14
	巴南区	26.58	40.95
	南岸区	28.72	53.77
	沙坪坝区	32.56	40.97
	江北区	41.78	90.85
	渝北区	91.30	113.08
	北碚区	15.72	28.87
	长寿区	20.22	36.75
	小计	319.59	43.56
库腹	涪陵区	32.75	37.77
	武隆县	1.71	3.25
	丰都县	3.69	5.22
	石柱县	0.78	1.89
	忠县	4.61	7.52
	万州区	25.33	25.72
	开州区	5.19	6.55
	云阳县	4.51	6.78
	奉节县	4.18	5.80
	巫山县	0.67	1.35
	巫溪县	0.24	0.55
	小计	83.66	11.59

续表

	区（县）	变化幅度/万人	变化速率/%
库首	夷陵区	9.29	13.41
	秭归县	−1.60	−3.01
	兴山县	−1.99	−7.24
	巴东县	−6.23	−9.74
	小计	−0.53	0.25

库尾各区（县）中只有大渡口区的综合承载适度人口数量有所减少，减少了 5.74 万人，其余区（县）的综合承载适度人口数量都有所增加。增长最多也最快的是渝北区，以 113.08%的速率增长了 91.30 万人；其次是江北区，以 90.85%的速率增长了 41.78 万人。

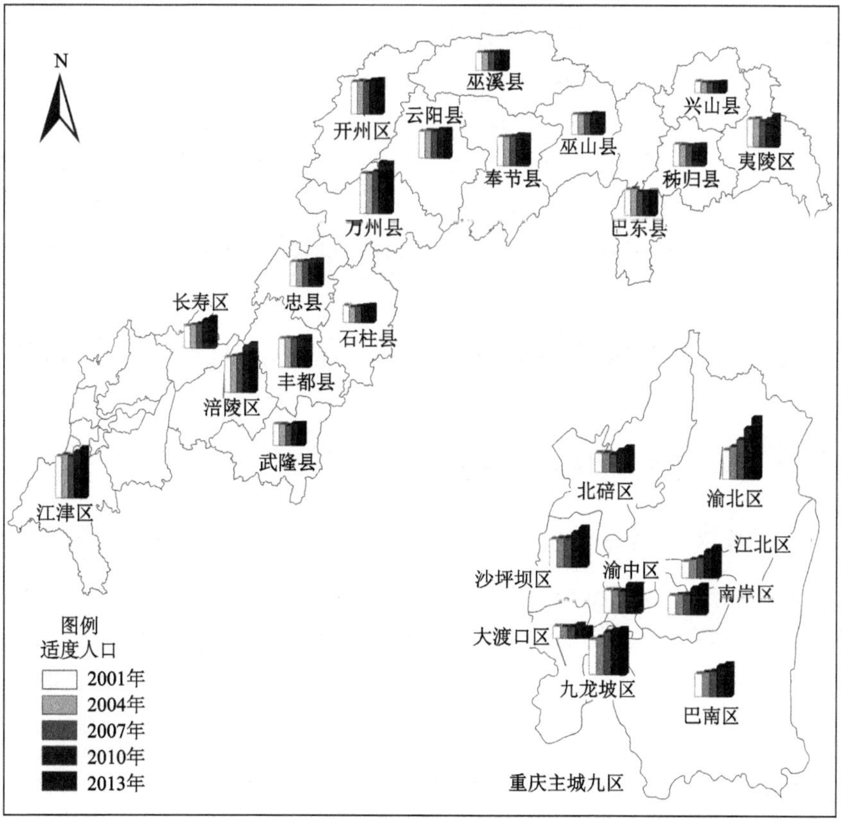

图 7-5　2001～2013 年三峡库区各区（县）适度人口空间分布图

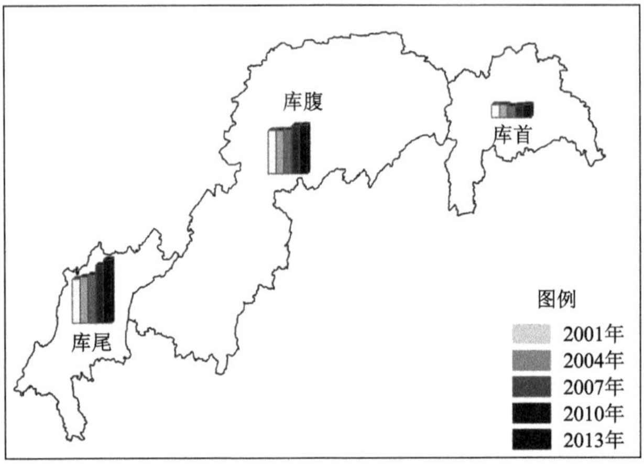

图 7-6 2001～2013 年三峡库区适度人口空间分布图

库腹各区（县）综合承载适度人口都有所增加，涪陵区和万州区的增加量最大、增长速率最快，分别以 37.77%和 25.72%的速率增加了 32.75 万人和 25.33 万人。

库首各区（县）中除了夷陵区以 13.41%的速率增加了 9.29 万人外，其余区（县）都有所减少，其中巴东县减少得最多，以 9.74%的速率减少了 6.23 万人。

由此可得，三峡库区的综合承载适度人口在逐年增加，其中库尾地区增加得最多，且增加速度也最快（以渝北区和江北区为代表）；其次是库腹地区（以涪陵区和万州区为代表）；库首地区的综合承载适度人口所有减少（以巴东县为代表）。

7.3 三峡库区综合承载适度人口的时空对比

7.3.1 基于综合承载力的三峡库区适度人口时空对比

1. 三峡库区 2013 年实际人口与综合承载适度人口的对比分析

如表 7-6 所示，基于综合承载力的三峡库区 2013 年适度人口为 2072.22 万人，2013 年三峡库区的实际人口为 2015.94 万人，富余人口为 56.28 万人。由此可以说明，2013 年三峡库区的实际人口未超出可承载适度人口范围，还可最多再容纳 56.28 万人。

表 7-6 2013 年三峡库区实际人口与综合承载适度人口对比情况表（单位：万人）

年份	实际人口	适度人口	富余人口
2013	2015.94	2072.22	56.28

2. 三峡库区 2001～2013 年实际人口的变化情况

2001～2013 年三峡库区实际人口的变化情况如表 7-7、图 7-7 所示。2010～2013 年，三峡库区的实际人口数量总体呈平稳上升趋势，总共增加了 191.85 万人。2001 年，三峡库区的实际人口为 1824.09 万人，2004 年为 1855.89 万人，增加 31.8 万人；2007 年为 1887.69 万人，在 2004 年的人口基础上增加了 31.80 万人；2010 年为 1953.26 万人，比 2007 年增加了 65.57 万人；2013 年为 2015.94 万人，比 2010 年增加了 62.68 万人。

表 7-7 三峡库区 2001～2013 年实际人口变化情况汇总表

时间段	增长量/万人	增长速率/%
2001～2004 年	31.80	1.74
2004～2007 年	31.80	1.71
2007～2010 年	65.57	3.47
2010～2013 年	62.68	3.21
2001～2013 年	191.85	10.52

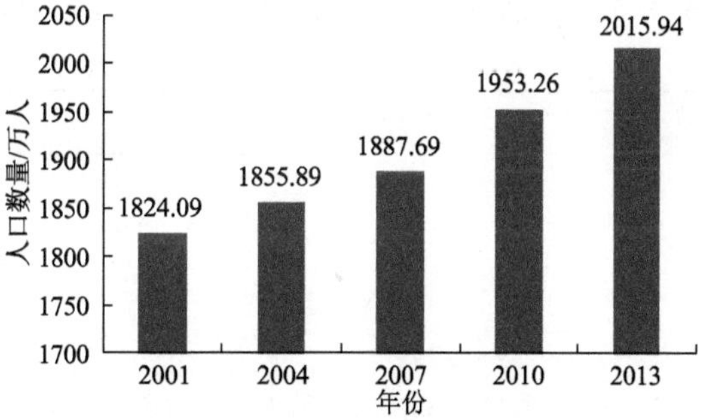

图 7-7 三峡库区实际人口的变化趋势图

2001～2013 年，三峡库区实际人口的增长速率为 10.52%。其中，2007～2010 年，三峡库区的实际人口数量的增长速率最快，为 3.47%；其次为 2010～2013 年，增长速率为 3.21%；2001～2004 年和 2004～2007 的三峡库区实际人口数量的增长速率差不多，分别为 1.74%和 1.71%。

由此可以看出，2001～2013 年三峡库区的实际人口数量的增长速率经历了先上升后下降的过程（图 7-8）。这与政府对于三峡库区所采取的相关人口控制措施密切相关，这些措施的执行使三峡库区的人口增长速度得到较好的控制。

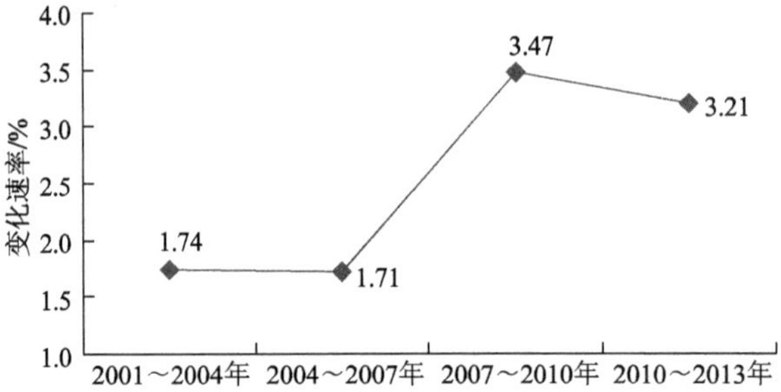

图 7-8　三峡库区 2001～2013 年实际人口变化速率图

3. 三峡库区 2001～2013 年实际人口与综合承载适度人口的对比分析

2001～2013 年，三峡库区的实际人口在不断增长，适度人口也在不断增加。但是从表 7-8、表 7-9 和图 7-9 中可以看出：2001～2007 年三峡库区的实际人口一直超出最大适度人口范围，富余人口值为负数；从 2010 年开始，三峡库区的富余人口开始转为正数，实际人口控制在适度人口范围内，并且到了 2013 年三峡库区还可最多容纳 56.28 万人（图 7-10）。由此说明，三峡库区的人口、资源与环境之间的不协调关系已经逐渐好转。

表 7-8　基于综合承载力的三峡库区 2001～2013 年适度人口变化表

（单位：万人）

年份	实际人口	适度人口
2001	1824.09	1669.50
2004	1855.89	1703.91
2007	1887.69	1725.44
2010	1953.26	1959.25
2013	2015.94	2072.22

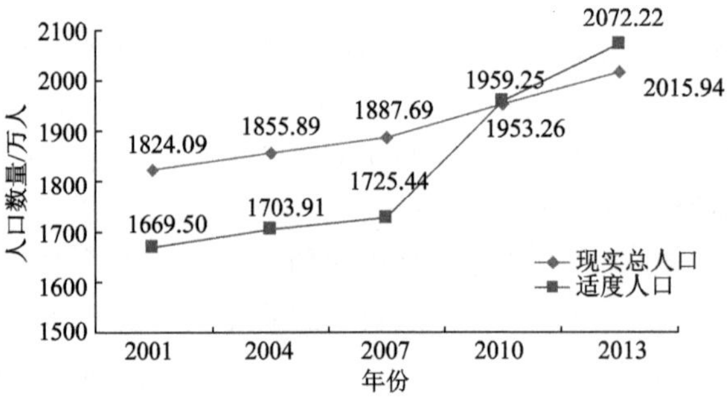

图 7-9　三峡库区 2001～2013 年人口变化趋势图

表 7-9 基于综合承载力的三峡库区 2001～2013 年富余人口变化表（单位：万人）

年份	富余人口
2001	–154.59
2004	–151.98
2007	–162.25
2010	5.99
2013	56.28

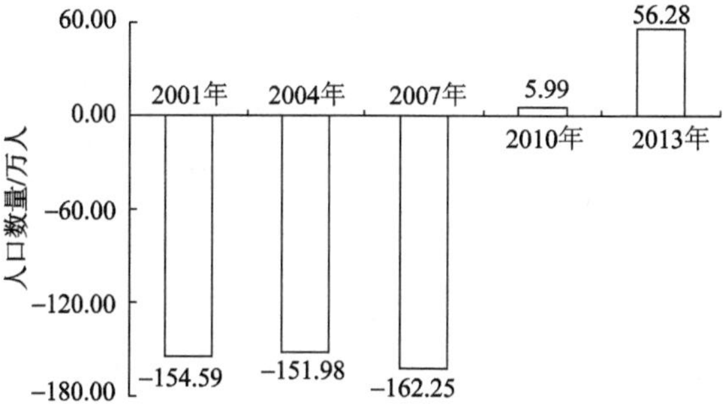

图 7-10 三峡库区 2001～2013 年富余人口变化趋势图

7.3.2 基本综合承载力的三峡库区各区（县）适度人口时空变化

1. 三峡库区各区（县）2013 年实际人口与适度人口对比分析

2013 年，三峡库区的富余人口为 56.28 万人，其中库尾的富余人口为 37.98 万人，库腹为–47.17 万人，库首为 65.48 万人。库腹实际人口已经远远超出适度人口的最大极限，人口严重超负。在三峡库区 26 个区（县）中，有 12 个区（县）的富余人口值为负，其中以万州区为代表（富余人口为–35.75 万人），其次为开州区（富余人口为–31.65 万人）。其余 14 个区（县）的实际人口控制在适度人口之中，富余人口表现为正值，最大的是库首的夷陵区（富余人口为 26.28 万人），其次是库尾的渝北区（富余人口为 25.52 万人），如表 7-10 所示。

表 7-10 2013 年三峡库区各区（县）实际人口与综合承载适度人口对比表

（单位：万人）

	区（县）	适度人口	实际人口	富余人口
库尾	江津区	123.04	126.42	–3.38
	九龙坡区	128.22	115.93	12.29
	渝中区	83.32	65.02	18.30

续表

	区（县）	适度人口	实际人口	富余人口
库尾	大渡口区	27.75	32.84	−5.09
	巴南区	91.50	95.85	−4.35
	南岸区	82.14	82.95	−0.81
	沙坪坝区	112.03	110.31	1.72
	江北区	87.76	83.01	4.75
	渝北区	172.04	146.52	25.52
	北碚区	70.17	76.09	−5.92
	长寿区	75.24	80.28	−5.04
	小计	1053.21	1015.22	37.98
库腹	涪陵区	119.46	111.78	7.68
	武隆县	54.26	34.94	19.32
	丰都县	74.30	62.03	12.27
	石柱县	42.01	39.91	2.10
	忠县	65.95	73.14	−7.19
	万州区	123.79	159.54	−35.75
	开州区	84.54	116.19	−31.65
	云阳县	70.98	90.15	−19.17
	奉节县	76.28	78.50	−2.22
	巫山县	50.04	46.98	3.06
	巫溪县	44.16	39.78	4.38
	小计	805.77	852.94	−47.17
库首	夷陵区	78.52	52.24	26.28
	秭归县	51.48	36.11	15.37
	兴山县	25.53	17.05	8.48
	巴东县	57.71	42.37	15.34
	小计	213.24	147.77	65.47

2. 三峡库区各区（县）2001～2013年实际人口与适度人口对比分析

2001～2013年，三峡库区库首的4个区（县），库腹的武隆县、丰都县，库尾的九龙坡区、渝北区的富余人口值一直为正数，说明这些区（县）2001～2013年从没有出现过人口赤字问题。具体结果如表7-11、表7-12、表7-13、图7-11、图7-12所示。

表 7-11　三峡库区各区（县）2001～2013 年实际人口变化汇总表

（单位：万人）

	区（县）	2001 年	2004 年	2007 年	2010 年	2013 年
库尾	江津区	125.25	125.87	126.49	123.31	126.42
	九龙坡区	86.49	92.22	97.95	108.44	115.93
	渝中区	66.17	68.63	71.09	63.01	65.02
	大渡口区	24.44	25.70	26.96	30.10	32.84
	巴南区	72.49	79.80	87.11	91.87	95.85
	南岸区	61.11	65.13	69.15	75.96	82.95
	沙坪坝区	79.10	84.09	89.08	100.00	110.31
	江北区	59.66	63.51	67.36	73.80	83.01
	渝北区	70.85	81.88	92.91	134.54	146.52
	北碚区	62.39	66.20	70.01	68.04	76.09
	长寿区	74.02	74.69	75.36	77.00	80.28
	小计	781.97	827.72	873.47	946.07	1015.22
库腹	涪陵区	99.89	100.67	101.45	106.67	111.78
	武隆县	34.84	34.63	34.42	35.10	34.94
	丰都县	64.69	64.32	63.95	64.92	62.03
	石柱县	43.79	43.36	42.93	41.51	39.91
	忠县	74.31	74.21	74.11	75.14	73.14
	万州区	149.43	150.67	151.91	156.31	159.54
	开州区	117.01	116.10	115.19	116.03	116.19
	云阳县	101.41	101.21	101.01	91.29	90.15
	奉节县	86.38	85.78	85.18	83.43	78.50
	巫山县	50.11	49.85	49.59	49.51	46.98
	巫溪县	44.62	44.25	43.88	41.41	39.78
	小计	866.48	865.05	863.62	861.32	852.94
库首	夷陵区	49.36	50.68	52.00	50.02	52.24
	秭归县	43.64	40.62	37.60	36.71	36.11
	兴山县	20.30	18.90	17.50	17.06	17.05
	巴东县	62.34	52.92	43.50	42.08	42.37
	小计	175.64	163.12	150.60	145.87	147.77

表 7-12　2001～2013 年三峡库区各区（县）实际人口与综合承载适度人口对比表

（单位：万人）

	区（县）	2001 年		2004 年		2007 年		2010 年		2013 年	
		适度人口	实际人口	适度人口	实际人口	适度人口	实际人口	适度人口	实际人口	适度人口	实际人口
库尾	江津区	102.79	125.25	106.38	125.87	101.68	126.49	113.46	123.31	123.04	126.42
	九龙坡区	97.72	86.49	103.65	92.22	119.14	97.95	124.56	108.44	128.22	115.93
	渝中区	65.62	66.17	64.89	68.63	62.92	71.09	81.22	63.01	83.32	65.02
	大渡口区	33.49	24.44	31.96	25.70	32.04	26.96	37.81	30.10	27.75	32.84
	巴南区	64.91	72.49	68.23	79.80	70.96	87.11	85.24	91.87	91.50	95.85
	南岸区	53.42	61.11	56.37	65.13	56.78	69.15	74.21	75.96	82.14	82.95
	沙坪坝区	79.47	79.10	82.31	84.09	83.63	89.08	96.95	100.00	112.03	110.31
	江北区	45.98	59.66	50.99	63.51	56.38	67.36	75.50	73.80	87.76	83.01
	渝北区	80.74	70.85	90.09	81.88	109.61	92.91	141.81	134.54	172.04	146.52
	北碚区	54.45	62.39	54.43	66.20	50.50	70.01	60.78	68.04	70.17	76.09
	长寿区	55.02	74.02	57.30	74.69	59.65	75.36	68.99	77.00	75.24	80.28
	小计	733.61	781.97	766.60	827.72	803.29	873.47	960.53	946.07	1053.21	1015.22
库腹	涪陵区	86.71	99.89	88.89	100.67	91.41	101.45	111.85	106.67	119.46	111.78
	武隆县	52.55	34.84	51.62	34.63	48.48	34.42	54.32	35.10	54.26	34.94
	丰都县	70.61	64.69	71.20	64.32	70.54	63.95	73.94	64.92	74.30	62.03
	石柱县	41.23	43.79	37.70	43.36	38.98	42.93	40.45	41.51	42.01	39.91
	忠县	61.33	74.31	61.67	74.21	62.13	74.11	64.99	75.14	65.95	73.14
	万州区	98.46	149.43	98.17	150.67	103.00	151.91	125.50	156.31	123.79	159.54
	开州区	79.34	117.01	80.83	116.10	79.20	115.19	83.46	116.03	84.54	116.19
	云阳县	66.47	101.41	68.69	101.21	67.35	101.01	70.59	91.29	70.98	90.15
	奉节县	72.10	86.38	72.18	85.78	73.25	85.18	76.72	83.43	76.28	78.50
	巫山县	49.38	50.11	49.25	49.85	48.73	49.59	51.04	49.51	50.04	46.98
	巫溪县	43.92	44.62	44.09	44.25	44.11	43.88	44.68	41.41	44.16	39.78
	小计	722.10	866.48	724.29	865.05	727.18	863.62	797.54	861.32	805.77	852.94
库首	夷陵区	69.24	49.36	70.09	50.68	63.28	52.00	68.23	50.02	78.52	52.24
	秭归县	53.08	43.64	51.42	40.62	49.39	37.60	50.75	36.71	51.48	36.11
	兴山县	27.52	20.30	25.00	18.90	24.16	17.50	24.64	17.06	25.53	17.05
	巴东县	63.94	62.34	66.49	52.92	58.14	43.50	57.55	42.08	57.71	42.37
	小计	213.78	175.64	213.00	163.12	194.97	150.60	201.17	145.87	213.24	147.77

表 7-13　2001～2013 年三峡库区各区（县）富余人口变化汇总表

（单位：万人）

	区（县）	2001 年	2004 年	2007 年	2010 年	2013 年
库尾	江津区	−22.46	−19.49	−24.81	−9.85	−3.38
	九龙坡区	11.23	11.43	21.19	16.12	12.29
	渝中区	−0.55	−3.74	−8.17	18.21	18.30
	大渡口区	9.05	6.26	5.08	7.71	−5.09
	巴南区	−7.58	−11.57	−16.15	−6.63	−4.35
	南岸区	−7.69	−8.76	−12.37	−1.75	−0.81
	沙坪坝区	0.37	−1.78	−5.45	−3.05	1.72
	江北区	−13.68	−12.52	−10.98	1.70	4.75
	渝北区	9.89	8.21	16.70	7.27	25.52
	北碚区	−7.94	−11.77	−19.52	−7.26	−5.92
	长寿区	−19.00	−17.39	−15.71	−8.01	−5.04
	小　计	−48.36	−61.12	−70.18	14.46	37.99
库腹	涪陵区	−13.18	−11.78	−10.04	5.18	7.68
	武隆县	17.71	16.99	14.06	19.22	19.32
	丰都县	5.92	6.88	6.59	9.02	12.27
	石柱县	−2.56	−5.66	−3.95	−1.06	2.10
	忠县	−12.98	−12.54	−11.98	−10.15	−7.19
	万州区	−50.97	−52.50	−48.91	−30.81	−35.75
	开州区	−37.67	−35.27	−35.99	−32.57	−31.65
	云阳县	−34.94	−32.52	−33.66	−20.70	−19.17
	奉节县	−14.28	−13.60	−11.93	−6.71	−2.22
	巫山县	−0.73	−0.60	−0.86	1.53	3.06
	巫溪县	−0.70	−0.16	0.23	3.27	4.38
	小　计	−144.38	−140.76	−136.44	−63.78	−47.17
库首	夷陵区	19.88	19.41	11.28	18.21	26.28
	秭归县	9.44	10.80	11.79	14.04	15.37
	兴山县	7.22	6.10	6.66	7.58	8.48
	巴东县	1.60	13.57	14.64	15.47	15.34
	小　计	38.14	49.88	44.37	55.30	65.47

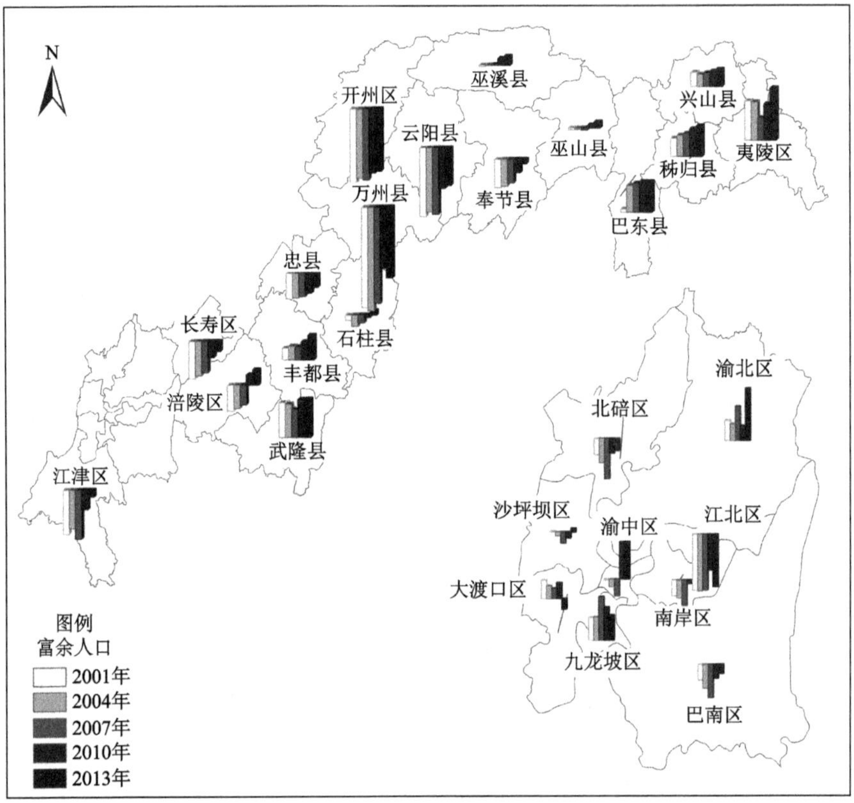

图 7-11　三峡库区各区（县）2001～2013 年富余人口空间分布图

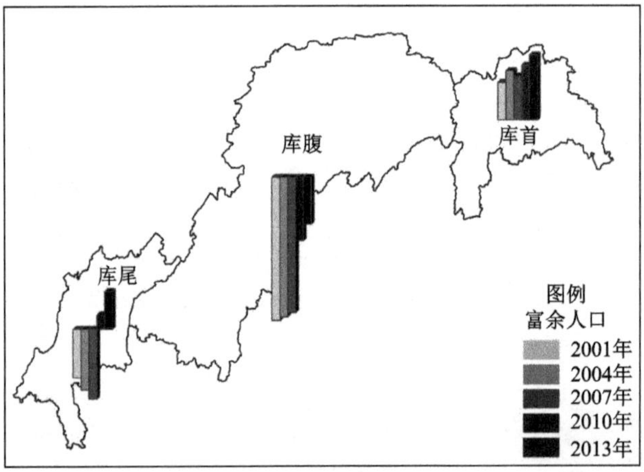

图 7-12　三峡库区 2001～2013 年富余人口空间分布图

三峡库区库腹的 11 个区（县）中除了万州区的人口赤字问题越来越严重外，

其余的 10 个区（县）从整体上来说，富余人口值逐渐增加，说明这些区（县）的人口赤字问题在近几年有显著的改善，人口与资源、环境之间的关系由于相关政策和措施的执行，逐渐变得协调，有利于区域的可持续发展。

三峡库区库尾的 11 个区（县）中除了大渡口区的富余人口在 2010～2013 年由正值变为负值，出现人口赤字问题外，其余区（县）的人口赤字问题都有很大的改善。

8 三峡库区适度人口发展趋势的情景模拟

8.1 情景设计与模拟方法

8.1.1 情景设计

本章主要通过设计区域的发展情景，模拟研究三峡库区适度人口未来的发展趋势。区域发展情景的设计主要结合适度人口评价的四个指标体系，即生态、耕地资源、建设用地资源、经济，四种情景的设计主要为区域发展倾向于现状延续型下的适度人口、区域发展倾向于生态资源保护型下的适度人口、区域发展倾向于社会经济发展型下的适度人口及区域协调平衡发展型下的适度人口。

从四种区域发展情景模式出发，模拟预测不同情景模式下三峡库区直至 2021 年第一个百年时的适度人口规模及其人口分布状况，同时，基于不同情景模式对三峡库区库首、库腹与库尾内部适度人口的演化情况进行预测和分析。

8.1.2 模拟方法

1. 空间回归拟合法

本章主要采用空间回归拟合法模拟预测区域的常住人口规模。空间回归拟合法是通过统计分析已经获取的一定数量的变量，客观寻求变量相互之间定量关系的一种分析方法，变量之间关系分为线性关系和非线性关系，因此，空间回归拟合法包括线性回归拟合法和非线性回归拟合法，然而变量之间的关系往往呈现非线性关系。

2. 变化速率预测法

本章适度人口相关指标的模拟主要采用变化速率预测法。变化速率预测法首先需要确定每项子承载力下的适度人口规模在各个阶段的年均增长率，以及在2001～2013年的平均增长率。每项子承载力下的适度人口规模在各个阶段的年均增长率，以及每项子承载力下的适度人口规模在2001～2013年的平均增长率具体计算公式如式（8-1）所示。

$$P_t = \sqrt[n]{\frac{X_t}{X'}} - 1 \tag{8-1}$$

式中，P_t表示指标的取值在2001～2013年各个阶段间或2001～2013年的平均增长率，X_t表示结束年份的指标对应值，X'表示初始年份的指标对应值，n表示初始年与结束年之间间隔的年份个数。

8.1.3 基于空间回归拟合的常住人口规模预测

常住人口的规模预测主要是基于研究区原始常住人口数据进行空间回归拟合，原始收集的三峡库区重庆段的常住人口包括2003～2014年各年份数据，原始收集的三峡库区湖北段的常住人口包括2006～2014年各年份数据。将各年份常住人口的原始数据进行空间拟合，观察数据在空间上的散点分布曲线，再选取多种空间回归拟合法，从相关系数（R^2）、显著性水平（p 值）等数值对比和分析各函数拟合的效果，选取拟合效果最佳的回归拟合函数作为区域常住人口的模拟函数；函数拟合过程中会根据指标的具体情况进行指标值的修正，从而达到空间函数拟合的最佳效果。最后，根据空间函数拟合模拟预测到2021年第一个百年时的三峡库区各区（县）的常住人口规模，预测结果如表8-1所示。

表8-1　三峡库区各区（县）2021年常住人口规模预测结果表（单位：万人）

区（县）	2021年人口预测值	区（县）	2021年人口预测值
万州区	166.49	丰都县	60.61
涪陵区	120.39	武隆县	34.83
渝中区	60.90	忠县	72.51
大渡口区	38.73	开州区	124.88
江北区	98.16	云阳县	79.63
沙坪坝区	131.28	奉节县	73.24
九龙坡区	136.23	巫山县	45.25
南岸区	97.62	巫溪县	35.87
北碚区	83.21	石柱县	37.33

续表

区（县）	2021 年人口预测值	区（县）	2021 年人口预测值
渝北区	204.86	夷陵区	51.62
巴南区	109.85	秭归县	33.96
长寿区	84.24	兴山县	16.26
江津区	115.78	巴东县	40.55

8.1.4 基于变化速率的子承载适度人口发展趋势情景设置与模拟预测

基于式（8-1）获得三峡库区子承载力下的适度人口在 2001～2013 年各年份的增长率和 12 年间的年均增长率，计算结果如表 8-2～表 8-5 所示；结合式（8-2）计算出预测年份各子承载力下的适度人口规模；最后运用综合承载适度人口数据的测算方法（式 8-2），模拟出 2021 年三峡库区适度人口的规模。

$$K_{n,i} = K_{2013,i} \times (1 + V_i)^{(n-2013)} \tag{8-2}$$

式中，$K_{n,i}$ 表示预测年份指标值，即第 n 年第 i 个指标的预测值；$K_{2013,i}$ 表示 2013 年第 i 个指标的现状值；V_i 表示第 i 个指标的增长率，不同情景模式下指标的增长率 V_i 的取值不同。本书对不同情景模式下各原始指标增长率的取值进行了设置，并列出了不同情景模式下指标对应的取值表，如表 8-6～表 8-10 所示。

表 8-2　三峡库区各区（县）2001～2013 年生态承载适度人口原始数值增长率计算表

区(县)	2001 年/万人	2004 年/万人	2001～2004 年年均变化率/%	2007 年/万人	2004～2007 年年均变化率/%	2010 年/万人	2007～2010 年年均变化率/%	2013 年/万人	2010～2013 年年均变化率/%	12 年年均变化率/%
江津区	57.79	54.31	−2.05	54.01	−0.0019	58.40	0.0264	54.26	−0.0242	−0.0052
九龙坡区	16.87	20.28	6.34	28.44	0.1193	43.75	0.1544	55.38	0.0817	0.1041
大渡口区	2.52	2.86	4.35	3.27	0.0455	10.51	0.4762	15.92	0.1483	0.1661
巴南区	23.95	25.78	2.48	30.78	0.0609	36.64	0.0598	34.67	−0.0183	0.0313
南岸区	13.86	19.44	11.93	17.56	−0.0334	26.57	0.1481	30.16	0.0432	0.0669
沙坪坝区	16.38	16.67	0.58	24.37	0.1350	49.55	0.2669	54.12	0.0299	0.1047
江北区	18.41	18.90	0.88	22.26	0.0560	42.21	0.2378	36.10	−0.0508	0.0577
渝北区	29.08	30.56	1.67	33.04	0.0264	56.48	0.1957	55.04	−0.0086	0.0546
北碚区	24.51	26.17	2.21	30.75	0.0551	38.18	0.0748	40.43	0.0193	0.0426

续表

区（县）	2001年/万人	2004年/万人	2001～2004年年均变化率/%	2007年/万人	2004～2007年年均变化率/%	2010年/万人	2007～2010年年均变化率/%	2013年/万人	2010～2013年年均变化率/%	12年年均变化率/%
长寿区	26.57	24.17	−3.11	24.64	0.65	24.53	−0.16	20.79	−5.35	−2.02
涪陵区	62.84	57.23	−3.07	52.46	−2.86	50.52	−1.25	45.90	−3.14	−.58
武隆县	54.28	41.55	−8.52	28.06	−12.26	39.17	11.76	34.75	−3.92	−3.65
丰都县	60.78	52.41	−4.82	48.55	−2.52	51.19	1.78	44.65	−4.45	−2.54
石柱县	57.37	38.97	−12.10	39.57	0.51	35.74	−3.34	31.53	−4.09	−4.87
忠县	54.29	44.74	−6.25	41.07	−2.81	41.5	0.35	33.71	−6.69	−3.89
万州区	92.65	75.24	−6.70	75.2	−0.02	79.55	1.89	70.98	−3.73	−2.20
开州区	72.46	65.7	−3.21	56.08	−5.14	61.04	2.87	49.02	−7.05	−3.20
云阳县	67.21	63.64	−1.80	56.02	−4.16	59.55	2.06	49.31	−6.10	−2.55
奉节县	75.97	68.19	−3.54	63.73	−2.23	66.64	1.50	57.59	−4.75	−2.28
巫山县	55.76	50.15	−3.47	46.98	−2.16	49.63	1.85	41.66	−5.67	−2.40
巫溪县	65.87	61.01	−2.53	56.51	−2.52	48.73	−4.82	42.62	−4.37	−3.56
夷陵区	35.09	34.64	−0.43	28.53	−6.26	21.7	−8.73	19.14	−4.10	−.93
秭归县	52.93	42.49	−7.06	34.79	−6.45	30.39	−4.40	23.65	−8.02	−6.49
兴山县	40.41	24.32	−15.58	21.35	−4.24	17.54	−6.34	15.44	−4.17	−7.71
巴东县	81.06	87.46	2.57	47.53	−18.40	33.34	−11.15	27.29	−6.45	−8.67

表 8-3　三峡库区各区（县）2001～2013 年耕地承载适度人口原始数值增长率计算表

区（县）	2001年/万人	2004年/万人	2001～2004年年均变化率/%	2007年/万人	2004～2007年年均变化率/%	2010年/万人	2007～2010年年均变化率/%	2013年/万人	2010～2013年年均变化率/%	12年年均变化率/%
江津区	179.51	190.03	1.92	193.80	0.66	196.86	0.52	197.85	0.17	0.81
九龙坡区	14.87	15.74	1.90	16.10	0.76	16.58	0.97	15.96	−1.26	0.59
渝中区	0.21	0.23	2.00	0.23	0.75	0.24	0.97	0.20	−4.99	−0.36
大渡口区	1.84	1.95	2.00	1.99	0.75	2.05	0.97	1.97	−1.40	0.57
巴南区	86.16	91.42	1.99	93.47	0.74	96.23	0.97	96.61	0.13	0.96
南岸区	4.60	4.87	1.95	4.88	0.09	4.96	0.55	4.62	−2.40	0.03
沙坪坝区	9.64	10.14	1.69	10.37	0.75	10.65	0.89	10.22	−1.35	0.49
江北区	5.19	5.50	1.99	5.61	0.68	5.71	0.58	4.69	−6.35	−0.83
渝北区	51.68	54.84	2.00	55.99	0.69	57.60	0.95	56.51	−0.63	0.75
北碚区	30.37	32.21	1.99	32.95	0.76	33.92	0.97	33.24	−0.67	0.76

续表

区（县）	2001 年/万人	2004 年/万人	2001～2004 年年均变化率/%	2007 年/万人	2004～2007 年年均变化率/%	2010 年/万人	2007～2010 年年均变化率/%	2013 年/万人	2010～2013 年年均变化率/%	12 年年均变化率/%
长寿区	92.55	97.06	1.60	97.99	0.32	98.94	0.32	99.36	0.14	0.59
涪陵区	138.82	146.95	1.91	149.66	0.61	152.74	0.68	154.24	0.33	0.88
武隆县	113.18	119.99	1.97	122.24	0.62	125.39	0.85	127.18	0.47	0.98
丰都县	150.57	159.69	1.98	162.98	0.68	166.67	0.75	168.84	0.43	0.96
石柱县	73.10	77.59	2.01	78.95	0.58	80.55	0.67	80.96	0.17	0.85
忠县	133.90	142.04	1.99	144.81	0.65	147.48	0.61	149.07	0.36	0.90
万州区	152.51	161.25	1.88	163.49	0.46	166.71	0.65	168.78	0.41	0.85
开州区	158.71	168.14	1.94	171.39	0.64	175.80	0.85	177.64	0.35	0.94
云阳县	136.73	143.88	1.71	146.37	0.57	149.30	0.66	151.17	0.42	0.84
奉节县	146.92	155.50	1.91	158.24	0.58	162.73	094	164.83	0.43	0.96
巫山县	98.88	104.65	1.91	106.83	0.69	109.87	0.94	111.11	0.37	0.98
巫溪县	85.93	91.14	1.98	92.69	0.57	94.84	0.77	96.34	0.52	0.96
夷陵区	93.99	99.68	1.98	101.67	0.66	104.42	0.90	105.34	0.29	0.95
秭归县	83.45	87.79	1.70	89.67	0.71	92.00	0.86	93.66	0.60	0.97
兴山县	33.15	35.20	2.02	35.92	0.68	36.99	0.99	37.58	0.53	1.05
巴东县	108.09	114.41	1.91	116.99	0.75	120.41	0.96	122.48	0.57	1.05

表 8-4 三峡库区各区（县）2001～2013 年建设用地承载适度人口原始数值增长率计算表

区（县）	2001 年/万人	2004 年/万人	2001～2004 年年均变化率/%	2007 年/万人	2004～2007 年年均变化率/%	2010 年/万人	2007～2010 年年均变化率/%	2013 年/万人	2010～2013 年年均变化率/%	12 年年均变化率/%
江津区	66.88	71.63	2.31	76.37	2.16	101.26	9.86	124.64	7.17	5.32
九龙坡区	111.93	112.60	0.20	112.63	0.01	112.67	0.01	124.03	3.25	0.86
渝中区	15.67	15.67	0.00*	15.67	0.00	15.67	0.00	16.02	0.74	0.18
大渡口区	37.24	37.31	0.07	37.31	0.00	37.31	0.00	38.84	1.35	0.35
巴南区	74.00	74.08	0.04	75.11	0.46	75.79	0.30	87.21	4.79	1.38
南岸区	66.55	66.54	−0.01	67.65	0.56	69.28	0.80	82.56	6.02	1.81
沙坪坝区	98.53	99.50	0.33	99.51	0.00	100.38	0.29	113.72	4.25	1.20
江北区	49.47	49.49	0.01	49.58	0.07	50.28	0.47	68.42	10.81	2.74
渝北区	144.19	144.37	0.04	146.09	0.40	149.85	0.85	187.96	7.85	2.23

续表

区（县）	2001年/万人	2004年/万人	2001～2004年年均变化率/%	2007年/万人	2004～2007年年均变化率/%	2010年/万人	2007～2010年年均变化率/%	2013年/万人	2010～2013年年均变化率/%	12年年均变化率/%
北碚区	59.95	60.04	0.05	60.46	0.23	60.91	0.25	76.94	8.10	2.10
长寿区	28.27	37.82	10.19	48.61	8.72	67.68	11.66	79.43	5.48	8.99
涪陵区	53.56	55.68	1.30	62.56	3.96	75.44	6.44	84.02	3.66	3.82
武隆县	21.99	22.84	1.28	23.91	1.54	28.50	6.03	30.18	1.93	2.68
丰都县	40.45	41.14	0.57	43.59	1.95	49.87	4.59	53.87	2.61	2.42
石柱县	15.86	15.88	0.05	18.25	4.74	23.45	8.71	31.15	9.92	5.79
忠县	22.12	22.74	0.93	26.69	5.48	29.37	3.25	33.41	4.39	3.50
万州区	56.41	61.03	2.66	74.24	6.75	81.87	3.31	83.76	0.77	3.35
开州区	29.59	31.89	2.53	37.53	5.58	41.25	3.20	42.94	1.35	3.15
云阳县	27.65	31.38	4.30	34.83	3.54	41.42	5.95	45.05	2.84	4.15
奉节县	31.21	31.49	0.30	34.70	3.29	37.91	2.99	40.21	1.99	2.14
巫山县	23.63	22.80	−1.18	24.33	2.19	24.37	0.05	26.80	3.22	1.06
巫溪县	7.89	8.31	1.73	12.87	15.72	19.15	14.14	20.30	1.97	8.19
夷陵区	65.19	65.87	0.35	66.11	0.12	69.79	1.83	75.50	2.65	1.23
秭归县	53.26	50.64	−1.66	51.25	0.40	54.44	2.03	56.44	1.21	0.49
兴山县	26.43	26.44	0.02	26.48	0.05	26.79	0.39	27.24	0.55	0.25
巴东县	45.71	45.79	0.06	45.94	0.11	45.94	0.00	47.78	1.32	0.37

注：* 表示没有变化

表 8-5　三峡库区各区（县）2001～2013年经济承载适度人口原始数值增长率计算表

区（县）	2001年/万人	2004年/万人	2001～2004年年均变化率/%	2007年/万人	2004～2007年年均变化率/%	2010年/万人	2007～2010年年均变化率/%	2013年/万人	2010～2013年年均变化率/%	12年年均变化率/%
江津区	102.61	104.94	0.75	86.72	−6.16	99.36	4.64	112.60	4.26	0.78
九龙坡区	137.66	150.06	2.92	184.65	7.16	193.34	1.55	190.58	−0.48	2.75
渝中区	144.22	142.49	−0.40	137.79	−1.11	181.35	9.59	186.10	0.86	2.15
大渡口区	50.05	46.23	−2.61	46.29	0.04	58.11	7.88	31.61	−18.37	−3.76
巴南区	61.13	66.62	2.91	70.28	1.80	101.24	12.94	107.82	2.12	4.84
南岸区	71.21	76.68	2.50	77.30	0.27	115.18	0.14.22	123.12	2.25	4.67
沙坪坝区	106.42	112.19	1.77	113.21	0.30	137.58	6.71	162.28	5.66	3.58
江北区	65.12	76.78	5.65	88.63	4.90	128.35	13.14	128.40	0.01	5.82

续表

区（县）	2001 年/万人	2004 年/万人	2001～2004 年年均变化率/%	2007 年/万人	2004～2007 年年均变化率/%	2010 年/万人	2007～2010 年年均变化率/%	2013 年/万人	2010～2013 年年均变化率/%	12 年年均变化率/%
渝北区	56.30	76.92	10.96	121.03	16.31	188.11	15.84	231.81	7.21	12.52
北碚区	66.70	65.49	−0.61	54.34	−6.03	76.20	11.93	85.99	4.11	2.14
长寿区	64.19	62.93	−0.66	61.75	−0.63	74.98	6.68	86.56	4.91	2.52
涪陵区	88.65	91.33	1.00	94.79	1.25	142.48	14.55	159.68	3.87	5.03
武隆县	18.44	20.76	4.04	19.73	−1.68	23.75	6.36	24.97	1.69	2.56
丰都县	26.55	27.47	1.14	23.65	−4.86	25.29	2.26	27.70	3.08	0.35
石柱县	15.30	16.48	2.50	17.51	2.05	21.25	6.67	24.86	5.36	4.13
忠县	28.74	30.85	2.40	30.36	−0.54	35.88	5.73	42.26	5.61	3.27
万州区	84.72	88.40	1.43	93.90	2.04	164.01	20.43	162.45	−0.32	5.58
开州区	48.23	49.40	0.80	45.09	−3.00	48.95	2.78	61.43	7.86	2.04
云阳县	28.29	30.17	2.17	27.46	−3.09	28.12	0.80	34.79	7.35	1.74
奉节县	28.11	27.45	−0.78	30.55	3.63	33.77	3.39	37.05	3.14	2.33
巫山县	15.58	15.61	0.08	13.46	−4.83	16.50	7.02	17.39	1.76	0.92
巫溪县	10.34	10.32	−0.05	9.67	−2.15	12.33	8.43	13.94	4.17	2.52
夷陵区	69.21	65.92	−1.61	43.40	−13.00	59.75	11.24	92.57	15.71	2.45
秭归县	20.50	19.15	−2.25	14.61	−8.62	17.35	5.88	21.11	6.77	0.24
兴山县	13.65	13.35	−0.75	11.57	−4.65	14.46	7.72	18.07	7.71	2.36
巴东县	19.99	17.91	−3.61	12.32	−11.71	16.18	9.50	17.12	1.91	−1.28

基于变化速率设置四种情景发展模式，即现状延续型、生态资源保护型、社会经济发展型、协调平衡发展型。现状延续型发展模式主要是基于区域最近年份生态、耕地、建设用地及经济的发展速度预测未来指标值的一种方式；生态资源保护型发展模式是假设区域在未来的发展中着重考虑生态资源保护，即以保障生态和耕地资源为主，相对压缩建设用地和经济的发展速度；社会经济发展型发展模式则与生态资源保护型发展模式相反，即追求相对快速的社会经济效益发展和建设用地扩张；协调平衡发展型发展模式即为一种追求各项效益平衡的发展模式，主要是基于 2001～2013 年区域生态、耕地、建设用地及经济的平均发展速度预测未来指标值的一种方式。因此，不同情景模式下各子承载适度人口指标增长率的取值设置如表 8-6 所示。

根据三峡库区各区（县）2001～2013 年五个时间节点上各个子承载力下的适度人口评价规模数据，基于式（8-2），结合情景设计和模拟方法，预测 2021 年三峡库区各区（县）适度人口的总体趋势，模拟预测结果如表 8-11～表 8-14 所示。

表 8-6　不同情景下各子承载适度人口指标增长率的取值设置表

情景	现状延续型	生态资源保护型	社会经济发展型	协调平衡发展型
生态承载适度人口	#	+	−	○
耕地承载适度人口	#	+	−	○
建设用地承载适度人口	#	−	+	○
经济承载适度人口	#	−	+	○

注：#表示增长率取最近年份的平均增长率，即 2010～2013 年的平均增长率；+表示增长率取 12 年间增长率的最大值；－表示增长率取 12 年间增长率的最小值；○表示增长率取 12 年间的平均增长率

表 8-7　现状延续型区域发展情景下各子承载适度人口指标增长率的取值表

（单位：%）

区（县）	生态承载适度人口	耕地承载适度人口	建设用地承载适度人口	经济承载适度人口
江津区	−2.42	0.17	7.17	4.26
九龙坡区	8.17	−1.26	3.25	−0.48
渝中区	□	−4.99	0.74	0.86
大渡口区	14.83	−1.40	1.35	−18.37
巴南区	−1.83	0.13	4.79	2.12
南岸区	4.32	−2.40	6.02	2.25
沙坪坝区	2.99	−1.35	4.25	5.66
江北区	−5.08	−6.35	10.81	0.01
渝北区	−0.86	−0.63	7.85	7.21
北碚区	1.93	−0.67	8.10	4.11
长寿区	−5.35	0.14	5.48	4.91
涪陵区	−3.14	0.33	3.66	3.87
武隆县	−3.92	0.47	1.93	1.69
丰都县	−4.45	0.43	2.61	3.08
石柱县	−4.09	0.17	9.92	5.36
忠县	−6.69	0.36	4.39	5.61
万州区	−3.73	0.41	0.77	−0.32
开州区	−7.05	0.35	1.35	7.86
云阳县	−6.10	0.42	2.84	7.35
奉节县	−4.75	0.43	1.99	3.14
巫山县	−5.67	0.37	3.22	1.76
巫溪县	−4.37	0.52	1.97	4.17
夷陵区	−4.10	0.29	2.65	15.71

续表

区（县）	生态承载适度人口	耕地承载适度人口	建设用地承载适度人口	经济承载适度人口
秭归县	−8.02	0.60	1.21	6.77
兴山县	−4.17	0.53	0.55	7.71
巴东县	−6.45	0.57	1.32	1.91

表 8-8　生态资源保护型区域发展情景下各子承载适度人口指标增长率的取值表

（单位：%）

区（县）	生态承载适度人口	耕地承载适度人口	建设用地承载适度人口	经济承载适度人口
江津区	2.64	1.92	2.16	−6.16
九龙坡区	15.44	1.90	0.01	−0.48
渝中区	□	2.00	0.00	−1.11
大渡口区	47.62	2.00	0.00	−18.37
巴南区	6.09	1.99	0.04	1.80
南岸区	14.81	1.95	−0.01	0.27
沙坪坝区	26.69	1.69	0.00	0.30
江北区	23.78	1.99	0.01	0.01
渝北区	19.57	2.00	0.04	7.21
北碚区	7.48	1.99	0.05	−6.03
长寿区	0.65	1.60	5.48	−0.66
涪陵区	−1.25	1.91	1.30	1.00
武隆县	11.76	1.97	1.28	−1.68
丰都县	1.78	1.98	0.57	−4.86
石柱县	0.51	2.01	0.05	2.05
忠县	0.35	1.99	0.93	−0.54
万州区	1.89	1.88	0.77	−0.32
开州区	2.87	1.94	1.35	−3.00
云阳县	2.06	1.71	2.84	−3.09
奉节县	1.50	1.91	0.30	−0.78
巫山县	1.85	1.91	−1.18	−4.83
巫溪县	−2.52	1.98	1.73	−2.15
夷陵区	−0.43	1.98	0.12	−13.00
秭归县	−4.40	1.70	−1.66	−8.62
兴山县	−4.17	2.02	0.02	−4.65
巴东县	2.57	1.91	0.00	−11.71

表 8-9 社会经济发展型区域发展情景下各子承载适度人口指标增长率的取值表

（单位：%）

区（县）	生态承载适度人口	耕地承载适度人口	建设用地承载适度人口	经济承载适度人口
江津区	−2.42	0.17	9.86	4.64
九龙坡区	6.34	−1.26	3.25	7.16
渝中区	□	−4.99	0.74	9.59
大渡口区	4.35	−1.40	1.35	7.88
巴南区	−1.83	0.13	4.79	12.94
南岸区	−3.34	−2.40	6.02	14.22
沙坪坝区	0.58	−1.35	4.25	6.71
江北区	−5.08	−6.35	10.81	13.14
渝北区	−0.86	−0.63	7.85	16.31
北碚区	1.93	−0.67	8.10	11.93
长寿区	−5.35	0.14	11.66	6.68
涪陵区	−3.14	0.33	6.44	14.55
武隆县	−12.26	0.47	6.03	6.36
丰都县	−4.82	0.43	4.59	3.08
石柱县	−12.10	0.17	9.92	6.67
忠县	−6.69	0.36	5.48	5.73
万州区	−6.70	0.41	6.75	20.43
开州区	−7.05	0.35	5.58	7.86
云阳县	−6.10	0.42	5.95	7.35
奉节县	−4.75	0.43	3.29	3.63
巫山县	−5.67	0.37	3.22	7.02
巫溪县	−4.82	0.52	15.72	8.43
夷陵区	−8.73	0.29	2.65	15.71
秭归县	−8.02	0.60	2.03	6.77
兴山县	−15.58	0.53	0.55	7.72
巴东县	−18.40	0.57	1.32	9.50

表 8-10 协调平衡发展型区域发展情景下各子承载适度人口指标增长率的取值表

（单位：%）

区（县）	生态承载适度人口	耕地承载适度人口	建设用地承载适度人口	经济承载适度人口
江津区	−0.52	0.81	5.32	0.78
九龙坡区	10.41	0.59	0.86	2.75
渝中区	□	−0.36	0.18	2.15

续表

区（县）	生态承载适度人口	耕地承载适度人口	建设用地承载适度人口	经济承载适度人口
大渡口区	16.61	0.57	0.35	–3.76
巴南区	3.13	0.96	1.38	4.84
南岸区	6.69	0.03	1.81	4.67
沙坪坝区	10.47	0.49	1.20	3.58
江北区	5.77	–0.83	2.74	5.82
渝北区	5.46	0.75	2.23	12.52
北碚区	4.26	0.76	2.10	2.14
长寿区	–2.02	0.59	8.99	2.52
涪陵区	–2.58	0.88	3.82	5.03
武隆县	–3.65	0.98	2.68	2.56
丰都县	–2.54	0.96	2.42	0.35
石柱县	–4.87	0.85	5.79	4.13
忠县	–3.89	0.90	3.50	3.27
万州区	–2.20	0.85	3.35	5.58
开州区	–3.20	0.94	3.15	2.04
云阳县	–2.55	0.84	4.15	1.74
奉节县	–2.28	0.96	2.14	2.33
巫山县	–2.40	0.98	1.06	0.92
巫溪县	–3.56	0.96	8.19	2.52
夷陵区	–4.93	0.95	1.23	2.45
秭归县	–6.49	0.97	0.49	0.24
兴山县	–7.71	1.05	0.25	2.36
巴东县	–8.67	1.05	0.37	–1.28

表 8-11　现状延续型区域发展情景下 2021 年各子承载适度人口规模预测结果表

（单位：万人）

区（县）	生态承载适度人口	耕地承载适度人口	建设用地承载适度人口	经济承载适度人口
江津区	44.61	200.52	216.87	157.17
九龙坡区	103.81	14.42	160.24	183.42
渝中区	—	0.14	16.99	199.37
大渡口区	48.14	1.76	43.23	6.24
巴南区	29.91	97.61	126.79	127.54

续表

区（县）	生态承载适度人口	耕地承载适度人口	建设用地承载适度人口	经济承载适度人口
南岸区	42.30	3.80	131.74	147.06
沙坪坝区	68.50	9.17	158.64	252.06
江北区	67.32	2.78	155.53	128.53
渝北区	51.36	53.71	343.95	404.64
北碚区	47.09	31.50	143.45	118.67
长寿区	13.39	100.47	121.73	126.99
涪陵区	35.55	158.32	112.01	216.39
武隆县	25.24	132.08	35.18	28.55
丰都县	31.01	174.77	66.19	35.30
石柱县	22.58	82.08	66.38	37.76
忠县	19.36	153.38	47.10	65.40
万州区	52.38	174.41	89.03	158.39
开州区	27.32	182.63	47.79	112.55
云阳县	29.82	156.27	56.36	61.35
奉节县	39.03	170.55	47.06	47.46
巫山县	26.13	114.49	34.55	19.99
巫溪县	29.82	100.46	23.72	19.32
夷陵区	13.69	107.83	93.09	297.49
秭归县	12.12	98.26	62.15	35.65
兴山县	10.98	39.20	28.47	32.72
巴东县	16.00	128.20	53.07	19.92

表 8-12　生态资源保护型区域发展情景下 2021 年各子承载适度人口规模预测结果表

（单位：万人）

区（县）	生态承载适度人口	耕地承载适度人口	建设用地承载适度人口	经济承载适度人口
江津区	66.84	230.29	147.85	67.72
九龙坡区	174.65	18.55	124.13	183.42
渝中区	—	0.24	16.02	170.17
大渡口区	359.04	2.30	38.84	6.24
巴南区	55.63	113.13	87.45	124.34
南岸区	91.05	5.39	82.52	125.80
沙坪坝区	359.20	11.69	113.75	166.24

续表

区（县）	生态承载适度人口	耕地承载适度人口	建设用地承载适度人口	经济承载适度人口
江北区	562.99	5.49	68.48	128.53
渝北区	229.94	66.19	188.59	404.64
北碚区	71.99	38.91	77.25	52.27
长寿区	21.90	112.77	121.73	82.09
涪陵区	41.51	179.50	93.17	172.91
武隆县	84.57	148.64	33.40	21.81
丰都县	51.42	197.49	56.38	18.58
石柱县	32.84	94.91	31.28	29.24
忠县	34.67	174.47	35.98	40.48
万州区	82.45	195.82	89.03	158.39
开州区	61.47	207.19	47.79	48.16
云阳县	58.05	173.17	56.36	27.07
奉节县	64.87	191.76	41.19	34.79
巫山县	48.24	129.27	24.38	11.70
巫溪县	34.75	112.72	23.28	11.71
夷陵区	18.49	123.23	76.23	30.37
秭归县	16.50	107.22	49.35	10.26
兴山县	10.98	44.09	27.28	12.35
巴东县	33.43	142.53	47.78	6.32

表 8-13　社会经济发展型区域发展情景下 2021 年各子承载适度人口规模预测结果表

（单位：万人）

区（县）	生态承载适度人口	耕地承载适度人口	建设用地承载适度人口	经济承载适度人口
江津区	44.61	200.52	264.47	161.86
九龙坡区	90.55	14.42	160.24	331.36
渝中区	—	0.14	16.99	387.18
大渡口区	22.38	1.76	43.23	58.00
巴南区	29.91	97.61	126.79	285.33
南岸区	22.98	3.80	131.74	356.57
沙坪坝区	56.69	9.17	158.64	272.94
江北区	67.32	2.78	155.53	344.62
渝北区	51.36	53.71	343.95	776.40

续表

区（县）	生态承载适度人口	耕地承载适度人口	建设用地承载适度人口	经济承载适度人口
北碚区	47.11	31.50	143.45	211.87
长寿区	13.39	100.47	192.00	145.25
涪陵区	35.56	158.32	138.41	473.47
武隆县	12.20	132.08	48.21	40.91
丰都县	30.07	174.77	77.13	35.30
石柱县	11.24	82.08	66.38	41.67
忠县	19.37	153.38	51.19	65.99
万州区	40.76	174.41	141.23	718.68
开州区	27.31	182.63	66.32	112.55
云阳县	29.80	156.27	71.53	61.35
奉节县	39.02	170.55	52.11	49.29
巫山县	26.12	114.49	34.55	29.92
巫溪县	28.71	100.46	65.28	26.62
夷陵区	9.22	107.83	93.09	297.49
秭归县	12.12	98.26	66.30	35.65
兴山县	3.98	39.20	28.47	32.75
巴东县	5.36	128.20	53.07	35.39

表 8-14　协调平衡发展型区域发展情景下 2021 年各子承载适度人口规模预测结果表

（单位：万人）

区（县）	生态承载适度人口	耕地承载适度人口	建设用地承载适度人口	经济承载适度人口
江津区	52.05	211.10	188.74	119.79
九龙坡区	122.29	16.72	132.81	236.73
渝中区	—	0.20	16.25	220.57
大渡口区	54.43	2.06	39.95	23.27
巴南区	44.36	104.26	97.30	157.40
南岸区	50.63	4.63	95.31	177.35
沙坪坝区	120.05	10.63	125.13	214.99
江北区	160.04	4.39	84.93	201.90
渝北区	84.21	59.98	224.30	595.55
北碚区	56.44	35.31	90.86	101.85
长寿区	17.66	104.17	158.16	105.66
涪陵区	37.24	165.45	113.43	236.40
武隆县	25.81	137.46	37.28	30.57

续表

区（县）	生态承载适度人口	耕地承载适度人口	建设用地承载适度人口	经济承载适度人口
丰都县	36.34	182.24	65.22	28.49
石柱县	21.15	86.67	48.84	34.36
忠县	24.54	160.12	43.99	54.65
万州区	59.41	180.57	109.02	250.75
开州区	37.79	191.49	55.04	72.19
云阳县	40.11	161.64	62.37	39.93
奉节县	47.89	177.96	47.62	44.55
巫山县	34.30	120.10	29.16	18.71
巫溪县	31.89	103.98	38.10	17.00
夷陵区	12.77	113.66	83.26	112.37
秭归县	13.83	101.16	58.67	21.53
兴山县	8.13	40.86	27.79	21.78
巴东县	13.21	133.13	49.21	15.45

8.1.5 综合承载力适度人口模拟预测

基于变化速率的情景模拟方法，模拟预测三峡库区各区（县）子承载力下的适度人口规模；同时，利用德尔菲法，通过专家多次确权，最终确定2020～2050年三峡库区各区（县）子承载力的权重值如表8-15所示。

表8-15 2020～2050年三峡库区综合承载适度人口评价因子权重值统计表

区域	区（县）	生态承载适度人口	耕地承载适度人口	建设用地承载适度人口	经济承载适度人口
重庆段都市功能核心区和都市功能扩展区	九龙坡区、渝中区、大渡口区、巴南区、南岸区、沙坪坝区、江北区、渝北区、北碚区	0.21	0.10	0.29	0.40
重庆段城市发展新区	江津区、长寿区、涪陵区	0.23	0.16	0.22	0.39
渝东北生态涵养发展区	丰都县、万州区、开州区、忠县、云阳县、奉节县、巫山县、巫溪县	0.29	0.22	0.21	0.28
渝东南生态保护区	石柱县、武隆县	0.31	0.21	0.20	0.28
湖北段	夷陵区、秭归县、兴山县、巴东县	0.23	0.26	0.22	0.29

根据三峡库区各区（县）子承载力的权重值，通过加权求和的方式模拟预测研究区各区（县）2021年的综合承载适度人口，预测结果如表8-16所示。

表 8-16 不同情景下三峡库区 2021 年综合承载适度人口规模预测结果表

（单位：万人）

区（县）	现状延续型	生态资源保护型	社会经济发展型	协调平衡发展型
江津区	151.35	111.16	163.65	133.99
九龙坡区	143.08	147.89	199.47	160.56
渝中区	84.69	72.74	159.81	92.96
大渡口区	25.32	89.39	40.61	32.53
巴南区	103.83	98.10	166.94	110.92
南岸区	106.29	93.91	186.04	109.67
沙坪坝区	162.13	176.08	168.00	148.56
江北区	110.93	190.05	197.37	139.44
渝北区	277.76	271.46	426.46	326.95
北碚区	102.11	62.32	139.39	82.47
长寿区	95.46	81.88	118.04	96.73
涪陵区	142.54	126.20	248.61	152.19
武隆县	50.59	70.22	52.62	52.88
丰都县	71.22	75.40	73.25	72.30
石柱县	48.09	44.56	45.67	44.15
忠县	67.56	67.32	68.59	66.88
万州区	116.60	130.04	281.08	150.06
开州区	89.65	86.93	93.54	84.86
云阳县	72.04	74.35	75.22	71.47
奉节县	72.01	79.39	73.58	75.51
巫山县	45.62	50.82	48.39	47.73
巫溪县	41.14	43.04	51.59	44.89
夷陵区	137.94	61.87	136.91	83.39
秭归县	52.35	45.51	53.26	48.63
兴山县	28.47	23.57	26.87	24.92
巴东县	54.46	57.09	56.50	52.96

8.2 三峡库区适度人口的总体趋势预测分析

结合子承载适度人口预测结果、综合承载适度人口预测结果及常住人口预测结果，统计分析三峡库区 26 个区（县）不同情景模式下各承载力下的适度人口与预测常住人口之间的差额，以及三峡库区 26 个区（县）不同情景模式下综合承载力下的适度人口与预测常住人口之间的差额。分别绘制出截至 2021 年不同情景模式下各承载力下的适度人口与预测常住人口之间的关系图，如图 8-1～图 8-4 所示；绘制出截至 2021 年不同情景模式下区域综合承载适度人口与预测常住人口之间的关系图，如图 8-5 所示。

8.2.1 现状延续型情景下的适度人口模拟分析

本节结合表 8-1、表 8-11、表 8-16 和图 8-1 分析了现状延续型情景下，生态承载适度人口、耕地承载适度人口、建设用地承载适度人口、经济承载适度人口与预测的常住人口规模和综合承载适度人口的关系。

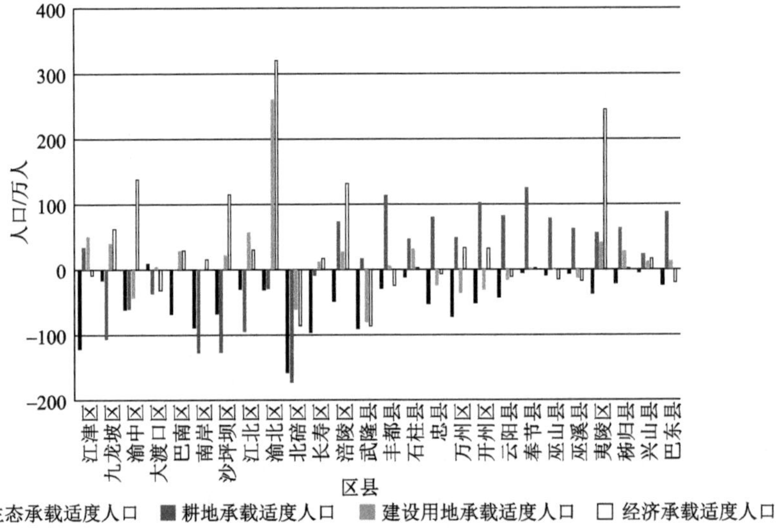

图 8-1 现状延续区域发展情景下各子承载适度人口与预测常住人口规模对比分析图

在现状延续型情景下，重庆主城区中只有大渡口区的生态还可承载少量人口，其他区域均有不同程度的不可持续发展问题，其中渝北区的问题最为突出，超出了 153.50 万人。耕地承载适度人口均超出了预测常住人口，渝北区、九龙坡区、沙坪坝区超出的人口达到 100 万人以上。除渝中区以外建设用地都还可容纳更多的人口。大渡口区可以适当转变经济发展方式，其余地区都还有发展空间，渝北区经济发展空间最大，还可容纳 199.78 万人。重庆主城区需要注重生态与耕地的保护，集约用地，减少资源的浪费。渝东北地区生态和经济发展问题突出，生态承载适度人口都少于预测常住人口，耕地承载适度人口都超过预测常住人口；且除丰都县以外其余区（县）建设用地承载适度人口都超出预测常住人口，经济承载适度人口都少于预测常住人口。渝东北地区可以推动建立和完善环境保护长效机制，保护生态的平衡，同时使经济的发展与环境的保护相协调。渝东南地区主要是生态出现问题，武隆县可以适当调整产业的结构与布局。

湖北段的生态问题也十分明显，耕地承载适度人口和建设用地承载适度人口都超出了预测常住人口规模，经济承载适度人口除巴东县以外都还可容纳更多人口。湖北段可推动环境科技的进步，以保护当地的生态。

8.2.2 生态资源保护型情景下的适度人口模拟分析

本节结合表 8-1、表 8-12、表 8-16 和图 8-2 分析了生态资源保护型情景下，耕地承载适度人口、生态承载适度人口、建设用地承载适度人口、经济承载适度人口与常住人口规模预测和综合承载适度人口之间的关系。

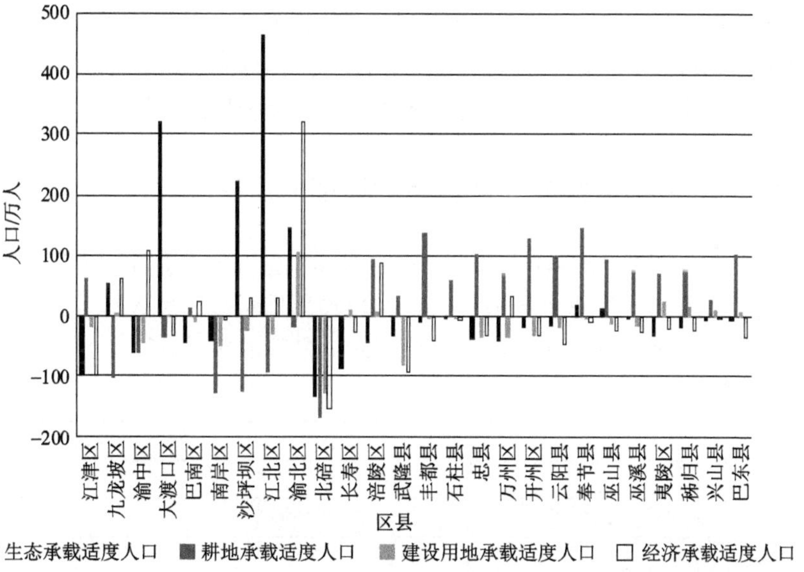

图 8-2 生态资源保护型区域发展情景下各子承载适度人口与预测常住人口规模对比分析图

在生态资源保护型情景下，重庆主城区中北碚区、南岸区、巴南区、江津区有生态问题，而大渡口区、江北区、沙坪坝区的发展潜力还很大，分别还可容纳 320.31 万人、464.83 万人、227.92 万人。除巴南区和江津区之外，耕地承载适度人口都小于预测常住人口（除大渡口区和江津区之外，建设用地承载适度人口都小于预测常住人口）。大渡口区、北碚区、江津区经济发展有不可持续的问题，渝北区经济发展得较好。此情景下，重庆主城区主要是建设用地和耕地的不可持续发展问题，可以开发利用城镇建设用地的废弃地，提高建设用地的利用率，保护耕地资源，同时要避免耕地的闲置、抛荒。综合承载适度人口主要是在与建设用地与耕地承载适度人口对比时，超过的区（县）较多。

渝东北地区除巫山县，生态承载适度人口都小于预测常住人口。耕地承载适度人口都大于预测常住人口。建设用地承载适度人口都小于预测常住人口。经济承载适度人口也都小于预测常住人口。此情景下，渝东北地区的生态、建设用地、经济发展都存在不可持续发展的问题。可以利用征而未用和多征未用土地提高土地利用率；渝东北地区应建立和完善环境保护长效机制，大力发展循环经济，实现长期可持续发展。综合承载适度人口超过了生态承载适度人口、建设用地承载适度人口和大部分区（县）的经济承载适度人口。

渝东南地区的石柱县生态出现了不可持续发展的问题，耕地承载适度人口都超过了常住人口。建设用地承载适度人口和经济承载适度人口都小于预测常住人口。所以，渝东南地区未来的发展需要提高建设用地的利用率，开发利用土地的空间领域，同时也需要适度调整产业结构与布局，以利于渝东南区域的可持续发展。

湖北段地区生态和经济承载适度人口小于预测常住人口，建设用地和耕地承载适度人口超过了预测常住人口。所以，湖北段的问题主要是生态与经济的发展问题，可以在保护生态的同时协调经济的发展，保护生态平衡。

8.2.3 社会经济发展型情景下的适度人口模拟分析

本节结合表 8-1、表 8-13、表 8-16 及图 8-3 分析了社会经济发展型情形下，耕地承载适度人口、生态承载适度人口、建设用地承载适度人口、经济承载适度人口与常住人口规模预测和综合承载适度人口之间的关系。

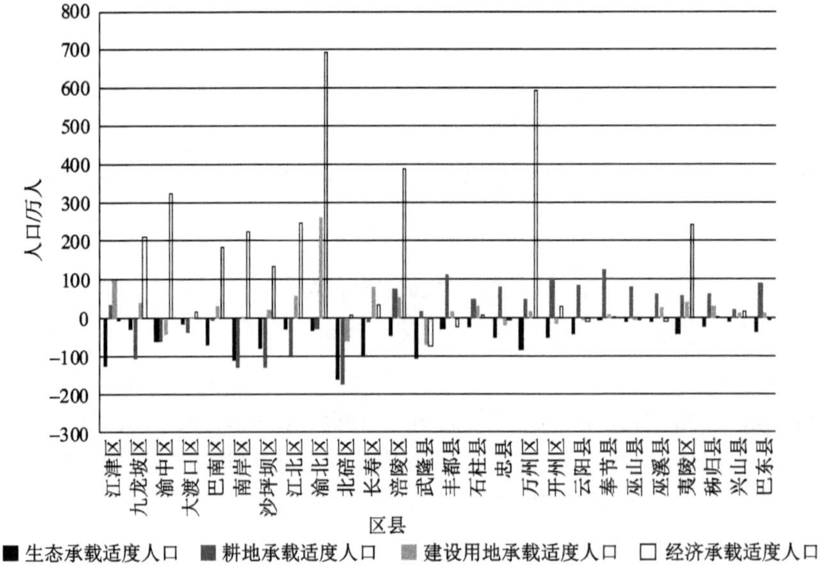

图 8-3 社会经济发展型区域发展情景下各子承载适度人口与预测常住人口规模对比分析图

在社会经济发展型情景下，重庆主城区的耕地和生态承载适度人口小于常住人口规模预测；除渝中区以外，其他区（县）的建设用地承载适度都超过了预测常住人口；经济承载适度人口全都超过了预测常住人口，渝北区尤为突出，还可容纳571.54万人，其次是渝中区、南岸区、江北区。重庆主城区可以进行农业套种和多季种植，实现土地充分利用，同时多植树造林，完善护林管理机制。生态承载适度人口、耕地承载适度人口和大部分区（县）的建设用地承载适度人口都小于综合承载适度人口。

渝东北地区的生态承载适度人口都小于预测常住人口；耕地承载适度人口大于常住人口；除巫溪县和丰都县外，其他地区的建设用地承载适度人口都小于预测常住人口；除万州区以外，经济承载适度人口都小于预测常住人口，而万州区的发展空间还非常大，还可以容纳552.19万人。渝东北地区需要切实加强对生态环境的保护，同时调控经济的发展，适当转变经济发展方式，提高建设用地利用率，实现资源的最优利用。渝东北地区的经济承载适度人口和生态承载适度人口和大部分区（县）的建设用地承载适度人口都小于综合承载适度人口。

渝东南地区的耕地承载适度人口、经济承载适度人口和建设用地承载适度人口都大于预测常住人口，生态承载适度人口小于预测常住人口。渝东南地区只有生态出现了不可持续问题，多植树造林有利于生态问题的缓解。

湖北段区（县）生态承载适度人口和巴东县的经济承载适度人口小于预测常住人口，耕地承载适度人口、建设用地承载适度人口和兴山县、秭归县、夷陵区的建设用地承载适度人口都大于预测常住人口。就经济承载适度人口而言，夷陵区的发展空间最大，还可容纳245.87万人。湖北段未来可以在保证生态平衡的前提下，适当改变经济发展的方式，调整产业的结构。

8.2.4 协调平衡发展型情景下的适度人口模拟分析

本节结合表8-1、表8-14、表8-16及图8-4分析了在协调平衡发展型情景下，耕地承载适度人口、生态承载适度人口、建设用地承载适度人口、经济承载适度人口与常住人口规模预测和综合承载适度人口之间的关系。

在协调平衡发展型情景下，重庆主城区的生态承载适度人口除大渡口区和江北区以外都小于预测常住人口；耕地承载适度人口都大于预测常住人口；建设用地承载适度人口除大渡口区和北碚区以外都小于预测常住人口；经济承载适度人口除大渡口区以外都大于预测常住人口，其中渝北区最为突出，还可容纳390.69万人，其次是渝中区、江北区。在此情景下，重庆主城区未来发展可以注重生态的保护和提高建设用地的利用率，使经济的发展与环境保护相协调。大部分建设用地承载适度人口、耕地承载适度人口和除大渡口区以外的生态承载适度人口都小于综合承载适度人口。

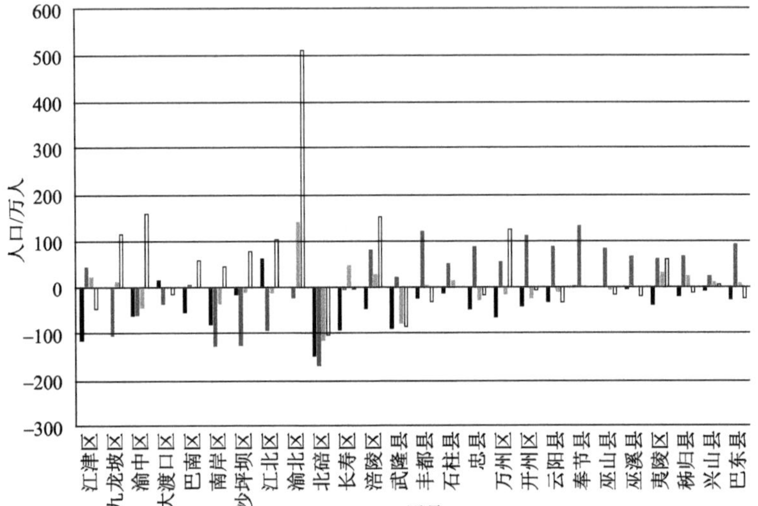

图 8-4 协调平衡发展型区域发展情景下各子承载适度人口与预测常住人口规模对比分析图

渝东北生态涵养区中，生态承载适度人口和除万州区以外的经济承载适度人口都小于预测常住人口；除了巫溪县和丰都县，其他区（县）建设用地承载适度人口都小于预测常住人口；耕地承载适度人口都大于预测常住人口，其中发展空间较大的是丰都县和奉节县，分别还可容纳 121.63 万人、104.72 万人。此情景下，渝东北地区在生态、经济、建设用地的发展上都有问题，未来的发展要适度利用生态，减少对生态系统的干扰，发展循环经济，走新型工业化道路。生态承载适度人口、建设用地承载适度人口和除万州区以外的经济承载适度人口都小于综合承载适度人口。

渝东南地区生态承载适度人口和经济承载适度人口小于常住人口，建设用地承载适度人口和耕地承载适度人口都大于常住人口。所以，渝东南地区要注重经济发展与环境保护相协调，实现可持续发展的目标。

湖北段区（县）生态承载适度人口和秭归县、巴东县的经济承载适度人口都小于预测常住人口，耕地承载适度人口、建设用地承载适度人口和兴山县、夷陵区的经济承载适度人口都大于预测常住人口。湖北段地区可提高居民的生态保护意识，积极做好环境保护工作，对产业的结构和布局进行适度调整。

8.2.5 不同情景下综合承载适度人口对比分析

在重庆主城区，九龙坡区、渝中区、巴南区、南岸区、江北区、渝北区、北碚区都是在社会经济发展型情景下综合承载适度人口最多，且都在 100 万人以上，其中渝北区最为突出，社会经济发展型情景下综合承载适度人口为 426.46 万人，其他三个情景下的综合承载适度人口也都在 200 万人以上，综合发展情况最好。

大渡口区和沙坪坝区都是在生态资源保护型情景下综合承载适度人口最多，大渡口区四个情景下的综合承载适度人口都在 100 万人以下，而沙坪坝区四个情景下的综合承载适度人口都在 100 万人以上。

在渝东北生态涵养区，长寿区、涪陵区、忠县、万州区、开州区、云阳县、巫山县、巫溪县都是社会经济发展型情景下综合承载适度人口最多，涪陵区和万州区此情景下综合承载适度人口在 200 万人以上，这两个区（县）其他三个情景下的综合承载适度人口也都在 100 万人以上，丰都县和奉节县则是在生态资源保护型情景下综合承载适度人口最多，且这两个区（县）四个情景下的综合承载适度人口都为 70 万～80 万人。

在渝东南区域，武隆县在生态资源保护型情景下综合承载适度人口最多，其他三个情景下的综合承载适度人口都在 50 万人左右，石柱县在现状延续型情景下的综合承载适度人口最多，且四个情景的综合承载适度人口都为 40 万～50 万人。

在湖北段区域，夷陵区和兴山县的都是在现状延续型情景下的综合承载适度人口最多，但夷陵区的综合承载适度人口为 137.94 万人，兴山县的综合承载适度只有 28.47 万人。秭归县在社会经济发展型情景下综合承载适度人口最多，巴东县在生态资源保护型情景下综合承载适度人口最多。

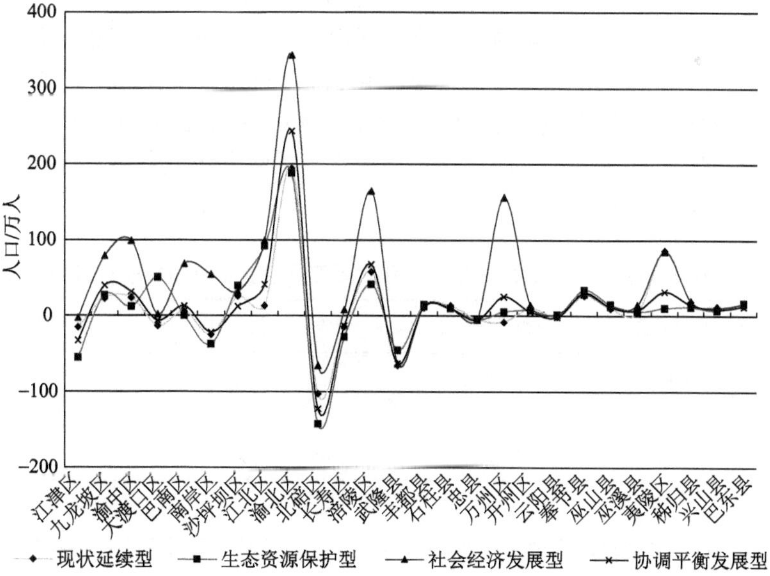

图 8-5　不同情景下综合承载适度人口与预测常住人口规模对比曲线图

8.2.6　小结

渝北区社会经济发展得尤为迅速，与其他区（县）拉开了距离。渝北区可在稳定经济发展的同时，提高对协调平衡发展与保护生态的重视，促进区域的可持续发展；涪陵区和万州区的经济发展也相对比较突出，可以在继续保持这个优势的同时获得生态效益，较为符合社会经济型发展模式，社会经济的发展与其他指标拉出差距，可以在稳定社会效益的前提下，增加新的经济发展主流，促进经济的协调、持续发展。北碚区发展的问题相对较多，生态问题突出，经济发展问题也逐渐显现。北碚区可在保证区域生态效益的前提下，适当加大经济效益，有利于使该区域综合承载适度人口规模最大化；武隆县经济渐渐出现下滑趋势，可以在保证生态效益的前提下，转变经济发展方式，协调经济走上可持续发展的道路，有利于实现该区域经济效益最大化的目标。

8.3 三峡库区适度人口的内部演化预测分析：库首、库腹与库尾

根据三峡库区库首、库腹、库尾行政区的划分，基于同样的模拟预测方法，分别预测 2021 年三峡库区库首、库腹、库尾常住人口总量、子承载力下的适度人口规模和综合承载适度人口规模，并分析其内部演化特征。利用德尔菲法，通过专家多次确权，最终确定 2020～2050 年三峡库区库首、库腹、库尾三个区域子承载力的权重值如表 8-17 所示，预测结果如表 8-18～表 8-23 所示。同时，分别统计分析三峡库区库首、库腹、库尾在不同情景下的综合承载适度人口与预测常住人口之间的关系（图 8-6），并绘制柱状图（图 8-7～图 8-10）。

表 8-17 三峡库区分区域 2020～2050 年综合承载适度人口评价因子权重值统计表

区域	生态承载适度人口	耕地承载适度人口	建设用地承载适度人口	经济承载适度人口
库首	0.23	0.26	0.22	0.29
库腹	0.29	0.19	0.25	0.27
库尾	0.21	0.13	0.30	0.36

表 8-18 现状延续型区域发展情景下 2021 年各子承载适度人口规模预测结果表

（单位：万人）

区域	生态承载适度人口	耕地承载适度人口	建设用地承载适度人口	经济承载适度人口
库首	52.12	373.46	236.17	352.66
库腹	335.82	1599.41	613.31	778.46
库尾	424.97	514.57	1585.06	1727.56

表 8-19　生态资源保护型区域发展情景下 2021 年各子承载适度人口规模预测结果表

（单位：万人）

区域	生态承载适度人口	耕地承载适度人口	建设用地承载适度人口	经济承载适度人口
库首	64.91	417.06	201.67	58.43
库腹	548.17	1804.88	552.81	598.37
库尾	1044.42	604.87	1058.80	1690.89

表 8-20　社会经济发展型区域发展情景下 2021 年各子承载适度人口规模预测结果表

（单位：万人）

区域	生态承载适度人口	耕地承载适度人口	建设用地承载适度人口	经济承载适度人口
库首	33.01	373.46	236.17	352.66
库腹	335.69	1599.41	714.01	1376.53
库尾	424.97	514.57	1585.06	2908.15

表 8-21　协调平衡发展型区域发展情景下 2021 年各子承载适度人口规模预测结果表

（单位：万人）

区域	生态承载适度人口	耕地承载适度人口	建设用地承载适度人口	经济承载适度人口
库首	47.06	388.81	218.65	168.75
库腹	394.56	1667.65	641.00	810.08
库尾	571.05	553.25	1208.05	1948.79

表 8-22　不同情景下 2021 年三峡库区综合承载适度人口规模预测结果表

（单位：万人）

区域	现状延续型	生态资源保护型	社会经济发展型	协调平衡发展型
库首	263.32	184.67	258.92	208.96
库腹	764.79	801.66	951.40	810.25
库尾	1253.58	1224.32	1678.59	1255.82

表 8-23　2021 年三峡库区人口规模预测结果表　（单位：万人）

区域	2021 年人口预测值
库首	142.39
库腹	679.92
库尾	1331.95

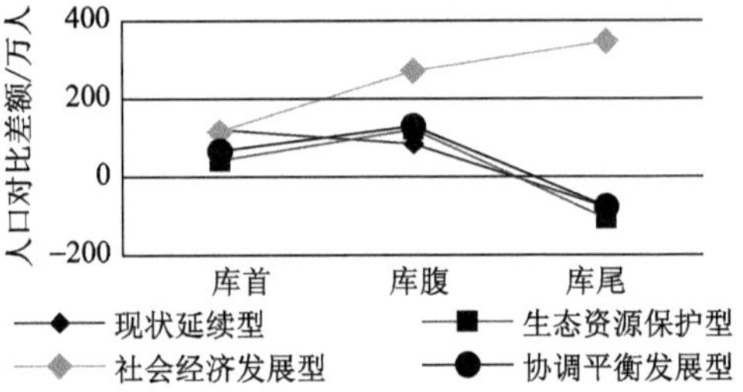

图 8-6 不同情景下三峡库区综合承载适度人口规模结果与 2021 年人口规模预测结果对比图

8.3.1 现状延续型情景下的适度人口模拟分析

结合表 8-18、表 8-23 和图 8-7 分析在现状延续情景下，生态承载适度人口、耕地承载适度人口、建设用地承载适度人口、经济承载适度人口与预测常住人口规模和综合承载适度人口的关系。

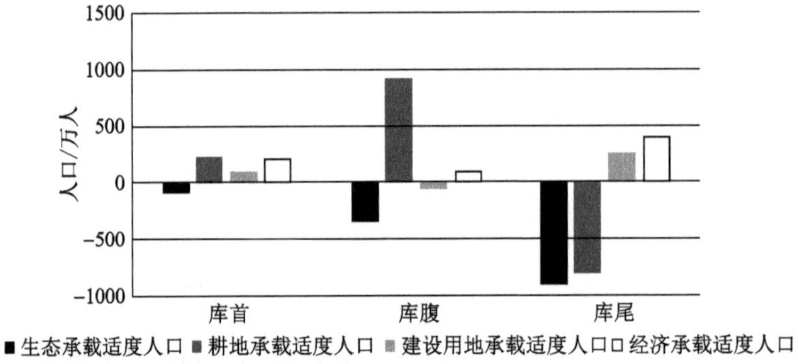

图 8-7 现状延续型区域发展情景下综合承载适度人口与 2021 年常住人口规模预测值对比

在现状延续型情景下，库首的经济承载适度人口、耕地承载适度人口和建设用地承载适度人口都大于预测常住人口，只有生态承载适度人口小于预测常住人口；库腹建设用地承载适度人口和生态承载适度人口都小于预测常住人口，耕地承载适度人口和经济承载适度人口都大于预测常住人口，库腹发展的空间还很大，耕地还可容纳 919.49 万人；库尾经济承载适度人口和建设用地承载适度人口都大于预测常住人口，耕地承载适度人口和生态承载适度人口都小于常住人口，且不可持续发展问题较严重，缺少的人口数量较大，分别少了 817.38 万人和 906.98 万人。

三峡库区库首地区主要是生态问题，未来要适度利用生态，减少对生态系统的干扰；库腹地区主要是建设用地和生态问题，可以开发利用库腹地区建设用地的废弃地，提高建设用地利用率，同时要多植树造林保护生态；库尾耕地问题和生态用地问题都较为严重，可以加大土地的流转，进一步提高农业产业化、机械化、规模化，提高土地利用率，同时开发土地的空间领域，节约建设用地的空间。

库首的建设用地承载适度人口和生态承载适度人口小于综合承载适度人口；库腹的耕地承载适度人口和经济承载适度人口大于综合承载适度人口；库尾的耕地承载适度人口和生态承载适度人口都小于综合承载适度人口，且缺少的人口数量较大，分别少了 739.01 万人、828.61 万人。

8.3.2 生态资源保护型情景下的适度人口模拟分析

分析表 8-19、表 8-23 和图 8-8 可知，在生态资源保护型情景下，生态承载适度人口、耕地承载适度人口、建设用地承载适度人口、经济承载适度人口与预测的常住人口规模和综合承载适度人口的关系。

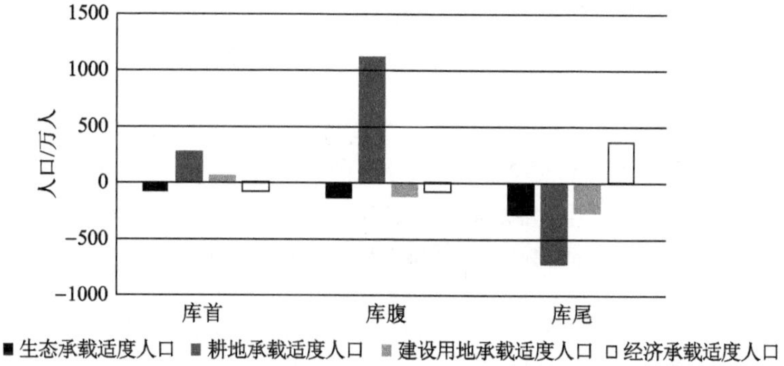

图 8-8 生态资源保护型区域发展情景下综合承载适度人口与 2021 年常住人口规模预测值对比差额图

在生态资源保护型情景下，库首的经济承载适度人口和生态承载适度人口数量小于预测常住人口，耕地承载适度人口和建设用地承载适度人口大于预测常住人口；库腹的生态承载适度人口、建设用地承载适度人口、经济承载适度人口都小于预测常住人口，耕地承载适度人口超出预测常住人口 1124.96 万人，耕地还有很大的发展空间；库尾的建设用地承载适度人口、耕地承载适度人口、生态承载适度人口均小于预测常住人口，只有经济承载适度人口大于预测常住人口，超过了 358.94 万人。

在此情景下，库首地区的主要问题是经济和生态发展问题，可以在保护生态环境的前提下适当调整产业结构与布局，实现经济又好又快发展的目标；库腹地区生态、经济、建设用地的发展都有问题，可以统筹城乡建设用地，节约集约用地，发展循环农业，保护生态并协调经济发展；库尾地区需要解决的是建设用地、耕地、生态问题，可以创新保护耕地的方式，深化农村土地整治，走可持续发展的道路，节约资源，保护环境。

8.3.3 社会经济发展型情景下的适度人口模拟分析

分析表 8-20、表 8-23 和图 8-9，可知在社会经济发展型情景下生态承载适度人口、耕地承载适度人口、建设用地承载适度人口、经济承载适度人口与预测的常住人口规模和综合承载适度人口的关系。

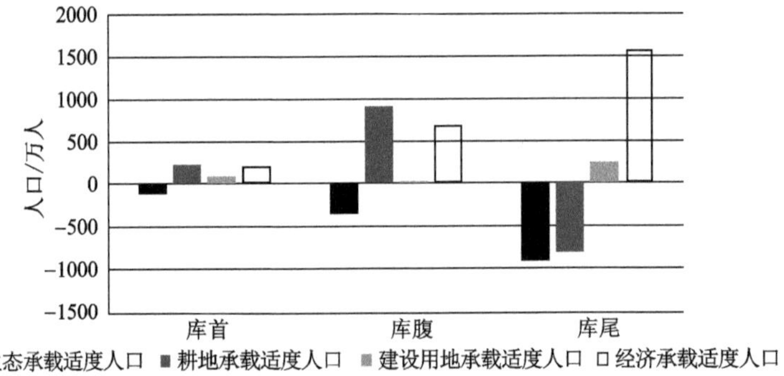

图 8-9 社会经济发展型情景下综合承载适度人口与 2021 年常住人口规模预测值对比差额图

在社会经济发展型情景下，库首地区的耕地承载适度人口、经济承载适度人口和建设用地承载适度人口都超过了预测常住人口，只有生态承载适度人口小于预测常住人口；库腹地区的经济承载适度人口、建设用地承载适度人口和耕地承载适度人口都大于预测常住人口，且经济和耕地都还可承载的人口数量较大，发展空间还很大，只有生态承载适度人口小于预测常住人口；库尾地区的耕地承载适度人口和生态承载适度人口都小于预测常住人口，耕地和生态的不可持续问题都较大，分别少了约 800 万人和 900 万人，经济承载适度人口和建设用地承载适度人口都大于预测常住人口，经济承载适度人口发展空间较大。

此情景下，库首地区需要注重保护生态，多植树造林，完善护林管理机制。库腹地区可以多开发利用建设用地的废弃地，节约建设用地资源。库尾地区可以进行多季种植，实现土地充分利用，同时建立和完善环境保护长效机制，保护生态。

库首地区的生态承载适度人口和建设用地承载适度人口都小于综合承载适度人口；库腹经济承载适度人口和耕地承载适度人口都大于综合承载适度人口，且耕地承载适度人口超出的人口数量较大，超出了 600 万人；库尾耕地承载适度人口和生态承载适度人口都小于综合承载适度人口。

8.3.4 协调平衡发展型情景下的适度人口模拟分析

分析表 8-21、表 8-23 和图 8-10 可知，在协调平衡发展型情景下，生态承载适度人口、耕地承载适度人口、建设用地承载适度人口、经济承载适度人口与预测的常住人口规模和综合承载适度人口的关系。

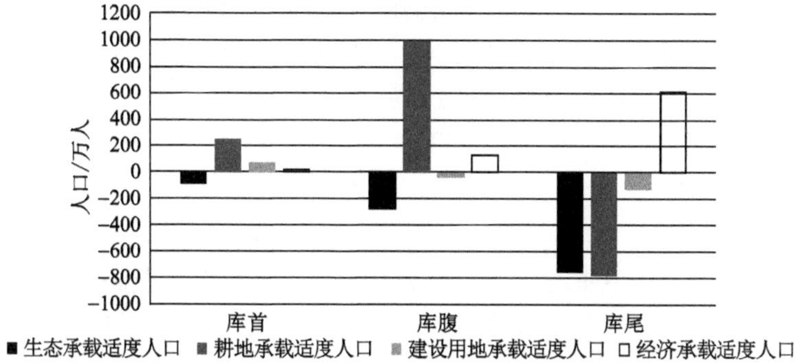

图 8-10 协调平衡发展型区域发展情景下综合承载适度人口与 2021 年常住人口规模预测值对比图

在协调平衡发展型情景下，库首地区的经济承载适度人口、建设用地承载适度人口、耕地承载适度人口都大于预测常住人口，只有生态承载适度人口小于预测常住人口；库腹地区的建设用地承载适度人口和生态承载适度人口小于预测常住人口，耕地承载适度人口和经济承载适度人口大于预测常住人口，且耕地发展空间还较大，还可容纳 987.73 万人；库尾地区建设用地承载适度人口、耕地承载适度人口、生态承载适度人口都小于预测常住人口，只有经济承载适度人口大于预测常住人口。

此情景下，库首地区要维护生态平衡，减少对生态系统的干扰。库腹地区可以开发建设用地的时间领域和空间领域，提高建设用地的利用率，同时也要提高生态保护意识，只有这样才能实现可持续发展的目标。库尾地区建设用地、耕地、生态方面都存在问题，可以统筹城乡的建设用地，实现土地的集约利用，同时要保护生态的发展，加深和扩大各城镇间环境的合作与交流。

在协调平衡发展型情景下，库首地区的建设用地承载适度人口和耕地承载适度人口都大于综合承载适度人口，库腹地区只有耕地承载适度人口大于综合承载适度人口，且人口数量较多，超过了 857.40 万人，库尾地区只有经济承载适度人口大于综合承载适度人口，超出了 689.97 万人。

8.3.5 不同情景下综合承载适度人口对比分析

分析表 8-22、表 8-23 和图 8-6 可知，库首、库腹和库尾的不同情景下的综合承载适度人口各有差别。

库首地区在现状延续型情景下综合承载适度人口最多，除生态资源保护型情景下的综合承载适度人口外，其他情景下的综合承载适度人口都在 200 万人以上。库腹和库尾地区都是在社会经济发展型情景下的综合承载适度人口最多，库腹地区四个情景下的综合承载适度人口都在 700 万人以上，库尾地区在社会经济发展型情景下的综合承载适度人口达到了 1678.59 万人，而其他三种情景下的综合承载适度人口都在 1200 万人左右。对比库首、库腹、库尾各情景下的综合承载适度人口，库尾的综合发展情况最为可观。

8.3.6 小结

库首地区在保障区域生态效益的前提下，可以延续区域发展现状，有利于该区域综合承载适度人口规模最大化。该地经济发展能力有限，生态资源丰富，存在可利用空间。

库腹地区在区域发展现状下，可以适当加大社会经济的发展，有利于该区域的综合承载适度人口规模最大化。该地区临近重庆市经济发展重心，将会承接更多的转移产业。

库尾地区在社会经济发展型的发展空间远超出其他区域，该地区人口集聚，城镇化建设超出其他区域。但是在现状延续型、协调平衡发展型和生态资源保护型的发展方向存在问题，可能是因为该区域经济发展方式单一，生态效益失衡，不注重环境保护，缺乏可持续理念。该地区可以在保护生态环境的前提下，适度调整经济发展方式和产业结构，有利于实现库尾经济效益的最大化。

9 三峡库区典型区域人口时空演化特征研究

9.1 区域划分与典型区域识别

9.1.1 区域划分

由于研究的目的不同，不同研究者在确定三峡库区区域范围时会有所不同。本书研究的三峡库区为受三峡工程修建影响而被淹没所涉及的26个区（县），包括湖北省所辖的夷陵区、秭归县、兴山县和巴东县4个区（县）；重庆市所辖的巫山县、巫溪县、奉节县、云阳县、开州区、万州区、忠县、涪陵区、丰都县、武隆县、石柱县、长寿区、渝北区、巴南区、江津区、渝中区、沙坪坝区、南岸区、九龙坡区、大渡口区、北碚区和江北区22个区（县）。

为便于对三峡库区进行分区描述，本书把三峡库区划分为库首、库腹和库尾三大区域。三大区域的划分主要是依据三峡库区各区（县）的自然及经济地理特征和经济社会发展现状，遵循劳动地域分工和区域经济发展的客观规律，按照长江上游经济中心的功能要求等因素综合确定的。三大区域的界定是一个大体的范畴，发展也是一个动态的过程，随着经济社会的发展变化，三大区域区的边界范围是有可能发生变化的。

9.1.2 典型区域识别

本章拟选择三峡库区内的重庆都市圈、万州区、开州区和云阳县作为此次研究的典型区域，选择以上四个区域作为典型区域，主要是因为它们在三峡库区中具有典型性。首先，重庆都市圈作为重庆市的中心，是整个三峡库区的经济、政治和文化中心，也是三峡库区的库尾，常住人口和流动人口数量巨大，使研究重庆都市圈的人口时空演化特征显得非常重要；此外，万州区、开州区和云阳县位于三峡库区库腹核心区，都是人口大区，这几个区域人口的时空变化，可以代表三峡库区库腹的基本情况。

9.2 研究方法与数据预处理

9.2.1 研究方法

1. 人口流动模型

本章节所涉及的人口流动包括两种类型：一是区（县）内乡（镇、街道）间的流动；二是本区（县）与其他县市区间的流动。本书最小研究单元为三峡库区典型区（县）的乡镇，利用如下计算方法建立三峡库区典型区（县）的人口流动模型。

区（县）人口流出量：调查时居住在本区（县）且户口登记地在本区（县）以外区域且离开户口登记地半年以上的人口数量。

区（县）人口流入量：调查时居住在本区（县）以外区域且户口登记地在本区（县）且离开户口登记地半年以上的人口数量。

乡镇人口流出量：调查时居住在本乡镇且户口登记地在本乡镇以外区域且离开户口登记地半年以上的人口数量。

乡镇人口流入量：调查时居住在本乡镇以外区域且户口登记地在本乡镇且离开户口登记地半年以上的人口数量。

2. 人口总量模型

基于抽样调查数据获取区（县）及乡镇人口总量数据的公式如下：

$$人口总量=调查人口-迁出人口 \tag{9-1}$$

3. 人口比例模型

人口比例模型是基于人口总量模型求取的人口比例，即在人口总量中根据某条件筛选出的人口数量与人口总量的比值，具体计算如式（9-2）所示。由于流出人口已经不包括在人口总量内，因此流出人口比例计算公式如式（9-3）所示。

$$人口比例=根据条件筛选的人口数量/人口总量 \tag{9-2}$$

$$流出人口比例=流出人口/调查人口 \tag{9-3}$$

9.2.2 数据源与数据处理

万州区、开州区和云阳县地处三峡库区库腹核心地带；重庆都市圈地处三峡库区库尾核心区，是整个三峡库区的政治、经济和文化中心，本章选择万州区、开州区、云阳县和重庆都市圈作为三峡库区人口时空分布特征研究的典型区域。研究数据源主要采用万州区、开州区、云阳县和重庆都市圈四大典型区域2000年、2007年、2013年的人口普查数据和人口抽样调查数据。其中，2000年的数据主要来源于第五次全国人口普查数据，2007年和2013年的数据主要来源于重庆市1%人口抽样调查数据。分析数据过程中同时结合对应年份的人口抽样调查实施方案和人口调查抽中小区名单。

基于人口调查原始数据，综合对应的实施方案和抽中小区名单，确定人口数据中各字段的含义和抽中代码对应的乡镇名称，利用人口流动模型、人口总量模型和人口比例模型提取出区（县）和乡镇的流入人口、流出人口、人口总量，以及各指标下的人口比例。

9.3 库腹核心区的人口时空演化

9.3.1 研究区概况

三峡库区库腹核心区选择万州区、开州区和云阳县三个典型区（县）来分析库腹核心区的人口时空演化情况。其区位分布图如图9-1所示。

1. 万州区概况

万州区地处重庆市东北部，长江中上游与中下游结合部，东南西北分别与重庆市云阳县（东北方向）、忠县（西南方向）、梁平县（西部）、开州区（北部）、石柱县（南部）及湖北省利川市（东南部）相邻，据重庆主城都市区距离为228千米。全区东西向距离为97.25千米，南北向距离67.25千米，辖区面积为3457平方千米。万州区内有长江十大港口之一——万州港；同时，万州区也是重庆经济强区，三峡库区经济、教育、文化、交通枢纽。万州区具体区位如图9-2所示。

万州区2007年和2013年人口抽样调查中所有抽中的乡镇，主要包括太白街道、周家坝街道、陈家坝街道、高笋塘街道、牌楼街道、双河口街道、沙河街道、钟鼓楼街道、百安坝街道、五桥街道、小周镇、高峰镇、龙沙镇、武陵镇、甘宁镇、天城镇、余家镇、后山镇、新田镇、白羊镇、龙驹镇、走马镇、长滩镇、太安镇、燕山乡、郭村镇、新乡镇、响水镇、熊家镇、高梁镇、李河镇、分水镇、长岭镇、罗田镇、柱山乡、长坪乡、黄柏乡、茨竹乡。其中，高笋塘街道、牌楼街道位于万州城区。

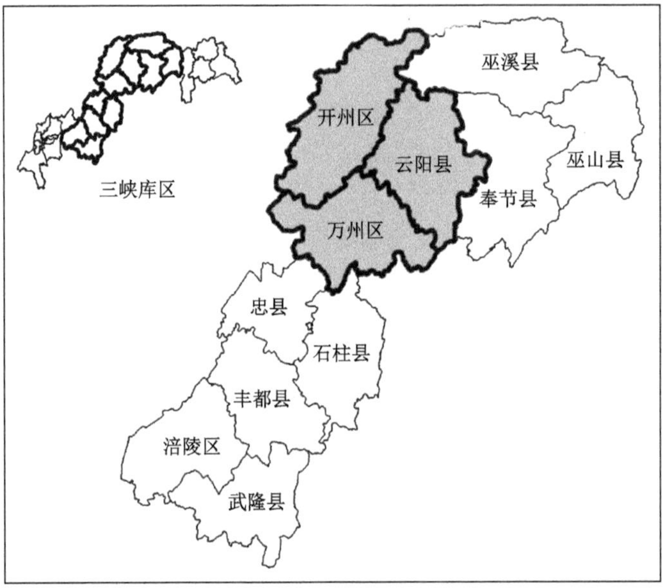

图 9-1　研究区区位图

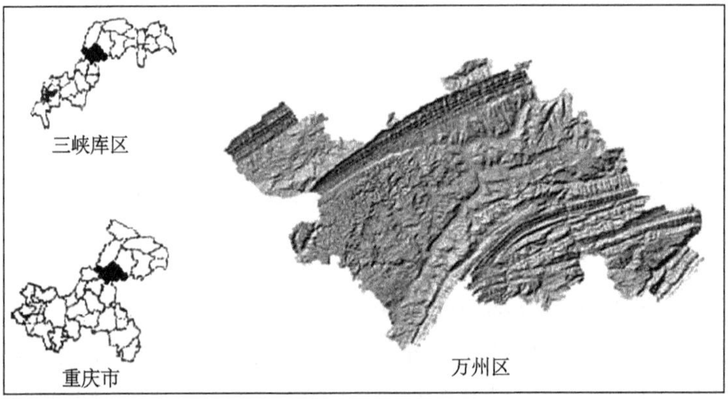

图 9-2　重庆市万州区区位图

2. 开州区概况

开州区位于重庆市东北部，地处长江之北，在三峡库区小江支流回水末端。在大巴山南坡与重庆平行岭谷结合地带。处于北纬 30°49′30″～31°41′30″、东经 107°55′48″～108°54′。西邻四川省开江县，北接城口县和四川省宣汉县，东毗云阳县和巫溪县，南邻万州区。开州区北依巴山，南近长江，西与四川省接壤，距重庆市区 280 千米，辖区面积 3959 平方千米，是人口大县、资源大县、农业大县、移民大县。

根据 2000 年、2007 年和 2013 年重庆市 1%抽样调查数据，选取这三期调查数据中共有的乡镇，从人口性别比、人口受教育情况、人口未就业情况和人口迁移情况四方面的指标来分析开州区的人口特征。共有的乡镇有街道 14 个：镇东街道、丰乐街道、白鹤街道、汉丰街道、赵家街道、高桥镇、义和镇、长沙镇、临江镇、中和镇、岳溪镇、南门镇、金峰镇和麻柳乡。

3. 云阳县概况

云阳县位于重庆市东北部，距重庆主城九区 310 千米，是三峡库区生态经济区沿江经济走廊承东启西、南引北联的重要枢纽。

云阳县东与奉节县相连，西与万州区相接，南与湖北省恩施州利川市相邻，北与开州区、巫溪县为界。县境南北长 99.5 千米，东西宽 70.2 千米，辖区面积 3649 平方千米。截至 2014 年年底，云阳县辖 29 个镇、9 个乡、4 个街道；常住人口 89.87 万人，户籍人口 135.96 万人。

云阳县属喀斯特地貌，长江由西向东中分县境。地形近似以东南西北为顶点的菱形，南、北高，中部低，由南、北向中间倾斜。岭谷地貌明显，以山地为主，兼有谷、丘，山高、谷深、坡陡，群山巍峨，呈现出“一山二岭一槽”“一山三岭两槽”或“一山一岭、岭谷交错”的地貌特征。境内海拔最高为 1809 米，最低为 139 米，海拔高低相差 1670 米。

9.3.2 库腹典型区人口时空分布的结构特征

本节选择全国第五次人口普查数据（2000 年）和 2007 年、2013 年的重庆市 1%人口抽样调查数据作为研究的基础数据，对典型区的人口特征变化情况进行如下分析研究。

1. 人口性别结构分析

利用式（9-1），获取万州区、开州区、云阳县 2000 年、2007 年、2013 年抽样乡镇的人口总量数据，在人口总量数据中分别提取抽样乡镇的男女人口总量，再利用式（9-2）计算性别结构比例。计算结果如表 9-1～表 9-3、图 9-3～图 9-5 所示。

表 9-1　2000 年、2007 年、2013 年库腹典型区性别比例结构表（单位：%）

区（县）	2000 年		2007 年		2013 年	
	男性比例	女性比例	男性比例	女性比例	男性比例	女性比例
万州区	51	49	49	51	50	50
开州区	—	—	—	—	51	49
云阳县	51	49	53	47	53	47

从表 9-1 可以看出，库腹典型区三个区（县）的性别比例差异较大，其中，万州区在2000～2013年的人口性别比相对稳定，男女比例2000年为51∶49，2007年为49∶51，经历了较大变化，在2013年达到平衡。云阳县的男女比例相对失调，2000年为51∶49，2007年和2013年都达到了53∶47。

1）万州区

从表 9-2 可以看出，三峡库区库腹核心区万州区2000～2013年街道、镇、乡人口性别结构比特征明显。街道2000年的男女比例达到平衡，在2007年的男女比例中，女性比例稍微偏大，到2013年再次达到平衡。2000年男女比例失衡最严重的是乡级区域。2007年男女比例失衡最严重的依然是乡级区域，2013年街道和镇级区域人口性别比达到平衡，乡级人口性别比稍微失衡。

表 9-2　2000～2013 年万州区抽样街道、镇、乡人口性别结构分析表

（单位：%）

片区	2000 年占比		2007 年占比		2013 年占比	
	男性	女性	男性	女性	男性	女性
街道	50	50	49	51	50	50
镇	51	49	50	50	50	50
乡	52	48	52	48	51	49

从2000～2013年万州区整个区（县）的性别比例可知，万州区各乡镇的男女性别结构在2000～2007年变化幅度较大，女性人口数量逐渐增加，直至2007年女性人口比例反超男性人口比例；在2007～2013年万州区男女人口比例又逐步恢复平衡，在2013年大致实现全区男女比例1∶1的平衡发展。

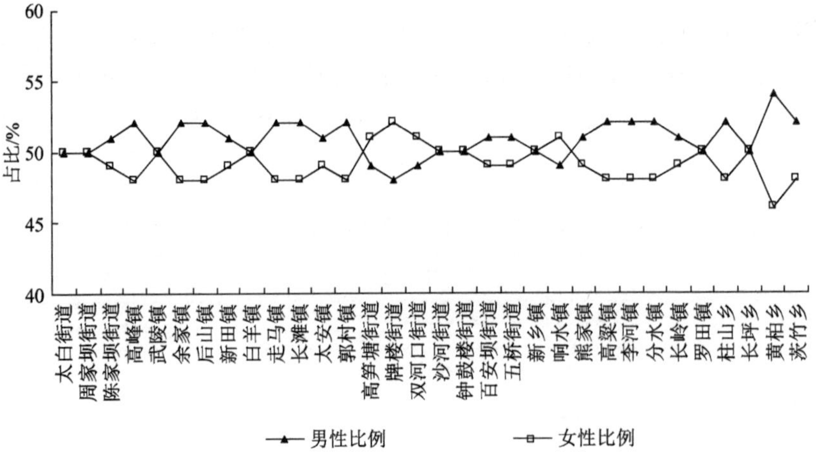

图 9-3　2000 年万州区抽样乡镇人口性别比例分析图

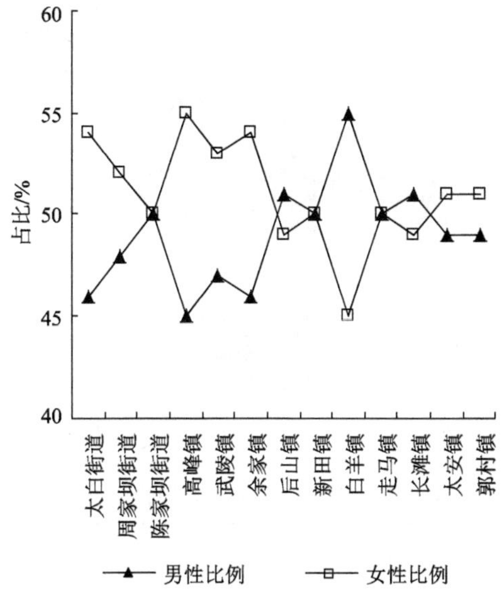

图 9-4　2007 年万州区抽样乡镇人口性别比例分析图

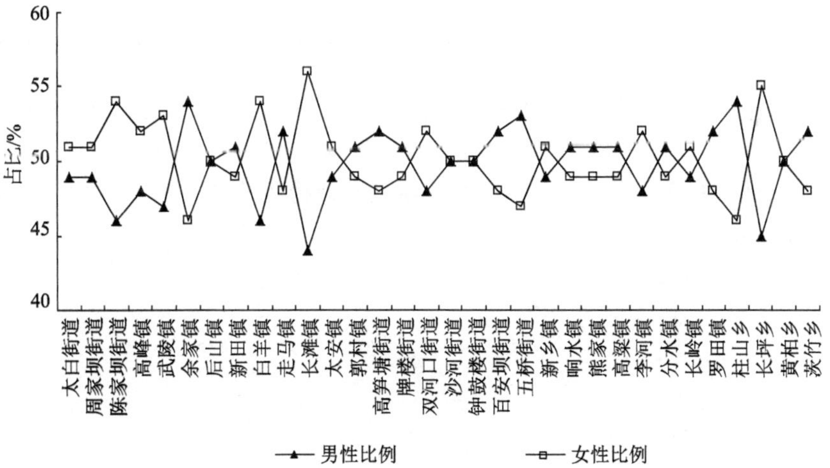

图 9-5　2013 年万州区抽样乡镇人口性别比例分析图

2）开州区

由 2013 年开州区 1%人口抽样数据可知，开州区男性人口占实际总人口的比例为 49.42%，女性人口占实际总人口的比例为 50.58%，具体如图 9-6 所示。

根据调查数据可得开州区各乡镇人口性别比情况（表 9-3）。从表 9-3 中可知，2013 年开州区各片区的男女性别比例相差不大，只有乡级区域的性别比相差较大，男性人口占实际总人口比例为 45%，女性人口占实际总人口比例为 55%。

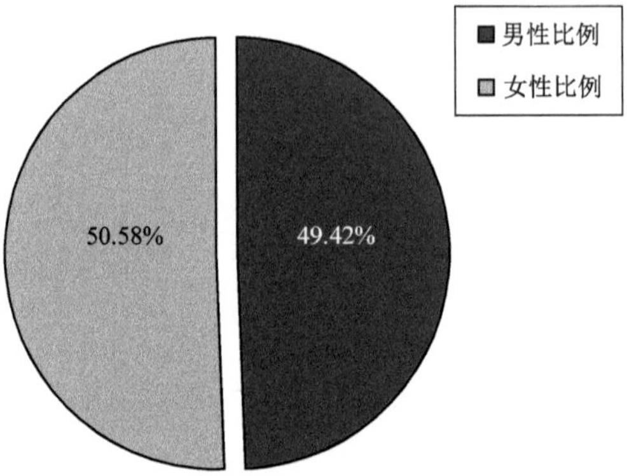

图 9-6　开州区 2013 年人口性别比例图

表 9-3　2013 年开州区人口性别比情况表　　（单位：%）

片区	男性比例	女性比例
街道	49	51
镇	51	49
乡	45	55

由调查数据可知，开州区 2000～2013 年的人口性别比变化趋势如图 9-7 所示。由图 9-7 可知，开州区男性人口比重总体呈下降趋势，从 2000 年的 51.84%下降到 2013 年的 49.42%；女性人口比重总体呈上升趋势，从 2000 年 48.16%上升到 2013 年的 50.58%。

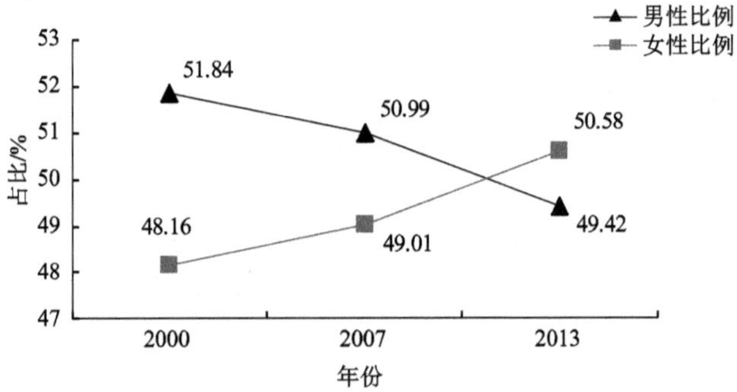

图 9-7　开州区 2000～2013 年人口性别比重变化图

3）云阳县

由 2000 年云阳县人口普查性别结构分析表（表 9-4）可知，2000 年云阳县人口普查共抽中普查人口数为 95 968 人，其中男性 48 996 人，女性 46 972 人，分别占抽中人口的比例为 51.05%和 48.95%。2000 年年底，云阳县总人口数为 124.7 万人，普查人口占云阳县总人口数的比例为 7.51%。

表 9-4　2000 年云阳县人口普查性别结构分析表

片区	合计/人	男性/人	比例/%	女性/人	比例/%
镇	49 560	25 231	51	24 329	49
乡	46 408	23 765	51	22 643	49

从 2007 年云阳县 1%抽样人口数据可知（表 9-5、图 9-8 和图 9-9），云阳县 2007 年抽中人口数量为 9648 人，其中男性 5096 人，女性 4552 人，分别占总抽样人数的 52.82%和 47.18%，男性人数比女性人数多 544 人。2007 年年底，云阳县实际人口数为 132.38 万人，抽查人口数占云阳县总人口数的比例为 0.73%。从抽查各乡镇男女比例来看，镇级区域和乡级区域的人口性别比在 2000 年保持平衡。

表 9-5　2007 年云阳县抽样乡镇人口性别结构分析表

片区	合计/人	男性/人	比例/%	女性/人	比例/%
镇	6577	3432	52	3145	48
乡	3071	1664	54	1407	46

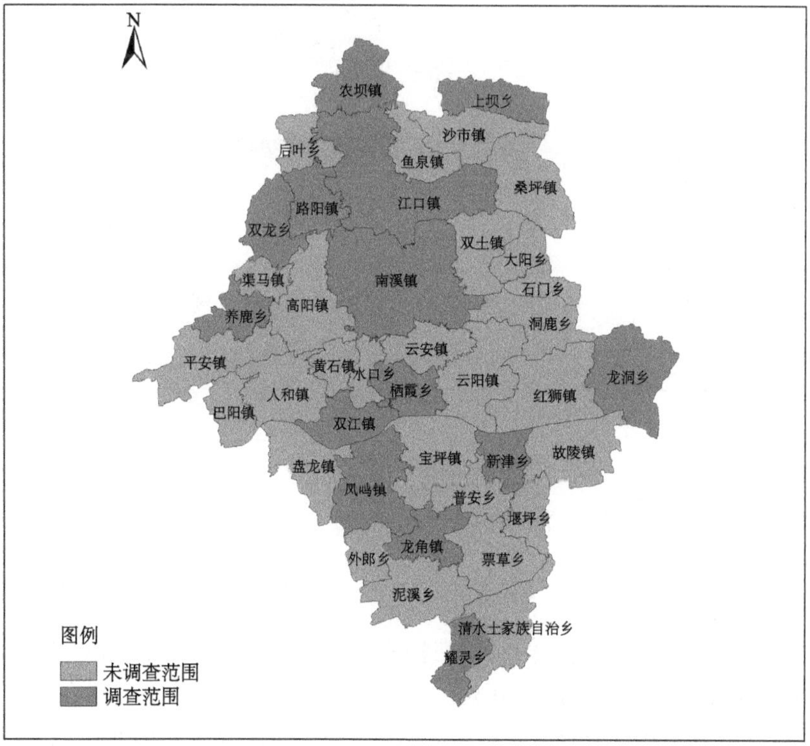

图 9-8　云阳县 2007 年度 1%人口抽样调查区域分布图

从 2013 年云阳县 1%抽样人口数据可知（表 9-6、图 9-10 和图 9-11），2013 年云阳县 1%抽样人口数量为 13 360 人，其中男性人数为 7020 人，女性人数为 6340 人，分别占总抽样人数的比例为 52.54%和 47.46%。2013 年年底云阳县实际人口数量为 166.68 万人，抽查人口数占云阳县总人数的比例为 0.8%。

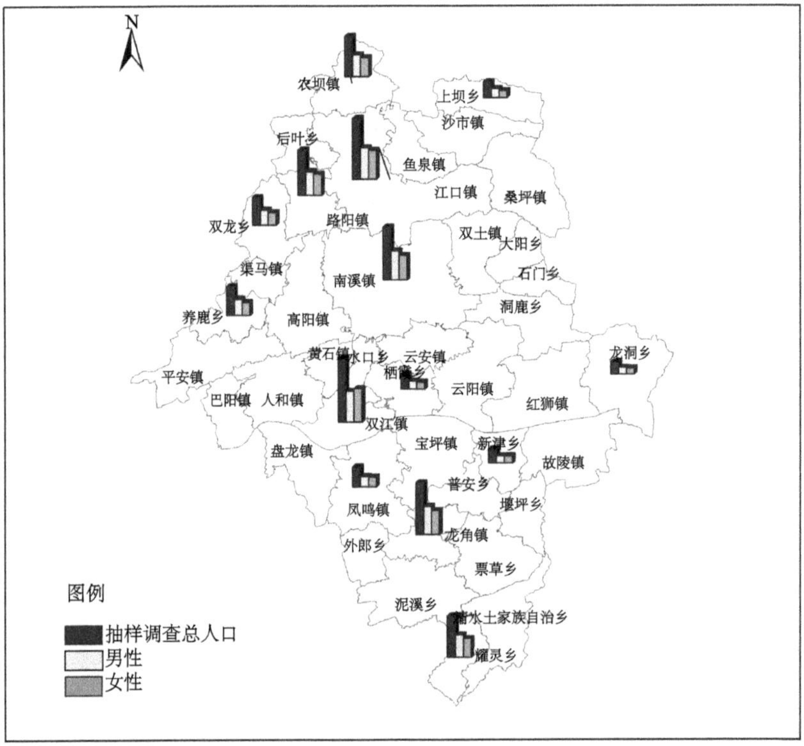

图 9-9　云阳县 2007 年度 1%抽样人口性别比例分布图

表 9-6　2013 年云阳县抽中片区人口性别结构分析表

片区	合计/人	男性/人	比例/%	女性/人	比例/%
街道	1 489	735	50	754	50
镇	24 281	12 812	54	11 469	46
乡	950	493	52	457	48

从 2013 年云阳县 1%抽样人口数据可知（表 9-6），云阳县 2013 年抽中人口数量为 26 720 人，其中男性 14 040 人，女性 12 680 人，分别占总抽样人数的 52.54%和 47.46%，男性人数比女性人数多 1360 人。从抽查各区域男女比例来看，镇级区域和乡级区域的人口性别比在 2013 年有一定的失衡，主要表现在男性比例大于女性比例。

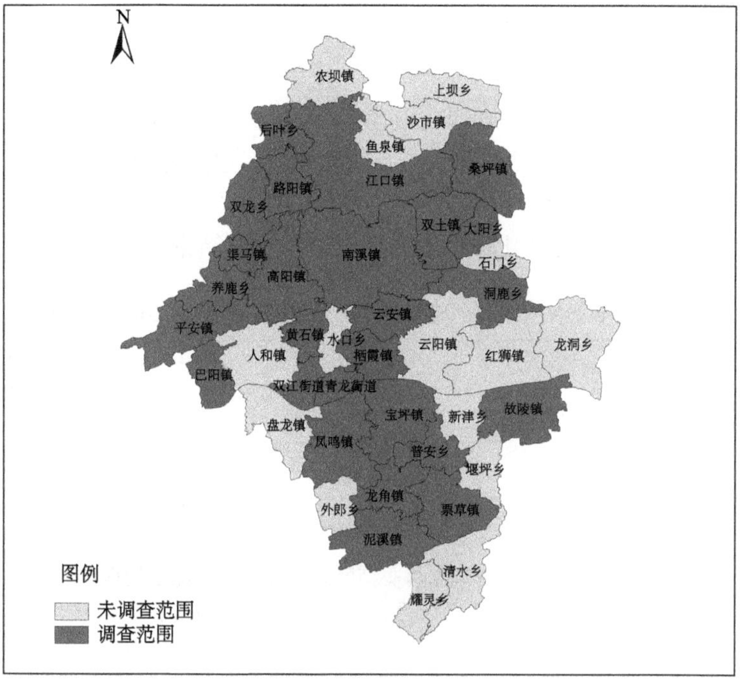

图 9-10 云阳县 2013 年度 1%抽样人口抽样调查区域分布图

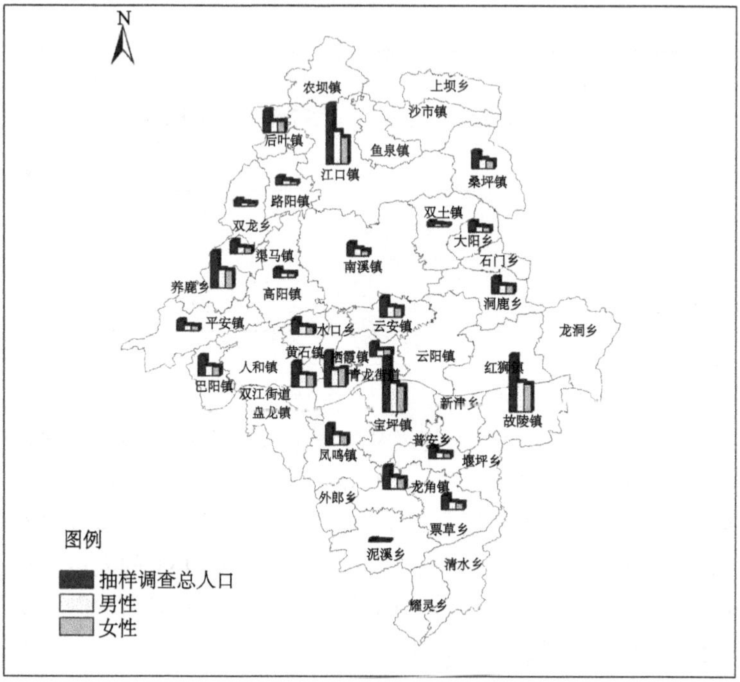

图 9-11 云阳县 2013 年度 1%抽样人口性别比例分布图

2. 人口受教育情况结构分析

基于人口总量数据提取抽样乡镇不同文化程度的人口数量，抽样调查数据中的受教育程度划分了七个层次，即未上学、小学、初中、高中、专科、本科、研究生。本章研究过程中将受教育程度进行重新划分，划分为四个级别的文化程度，即未上学划为低级，小学划为初级，初中和高中划为中级，专科以上划为高级。再利用式（9-2）计算不同文化程度的人口比例。计算结果如表 9-7～表 9-9 所示。

表 9-7　2000 年库腹典型区人口受教育情况结构表　（单位：%）

区（县）	低级比例	初级比例	中级比例	高级比例
万州区	17	45	34	4
开州区	—	—	—	—
云阳县	22	47	28	3

表 9-8　2007 年库腹典型区人口受教育情况结构表　（单位：%）

区（县）	低级比例	初级比例	中级比例	高级比例
万州区	13	41	42	4
开州区	—	—	—	—
云阳县	9	32	50	9

表 9-9　2013 年库腹典型区人口受教育情况结构表　（单位：%）

区（县）	低级比例	初级比例	中级比例	高级比例
万州区	8	28	53	11
开州区	13	27	54	6
云阳县	5	18	67	10

1）万州区

由表 9-7 可知，2000 年万州区初级文化程度人口相对较多，其次是中级文化程度的人口，高级文化程度的人口仅占 4%，有 17%的人口没有上过学。

由表 9-8 可知，2007 年万州区中级文化程度人口相对较多，其次是初级文化程度的人口，高级文化程度的人口比例仍为 4%，且仍然有 13%的人口没有上过学。

由表 9-9 可知，2013 年万州区人口文化程度整体有所提高，高级文化程度的人口比例相对于 2007 年增加了 7%，中级文化程度的人口比例增加了 11%，初级减少了 13%，低级减少了 5%。分析低级文化程度人口比例可知，所有抽样乡镇的比例皆未超过20%，且大部分乡镇已经控制在10%以下。初级文化程度人口比例超过40%的区（县）相对减少，同时中级文化程度人口比例超过40%的区（县）相对增加。

总体而言，万州区人口的文化程度在不断提升，中高级文化程度的人口比例不断增加，中级文化程度人口比例的增加速度最为突出，且在2007～2013年人口文化程度的提升最为显著；就区（县）而言，一直以来，万州城区内各乡镇街道的人口文化程度较其他乡镇偏高，人口文化程度的提升速度也相对较快。

通过同样的方法，获得了万州区2000年、2007年及2013年抽样乡镇人口文化程度情况（表9-10～表9-12、图9-12、图9-13）。

表9-10　2000年万州区抽样乡镇（街道）人口文化程度结构分析表

（单位：%）

片区	低级比例	初级比例	中级比例	高级比例
街道	14	30	47	9
镇	19	49	30	2
乡	17	57	25	1

从表9-10可以看出，2000年万州区各区域各人口文化程度比例特征显著，其中，街道中级文化程度比例最高，高级文化程度比例最低；镇级和乡级地区初级文化程度比例最高，高级文化程度比例最低。

表9-11　2007年万州区抽样乡镇人口文化程度结构分析表　（单位：%）

片区	低级比例	初级比例	中级比例	高级比例
街道	8	28	55	9
镇	15	46	37	2
乡	17	50	32	1

从表9-11可以看出，2007年万州区各区域各人口文化程度比例特征显著，其中，街道中级文化程度比例最高，低级文化程度比例最低；镇级和乡级地区初级文化程度比例最高，高级文化程度比例最低。

表9-12　2013年万州区抽样乡镇（街道）人口文化程度结构分析表　（单位：%）

片区	低级比例	初级比例	中级比例	高级比例
街道	7	25	56	12
镇	12	42	44	2
乡	10	45	42	3

从表 9-12 可以看出，2013 年万州区各区域各人口文化程度比例特征显著，其中，街道中级文化程度比例最高，低级文化程度比例最低；镇级和乡级地区初级文化程度比例最高，高级文化程度比例最低。

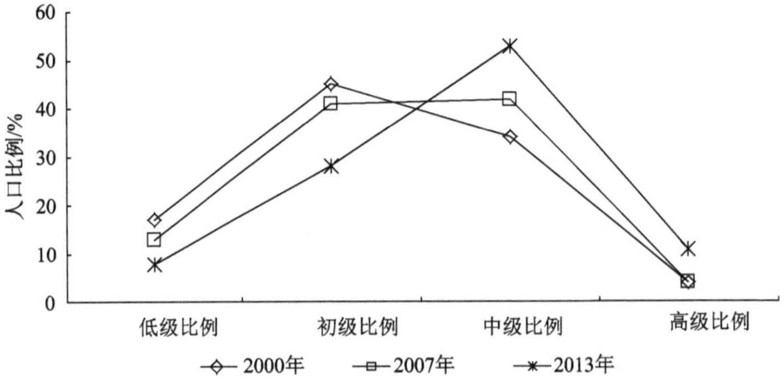

图 9-12　2000～2013 年万州区抽样乡镇（街道）人口文化程度结构分析图

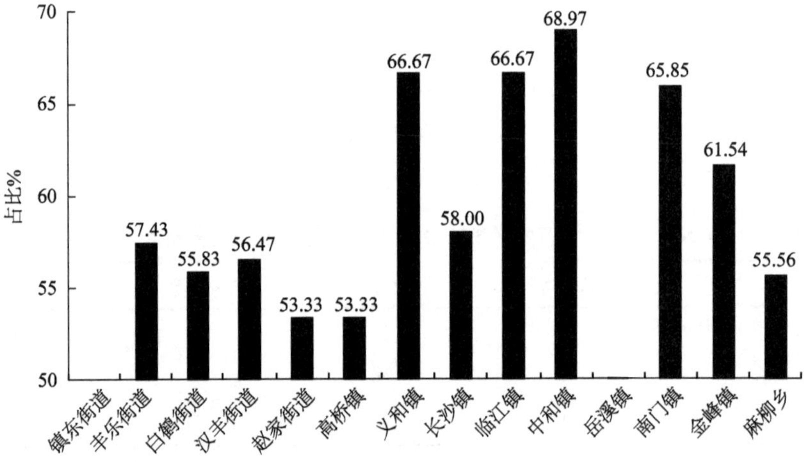

图 9-13　2013 年开州区各抽样乡镇（街道）未接受教育人口中女性人口比重图

2）开州区

2013 年重庆市 1%人口调查抽样数据针对 2007 年 11 月前出生者的受教育情况进行调查，从调查结果中可知：2013 年开州区有 12.64%的人未受教育，其中男性占 43.92%，女性占 56.08%；37.42%的人接受过初等教育（小学教育）；47.41%的人接受过中等教育（初中及高中教育）；73.83%的人接受过九年义务教育（小学及初中教育）；2.54%的人接受过高等教育（大学专科、本科及研究生教育），其中只有 0.02%的人接受过研究生教育（表 9-13）。

表 9-13　2013 年开州区人口受教育情况表　（单位：%）

受教育程度	未受教育	初等教育	中等教育	义务教育	高等教育
占比	12.64	37.42	47.41	73.83	2.54

2013 年重庆市 1%人口调查抽样数据针对开州区各乡镇 2007 年 11 月前出生者的受教育情况进行调查，结果如表 9-14 所示。

表 9-14　2013 年开州区各抽样乡镇（街道）人口受教育情况表

片区	未受教育	初等教育	中等教育	义务教育	高等教育
街道	14.03	32.81	51.19	72.51	1.97
镇	16.44	45.74	35.93	72.87	1.90
乡	21.09	48.44	28.91	75.00	1.56

由表 9-14 中可知，在 2013 年开州区的各个区域中，街道高等教育的人口占实际总人口的比例最小，比例为 1.97%；义务教育的人口占实际总人口的比例最大，为 72.51%。在镇级和乡级区域义务教育的人口比例最大，达到 72.87%和 75.00%；高等教育的人口占 1.90%和 1.56%。

如表 9-15 所示，2000～2013 年开州区人口的受教育程度总体提升。其中，开州区未受教育的人口比重由 2000 年的 19.86%下降至 2013 年的 12.64%；接受过高等教育的人口比重由 2000 年的 0.91%上升至 2013 年的 2.54%；接受过中等教育的人口比重由 2000 年的 26.86%上升到 2013 年的 47.41%；接受过义务教育的人口比重总体变化不大。由此可以看出，开州区人口的受教育程度有很大程度的提高。

表 9-15　开州区人口受教育情况表　（单位：%）

年份	未受教育	初等教育	中等教育	义务教育	高等教育
2000	19.86	52.36	26.86	74.11	0.91
2007	11.23	40.50	47.71	80.12	0.55
2013	12.64	37.42	47.41	73.83	2.54

3）云阳县

从表 9-16 可知，2000 年云阳县抽样乡镇人口中，未受教育人数为 20 576 人，占抽样乡镇总人数 94 787 人的 21.71%。2000 年云阳县抽样乡镇人口中，受教育人数为 74 211 人，占抽样乡镇总人数的 78.29%。其中，接受初等教育者人数为 51 908 人，占受教育总人数的 54.76%，说明 2000 年云阳县受教育程度比较低；接受中等教育者人数为 20 273 人，占受教育总人数的 21.39%；接受高等教育者人数为 2030 人，仅占受教育总人数的 2.14%，说明 2000 年云阳县接受过高等教育的人数还比较少。

表 9-16　2000 年云阳县抽样乡镇人口文化程度结构分析表

片区	未受教育/人	比例/%	初等教育/人	比例/%	中等教育/人	比例/%	高等教育/人	比例/%
镇	10 104	21.71	25 035	53.45	11 660	22.48	1 580	2.72
乡	10 472	22.62	26 873	58.20	8 613	18.22	450	1.28

由表 9-17 可知，2007 年云阳县抽样乡镇人口中，未受教育人数为 1051 人，占抽查总人数的 10.96%，2007 年度云阳县 1%抽样数据中，受教育人数为 8538 人，占抽样总人数的 89.04%。其中，接受初等教育者人数为 4159 人，占受教育总人数的 48.71%，说明 2007 年云阳县受教育程度比较低；接受中等教育者人数为 4162 人，占受教育总人数的 48.75%；接受高等教育者人数为 217 人，占受教育者人数的 2.54%，说明 2007 年云阳县受高等教育的人数还比较少。

表 9-17　2007 年云阳县抽样乡镇人口文化程度结构分析表

片区	未受教育/人	比例/%	初等教育/人	比例/%	中等教育/人	比例/%	高等教育/人	比例/%
镇	682	10.40	2759	42.08	2924	44.60	191	2.91
乡	369	12.17	1400	46.16	1238	40.82	26	0.86

由表 9-18 可知，云阳县 2013 年 1%人口抽样调查数据中，未受教育人数为 1374 人，占抽样调查人数的 10.28%，相对于 2000 年和 2007 年，未受教育人数比例有所下降。未受教育调查人员中，男性人数为 582 人，女性人数为 792 人，分别占未受教育总数的 42.36%和 57.64%，女性未受教育人数大于男性未受教育人数。云阳县 2013 年 1%人口抽样调查数据中，受教育人数为 11 986 人，占调查总人口的 89.72%，明显高于 2000 年和 2007 年的受教育人口比例，说明云阳县在这 10 年间大力开展的义务教育工作取得了相当大的成绩。在受教育人口中，只受过初等教育的人数为 4671 人，占受教育总人数的 38.97%，受过中等教育的人数为 6682 人，占受教育总人数的 55.75%，受过高等教育的人数为 633 人，占受教育总人数的 5.28%，远远高于 2000 年和 2007 年受过高等教育的比例。

表 9-18 2013 年云阳县抽样乡镇（街道）人口文化程度结构分析表

片区	总抽样人口	未受教育		初等教育		中等教育		高等教育	
		人数/人	比例/%	人数/人	比例/%	人数/人	比例/%	人数/人	比例/%
街道	1 489	63	4.23	242	16.25	964	67.74	220	14.78
镇	10 921	1 201	10.99	4 120	37.73	5 197	47.59	403	3.69
乡	950	110	11.58	309	32.53	521	55.84	10	1.05

3. 人口就业现状分析

1）万州区

基于重庆市万州区 2013 年 1%人口抽样调查数据，统计万州区抽样乡镇的人口在一年内的工作情况，汇总抽样乡镇未工作的人数及其未工作的原因，利用式（9-2）计算 2013 年万州区抽样乡镇一年内工作情况比例和未就业原因下的比例，得出表 9-19，分析万州区各乡镇人口的就业现状。

表 9-19 2013 年万州区抽样乡镇（街道）人口就业情况现状分析表

（单位：%）

片区	一年内工作情况比例				未就业原因比例				
	务农	务农兼非农	非农	未就业	在校学习	丧失工作能力	离退休	料理家务	其他原因
街道	33.80	9.20	28.40	28.60	24.40	34.00	21.10	15.40	5.50
镇	55.22	6.94	16.67	21.17	42.78	40.89	1.94	8.83	5.67
乡	59.50	7.00	14.50	19.00	31.00	45.25	12.25	5.25	6.75

分析 2013 年万州区抽样乡镇（街道）人口就业现状可知，万州区务农就业人口比例最多，街道、镇、乡平均占比约为 49.51%；其次，在抽样人口中未就业人口的街道、镇、乡平均占比为 22.92%，务农人口的街道、镇、乡平均占比为 19.86%，务农兼非农的街道、镇、乡平均占比为 7.71%。

通过分析万州区未就业的原因可知，万州区街道、镇、乡的未就业人口中，离退休人口占 11.75%，在校学习的占 32.59%，丧失工作能力的占 40.01%，料理家务的占 9.83%，剩下 5.82%是其他原因。由此来看，大部分乡镇人口未工作的原因主要是在校学习或丧失工作能力，由于料理家务或其他原因未工作的人口相对较少。

综上所述，目前万州城区各乡镇街道的人口主要以非农就业为主，务农兼非农的就业形式主要集中在城区周边的部分乡镇；万州区街道、镇、乡平均未就业人口高达 22.92%，主要集中在万州城区内，未就业人口主要是退休工人、学生及丧失工作能力的人，排除这部分特殊人群，万州区的街道、镇、乡平均未就业人口比例大约为15.65%，这6%的未就业人口中有62.81%为料理家务的原因未就业，剩下38.19%为其他原因未就业。

2）开州区

本节针对 2013 年重庆市 1%抽样调查数据对受调查者的就业情况进行了调查，从结果可知，2013 年开州区适龄工作人口（1998 年 11 月前出生者）总数为 9271 人，其中未就业人口数为 5494 人，占适龄工作总人口的 59.26%。

针对 2013 年重庆市 1%抽样调查数据对开州区各乡镇受调查者（1998 年 11 月前出生者）的未就业情况进行了调查，结果如图 9-14 所示。

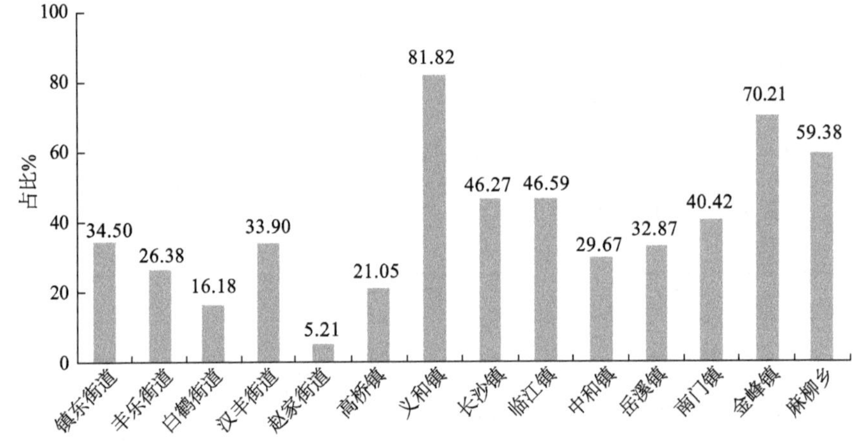

图 9-14　2013 年开州区各乡镇未就业人口比重图

从调查数据可知，开州区未就业人口的比重呈上升趋势。如图 9-15 所示，2000 年开州区未就业人口的比重为 16.44%，到 2007 年开州区的未就业人口比重上升到 42.57%，但在 2013 年其未就业人口又下降至 24.93%。

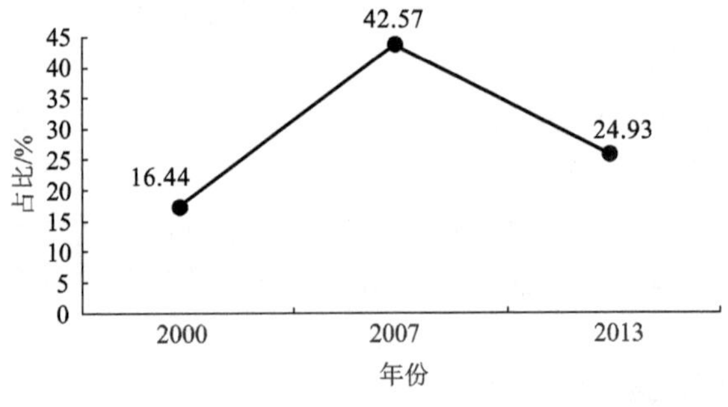

图 9-15　2000～2013 年开州区未就业人口比重变化图

3）云阳县

基于重庆市云阳县 2000 年人口普查数据、2007 年 1%人口抽样调查数据和 2013 年 1%人口抽样调查数据，统计云阳县各乡镇人口在 2000 年、2007 年和 2013 年的工作情况，汇总抽样乡镇未工作的人数及其未工作的原因，得出表 9-20～表 9-22，分析云阳县各乡镇人口的就业现状。

由表 9-20 可知，在 2000 年云阳县抽样调查的总人数 95 853 中，就业人数为 53 163 人，占总调查人口的 55.46%，未就业人口数为 42 690 人，占总调查人口的 44.54%。未就业人口中，在校学习人数为 2055 人，占未就业人口的 4.81%，料理家务的人数为 3636 人，占未就业人口的 8.52%，离退休的人数为 1080 人，占未就业人口的 2.53%，丧失工作能力的人数为 3809 人，占未就业人口的 8.92%，从未工作过且正在找工作的人数为 465 人，占未就业人口的 1.09%，失去工作且正在找工作的人数为 289 人，占未就业人口的 0.68%，其他原因失业的人数为 31 356 人，占未就业总人口的 73.45%。

表 9-20　2000 年云阳县抽样乡镇人口就业情况现状分析表

片区	就业人口			未就业人口							
	人数/人	休假培训/人	就业率/%	未就业/人	在校学生/人	料理家务/人	离退休/人	丧失工作能力/人	从未工作正在找工作/人	失去工作正在找工作/人	其他/人
镇	26 530	88	46.24	22 942	1 159	2 438	897	2 056	362	256	15 774
乡	26 633	27	42.92	19 748	896	1 198	183	1 753	103	33	15 582

由表 9-21 可知，2007 年度云阳县 1%抽样调查人口中，就业人数为 5843 人，占总调查人口的 60.56%。未就业总人口数为 3805 人，占总调查人口的 39.44%。在未就业人口中，在校学生人数为 493 人，占未就业总人数的 12.96%；丧失劳动力人数为 421 人，占未就业总人口数的 11.06%；毕业后未工作的人数为 37 人，占未就业总人口数的 0.97%；因单位原因失去工作的人数为 39 人，占未就业总人口数的 1.02%；因本人原因失去工作的人数为 25 人，占未就业总人数的 0.66%；因承包土地被征用未就业的人数为 2 人，占未就业总人口数的 0.05%；因离退休未就业的人口数为 119 人，占未就业总人数的 3.13%；因料理家务未就业的人口数为 512 人，占未就业总人数的 13.46%；因其他原因未就业的人口数为 2157 人，占未就业总人数的 56.69%。

表 9-21　2007 年云阳县抽样乡镇人口就业情况现状分析表

片区	就业人口		未就业人口/人									
	人数/人	就业率/%	在校学生	丧失劳动能力	毕业后未工作	单位原因失去原工作	本人原因失去原工作	承包土地被征用	离退休	料理家务	其他	合计
镇	3843	59.96	359	278	36	34	20	2	117	437	1451	2734
乡	2000	65.37	134	143	1	5	5	0	2	75	706	1071

由表 9-22 可知，云阳县 2013 年度 1%抽样调查人口中，就业人口数为 8368 人，占抽样总人口数的 62.63%；未就业人口数为 4992 人，占抽样总人口数的 37.37%。就业人口中，务农人口为 2455 人，占就业总人口的 29.34%；务农兼非农人口数为 624 人，占就业总人口数的 7.46%；非农人口数为 5289 人，占就业总人数的 63.21%。未就业人口中，在校生人数为 1103 人，占未就业总人数的 22.10%；丧失劳动能力人口数为 846 人，占未就业总人口数的 16.95%；毕业后未工作的人口数为 21 人，占未就业总人口数的 0.42%；单位原因失去工作的人数为 21 人，占未就业总人口数的 0.42%；本人原因失去员工证的人口数为 13 人，占未就业总人口数的 0.26%；承包土地被征用未工作的人口数为 23 人，占未就业总人口数的 0.46%；因离退休未就业的人口数为 320 人，占未就业总人口数的 6.41%；因料理家务未就业的人口数为 578 人，占未就业总人口数的 11.58%；其他原因未就业的人口数为 2067 人，占未就业总人口数的 41.41%。

表 9-22　2013 年云阳县抽样乡镇（街道）人口就业情况现状分析表

片区	就业人口				未就业人口/人									
	务农/人	务农兼非农/人	非农/人	比例/%	在校学生	丧失劳动能力	毕业后未工作	单位原因失去原工作	本人原因失去原工作	承包土地被征用	离退休	料理家务	其他	合计
街道	79	33	643	51.50	160	35	4	4	10	5	199	146	171	734
镇	2202	562	4202	65.48	875	755	17	17	3	17	121	399	1751	3955
乡	174	29	444	69.67	68	56	0	0	0	1	0	33	145	303

9.3.3　库腹典型区人口时空分布的流动性特征

1. 人口流入情况分析

1）万州区

利用人口流动模型，统计万州区 2000 年、2007 年、2013 年的人口流入情况，主要包括流入人口比例、流入人口的来源及流入的原因。其中，将流入原因从原始的 9 个原因重新划分为 5 个原因，原始的 9 个原因包括务工经商、工作调动、分配录用、学习培训、购房拆迁搬家、婚姻嫁娶、随迁家属、投亲靠友、寄挂户口，将工作调动、分配录用、学习培训合并为工作学习，将购房拆迁搬家、随迁家属、投亲靠友合并为搬迁或投靠亲戚朋友，务工经商和婚姻嫁娶不变，剩下的原因合并为其他原因，因此，重新划分的 5 个原因为务工经商、工作学习、搬迁或投靠亲戚朋友、婚姻嫁娶、其他。具体情况如表 9-23～表 9-25 所示。

表 9-23　2000 年万州区抽样乡镇（街道）人口流入情况分析表

片区	人口总量/人	流入人口/人	流入人口比例/%	流入来源比例/%	
				本区（县）其他乡镇	其他来源
街道	26 089	3 339	12.80	0.90	99.10
镇	39 901	915	2.29	3.74	96.26
乡	5 404	43	0.80	2.00	98.00

表 9-24　2007 年万州区抽样乡镇（街道）人口流入情况分析表

片区	人口总量/人	流入人口/人	流入人口比例/%	流入来源比例/%		流入原因比例/%				
				本区（县）其他乡镇	其他来源	务工经商	工作学习	搬迁或投靠亲戚朋友	婚姻嫁娶	其他
街道	2475	34	1.37	75.00	25.00	42.00	7.00	36.00	11.00	4.00
镇	7156	13	0.18	85.00	15.00	11.13	4.47	4.40	11.13	2.20
乡	246	1	0.40	100.00	0.00	0.00	0.00	100.00	0.00	0.00

表 9-25　2013 年万州区抽样乡镇（街道）人口流入情况分析表

片区	人口总量/人	流入人口/人	流入人口比例/%	流入来源比例/%		流入原因比例/%				
				本区（县）其他乡镇	其他来源	务工经商	工作学习	搬迁或投靠亲戚朋友	婚姻嫁娶	其他
街道	7389	1232	15.30	79.40	20.60	19.80	5.50	57.90	16.60	20.00
镇	4821	38	0.67	31.06	7.83	6.56	3.28	20.22	6.28	3.61
乡	823	17	1.00	23.50	1.50	6.00	19.25	2.00	2.00	2.00

2）开州区

开州区 2007 年抽样调查人口中流入人口占总人口的 0.2%，抽中的大部分乡镇流入人口几乎是 0%。开州区乡镇的流入人口主要是开州区内部乡镇之间的流动。分析抽样乡镇人口流入的原因可知，流入人口主要是由于务工经商，其次是工作学习和婚姻嫁娶，一小部分是由于搬迁或投靠亲戚朋友，由于其他原因流入的人口较少。

开州区2013年抽样调查人口中流入人口占总人口的比例上升到1%，大部分乡镇流入人口比例不到10%，而且绝大多数流入人口也是来自开州区的其他乡镇。2013年人口流入的主要原因是搬迁或投靠亲戚朋友，具体见图9-16、表9-26。

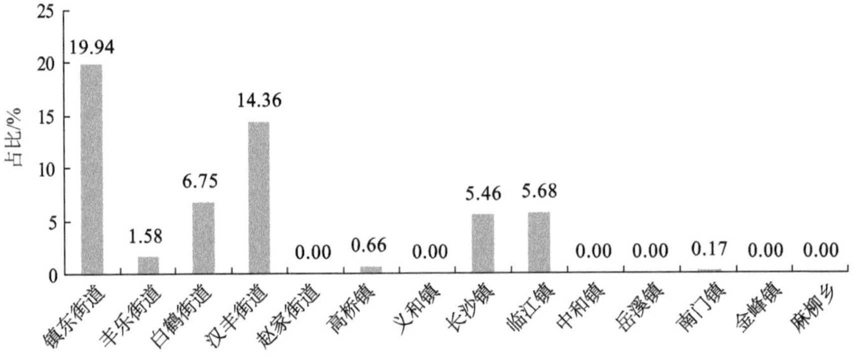

图9-16　2013年开州区各乡镇人口迁入情况图

表9-26　2013年开州区涉及抽样乡镇（街道）人口迁移情况表

片区	调查总人口/人	实际总人口/人	迁出人口/人	占调查总人口比例/%	迁出去向/%			迁入人口/人	占调查总人口比例/%	迁入来源/%	
					本县其他乡镇	其他县、市	港澳台			本县其他乡镇	其他县、市
街道	5359	4846	513	14.11	60.74	39.26	0	477	8.90	75.97	24.03
镇	4124	2337	1787	45.71	28.49	71.43	0.08	42	1.02	50	0
乡	250	128	122	48.8	12.3	87.7	0	0	0	0	0

从表9-27中可知，2000～2013年，开州区迁入人口的变化情况经过了急剧下降再急剧上升的过程，如图9-17所示。

表9-27　2000～2013年开州区人口迁移情况表　（单位：%）

年份	迁入人口	迁出人口	迁出去向		迁出原因		
			其他县、市	港澳台	工作、学习	家庭	其他
2000	0.24	3.91	—	—	31.42	60.58	8.00
2007	0.01	23.08	6.8	93.2	92.74	4.47	2.79
2013	0.39	33.48	99.97	0.03	81.92	16.07	2.70

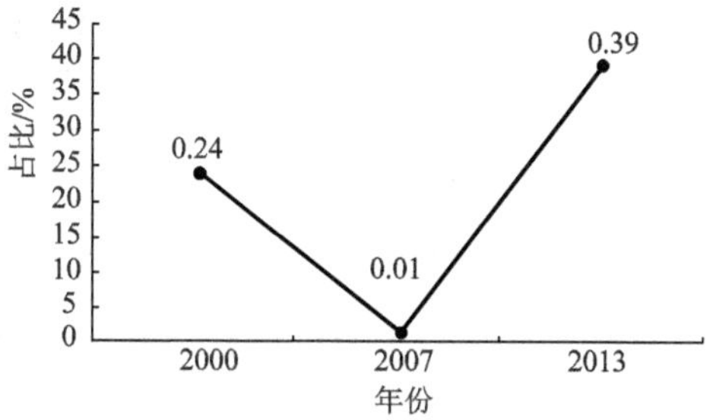

图 9-17 2000～2013 年开州区迁入人口比重变化图

3）云阳县

由表 9-28 可知，2000 年人口普查数据中，云阳县流入人口数量为 4251 人，仅占被调查人口数量的 4.66%，说明云阳县流入人口比例处于较低水平。从流入人口的来源来看，从本县其他乡镇流入的人口数量为 1970 人，占云阳县总流入人口数量的 46.34%，从本县以外流入的人口数量为 2281 人，占云阳县总流入人口数量的 53.66%。

表 9-28 2000 年云阳县抽样乡镇人口流入情况分析表

片区	人口总量/人	迁入人口		迁入来源			
		迁入人口/人	迁入人口比例/%	本县其他乡镇/人	占迁入比例/%	其他县市/人	占迁入比例/%
镇	46 286	3 160	6.83	1 555	42.38	1 605	57.62
乡	45 015	1 091	2.42	415	37.07	676	63.09

由表 9-29 可知，云阳县 2007 年度 1%人口抽样调查数据中，迁入总人口数量为 53 人，仅占调查总人口的 0.55%，比 2000 年有所下降。被抽样乡镇中，迁入人口比例最高的乡镇是养鹿乡，占到了养鹿乡总人口的 2.13%。农坝乡、凤鸣镇、南溪镇、新津乡和龙洞乡等乡镇没有人口迁入。

表 9-29 2007 年云阳县抽样乡镇人口流入情况分析表

片区	调查人口/人	迁入人口/人	迁入比例/%
镇	6577	39	0.59
乡	3071	14	0.46

由表 9-30 可知，云阳县 2013 年度 1%人口抽样调查数据中，迁入总人口数量为 246 人，仅占调查总人口的 1.79%，比 2007 年有所上升。

表 9-30　2013 年云阳县抽样乡镇（街道）人口流入情况分析表

片区	调查人口/人	迁入人口/人	迁入比例/%
街道	1 489	126	10.09
镇	11 046	100	0.63
乡	1 223	20	1.26

2. 人口流出情况分析

1）万州区

利用人口流动模型，统计万州区 2000 年、2007 年、2013 年的人口流出情况，主要包括流出人口比例、人口流出的去向及流出的原因，具体情况如表 9-31～表 9-33 所示。

2000 年万州区流出人口仅有 2%，流出人口主要集中在街道；流出原因主要是搬迁或投靠亲戚朋友及婚姻嫁娶，由于务工经商、工作学习等原因流出的人口甚少。

2007 年万州区流出人口比例高达 23%，主要流出原因是外出务工经商，其比例占 85%，其次 8%是搬迁或投靠亲戚朋友。分析万州区抽样乡镇的流出人口情况可知，镇级地区的流出人口相对较多，比例超过 40%，且流出人口主要去向其他区（县）。通过分析 2007 年万州区人口流出的原因可知，绝大部分人口的流出是由于外出务工经商。

2013 年万州区的流出人口比例降低到 16%，其中外出务工经商的流出人口比例有所下降，由于搬迁或投靠亲戚朋友的流出人口比例有所增加。同时，万州区抽样乡镇中仍然有部分乡镇的流出人口比例超过 50%。同时，流向本区（县）其他乡镇的人口比例相对于 2007 年有大幅度增加，表明 2013 年万州区人口流动主要是乡镇内部之间的流动，且流动量较大，这流动的原因仍然以务工经商为主，但由于搬迁或投靠亲戚朋友流动的人口比例有小幅度上升。

总体而言，万州区内各乡镇街道的人口流动量相对较大，其他乡镇的人口相对趋于稳定；2000～2007 年万州区人口流出量大幅度增加，且主要流向其他区（县），流出原因主要是务工经商和搬迁；2007～2013 年人口流出量有所减少，流出去向除了向外区（县）流出，还包括向本区（县）其他乡镇的流出，且流出原因以搬迁为主。

表 9-31　2000 年万州区抽样乡镇（街道）人口流出情况分析表

片区	调查人口/人	流出人口/人	流出人口比例/%	流出原因比例/%				
				务工经商	工作学习	搬迁或投靠亲戚朋友	婚姻嫁娶	其他
街道	35 244	9 155	25.98	18.70	19.70	39.80	16.80	4.90
镇	41 872	1 971	4.71	13.78	15.87	31.00	34.57	4.96
乡	5 512	108	1.96	15.20	15.40	20.00	41.20	8.00

表 9-32　2007 年万州区抽样乡镇（街道）人口流出情况分析表

片区	调查人口/人	流出人口/人	流出人口比例/%	流出去向比例/%		流出原因比例/%				
				本区（县）其他乡镇	其他去向	务工经商	工作学习	搬迁或投靠亲戚朋友	婚姻嫁娶	其他
街道	2839	364	12.82	30.67	69.33	65.67	2.67	14.00	5.33	13.00
镇	10198	3042	29.83	12.93	87.07	87.73	0.20	3.80	3.60	4.53
乡	375	129	34.40	46.00	54.00	87.00	0.00	4.00	9.00	1.00

表 9-33　2013 年万州区抽样乡镇（街道）人口流出情况分析表

片区	调查人口/人	流出人口/人	流出人口比例/%	流出去向比例/%		流出原因比例/%				
				本区（县）其他乡镇	其他去向	务工经商	工作学习	搬迁或投靠亲戚朋友	婚姻嫁娶	其他
街道	8040	651	8.10	64.30	35.70	39.80	11.60	34.20	4.00	10.10
镇	7904	3083	39.01	42.78	51.72	66.79	8.57	16.08	2.29	6.28
乡	1668	845	50.66	44.75	55.25	71.75	12.00	14.75	1.50	0.50

2）开州区

2013 年开州区迁出人口中，有 81.92%的人由于务工经商、工作调动及学习培训等工作学习上的原因迁走，有 16.07%的人由于随迁家属、投靠亲友、拆迁或搬家、寄挂户口及婚姻嫁娶等家庭上的原因迁走，剩余 2.7%的人由于其他原因迁走（图 9-18）。

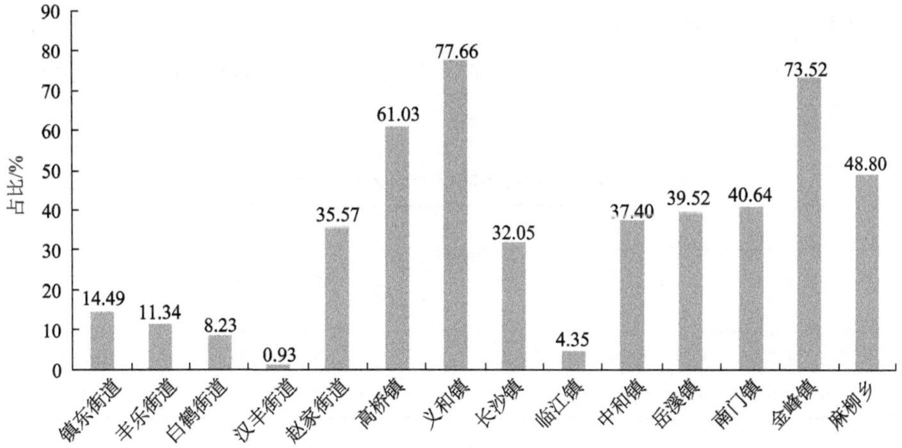

图 9-18　2013 年开州区各乡镇人口迁出情况图

从表 9-34 可以看出，开州区 2000～2013 年迁出人口比重的变化是逐年上升的，从 2000 年的 3.91%上升到 2007 年的 23.08%，再上升到 2013 年的 33.48%。

从调查数据中可得，2000 年，开州区迁出的人口主要是在开州区内部各乡镇、街道之间迁移；2007 年开州区有 93.20%的人迁往中国港澳台地区，仅有 6.80%的人口迁往其他县、市；2013 年开州区迁出的人口中 99.97%是迁往其他县、市，仅有 0.03%的人口迁往中国港澳台地区。

对于开州区 2000～2013 年人口迁出的原因，通过对调查数据的统计分析可得：工作学习原因（务工经商、工作调动及学习培训等）和家庭原因（随迁家属、投靠亲友、拆迁或搬家、寄挂户口及婚姻嫁娶等）是开州区人口迁出的主要原因。其中因为家庭原因而迁移的人口比重由 2000 年的 60.58%下降到 2013 年的 16.07%，由于其他原因而迁移的人口比重由 2000 年的 8.00%下降到 2013 年的 2.7%，因为工作学习原因而迁移的人口比重则是由 2000 年的 31.42%上升到 2013 年的 81.92%。

表 9-34　2013 年万州区抽样乡镇人口流出情况分析表　（单位：%）

年份	迁入人口	迁出人口	迁出去向		迁出原因		
			其他县、市	港澳台	工作、学习	家庭	其他
2000	0.24	3.91	—	—	31.42	60.58	8.00
2007	0.01	23.08	6.80	93.20	92.74	4.47	2.79
2013	0.39	33.48	99.97	0.03	81.92	16.07	2.70

3）云阳县

利用人口流动模型，统计云阳县 2000 年、2007 年、2013 年的人口流出情况，主要包括流出人口比例、人口流出的去向及流出的原因，具体情况如表 9-35～表 9-37 所示。

表 9-35　2000 年云阳县抽样乡镇人口流出情况分析表

片区	迁出人口数量			迁出原因/人								
	总人口/人	迁出人口/人	迁出比例/%	工作学习	务工经商	工作调动	分配录用	学习培训	拆迁搬家	婚姻迁入	随迁家属	其他
镇	49 560	3 274	6.61	492	132	19	9	100	193	433	269	1627
乡	46 408	1 393	3.00	79	52	12	1	23	116	99	168	843

在 2000 年人口普查数据中，云阳县迁出人口数为 4667 人，占普查人数的

4.8%，说明2000年云阳县人口迁出还处在一个相对比低的水平。从人口迁出原因来看，比例最高的是其他原因，占了迁出人口的52.92%，其次是工作学习，占迁出人口的12.23%，再次是婚姻嫁娶。

从表9-36可知，2007年云阳县1%抽样调查数据中，迁出人口数为3746人，占被调查人口数的38.83%，说明云阳县人口具有较大的流动性，且主要的流动方式为迁出。从人口迁出去向来看，云阳县乡镇迁出人数为347人，占总迁出人数的9.26%；迁出到其他县市的人口数为2959人，占迁出人数的78.99%；迁出到中国港澳台地区的人数为440人，占迁出人数的11.75%。从迁出原因来看，由于工作学习迁出的人数为3023人，占迁出总人口的80.70%；由于家庭原因迁出的人数为673人，占迁出总人口的17.97%；由于其他原因迁出的人数为50人，占总迁出人口的1.33%。通过分析2007年的人口流出情况可知，云阳县人口迁出的主要原因是外出务工经商和学习等。

表9-36　2007年云阳县抽样乡镇人口流出情况分析表

乡镇	人口总量/人	迁出人口		迁出去向/人			迁出原因/人		
		迁出人口/人	迁出比例/%	本县其他乡镇	其他县市	港澳台	工作学习	家庭原因	其他
镇	6577	2437	37.05	216	2101	120	1900	493	44
乡	3071	1309	42.62	131	858	320	1123	173	13

由表9-37可知，2013年云阳县的流出人口比例上升到51.82%，其中外出务工经商的流出人口比例有所下降，由于搬迁或投靠亲戚朋友的流出人口比例有所增加。同时，云阳县抽样乡镇中一半乡镇的流出人口比例超过50%，流向本区（县）其他乡镇的比例相对于2007年有大幅度增加。这表明2013年云阳县人口流动主要是乡镇内部之间的流动，且流动量较大；流动的原因仍然以务工经商为主，但由于家庭原因流动的人口比例有小幅度上升。

表9-37　2013年云阳县抽样乡镇（街道）人口流出情况分析表

片区	人口总量/人	迁出人口情况		迁出去向/人			迁出原因/人		
		迁出人口情况/人	迁出比例/%	本县其他乡镇	其他县市	港澳台	工作学习	家庭原因	其他
街道	1 489	139	9.34	25	114	0	114	24	1
镇	10 921	4 963	45.44	1 145	3 817	1	3 815	1 034	114
乡	950	534	56.21	147	387	0	427	107	0

9.4 库尾核心区：重庆都市圈的人口时空演化

9.4.1 研究区概况

重庆都市圈主要包括九区，即大渡口区、江北区、沙坪坝区、南岸区、渝中区、九龙坡区、渝北区、北碚区、巴南区；其主要分布在长江和嘉陵江沿线，四面临山，地形以低山浅丘为主，起伏较大，平均高程为 400 米。都市圈从南北面向长江嘉陵江河谷倾斜，起伏较大，呈现“一山一槽二岭”的自然景观，是典型的山地城市。都市圈总面积为 5465 平方千米，占整个重庆市总面积的 6.63%，占三峡库区总面积的 6.92%。截至 2013 年常住人口为 808.53 万人。按照“重庆五大功能区”战略，又细分为“都市功能核心区”（渝中区全域和大渡口、江北、沙坪坝、九龙坡、南岸 5 区处于内环以内的区域面积 294 平方千米）和“都市功能拓展区”（主城九区除都市功能核心区外的区域面积 5179 平方千米）。库尾核心区区位图如图 9-19 所示。

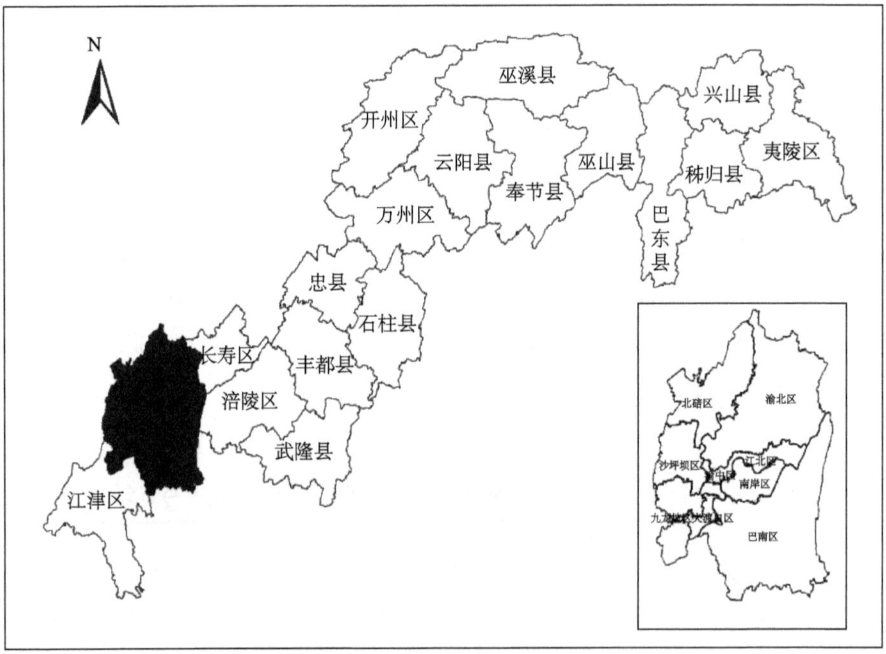

图 9-19 库尾核心区区位图

重庆都市圈经济非常活跃，其主城九区的很多经济指标事实上已经超过了很多沿海城市。2015 年，重庆市全市 GDP 为 15 719.72 亿元，辖区面积仅占全市不到 7%、人口占全市逾 27%的重庆主城九区，GDP 即达到 6394.47 亿元，贡献重庆市 GDP 达到 40.68%，如表 9-38 所示。

表 9-38 2015 年重庆都市圈基本信息

行政区	面积/千米²	常住人口/万人	地区生产总值/亿元	人均生产总值/元	城镇化率/%	行政中心
渝中区	23.71	64.95	958.17	147 524.25	1.00	七星岗街道
大渡口区	103.00	33.27	159.72	48 007.21	0.97	新山村街道
江北区	220.77	84.98	687.31	80 879.03	0.95	寸滩街道
南岸区	265.00	85.81	679.38	79 172.59	0.95	天文街道
沙坪坝区	396.00	112.83	714.30	63 307.63	0.94	覃家岗街道
九龙坡区	432.00	118.69	1 003.57	84 553.88	0.92	杨家坪街道
北碚区	755.00	78.62	430.34	54 736.71	0.80	北温泉街道
渝北区	1 452.00	155.09	1 193.34	76 945.00	0.79	两路街道
巴南区	1 825.00	100.58	568.34	56 506.26	0.78	龙洲湾街道

9.4.2 人口时空分布的总体特征

1. 人口总量分布特征分析

如表 9-39 所示，在 2001～2013 年各时间节点上，三峡库区库尾核心区每个区的人口总量随时间的变化呈现出明显的变化趋势；不同区人口总量的空间分布也存在显著的差异性特征。

从三峡库区库尾核心区每个区人口总量的变化趋势来看，大多数区都呈现出增加趋势，部分区在个别年份呈现出减少趋势。渝中区和北碚区的人口总量在 2007～2010 年明显减少，在 2010～2013 年渝中区仍然持续一定幅度的增加趋势，而北碚区人口总量在 2007～2010 年的减少幅度较小。

各年份不同区的人口总量差异性较为突出。2013 年，九龙坡区、沙坪坝区、渝北区的人口总量皆在 100 万人以上，其中渝北区 146.52 万人，其次是九龙坡区，为 115.94 万人。大渡口区的人口总量仅为 32.84 万人。

表 9-39 2001～2013 年三峡库区库尾核心区人口总量汇总表（单位：万人）

行政区	2001 年	2004 年	2007 年	2010 年	2013 年
九龙坡区	86.49	92.22	97.95	108.44	115.94
渝中区	66.17	68.63	71.09	63.01	65.02

续表

行政区	2001 年	2004 年	2007 年	2010 年	2013 年
大渡口区	24.44	25.70	26.96	30.10	32.84
巴南区	72.49	79.80	87.11	91.87	95.85
南岸区	61.11	65.13	69.15	75.96	82.95
沙坪坝区	79.10	84.09	89.08	100.00	110.31
江北区	59.66	63.51	67.36	73.80	83.01
渝北区	70.85	81.88	92.91	134.54	146.52
北碚区	62.39	66.20	70.01	68.04	76.09

2. 人口密度时空差异分析

利用式 3-4，可计算出三峡库区库尾核心区 2001 年、2004 年、2007 年、2010 年、2013 年各年份的人口密度，如表 9-40 和图 9-21 所示。

通过分析表 9-40 可知，三峡库区库尾核心区的人口密度存在较大的差异。以重庆市中心区渝中区为首，区内每平方千米的人口已经接近 30 000 人以上，渝中区早已属于集聚核心区。南岸区、江北区、大渡口区的人口密度也持续高于 3000 人/千米^2，沙坪坝区和九龙坡区也已经超过 2000 人/千米^2。北碚区和渝北区由于地域面积大，2013 年人口密度刚过 1000 人/千米^2。这五个主城区也属于重庆段人口的集聚核心区。巴南区的人口密度为 500 人/千米^2 左右，属于人口中度集聚区，其中巴南区地处重庆市都市功能拓展区，地势较为复杂，发展程度相对较低，在重庆市最西南的方位。

表 9-40　2001～2013 年三峡库区库尾核心区人口密度汇总表　（单位：人/千米^2）

行政区	2001 年	2004 年	2007 年	2010 年	2013 年
渝中区	29 019.55	30 098.41	31 177.27	27 633.70	28 515.20
大渡口区	2 355.68	2 477.13	2 598.58	2 901.23	3 165.33
江北区	2 684.01	2 857.22	3 030.42	3 320.15	3 734.49
沙坪坝区	1 992.15	2 117.83	2 243.50	2 518.53	2 778.19
九龙坡区	2 005.39	2 138.24	2 271.10	2 514.33	2 688.22
南岸区	2 328.78	2 481.98	2 635.17	2 894.69	3 161.06
北碚区	831.15	881.91	932.66	906.42	1 013.66
渝北区	486.22	561.92	637.61	923.31	1 005.52
巴南区	398.25	438.41	478.57	504.72	526.59

通过观察表 9-40 可知，大渡口区、江北区、南岸区、渝中区的人口密度变化趋势最为明显；渝中区人口密度的变化幅度最大。

根据三峡库区库尾核心区人口密度分布的实际情况，同时为了更深入地分析库区区（县）人口密度在各时间节点上的变化情况，将三峡库区区（县）人口密度进行再次划分。将 201～400 人/千米 ^{2} 的低度集聚区重新划分为 201～300 人/千米 ^{2} 的低度集聚区和 301～400 人/千米 ^{2} 的中低度集聚区；将 501～1000 人/千米 ^{2} 的高度核心区重新划分为 501～600 人/千米 ^{2} 的较高度核心区、601～700 人/千米 ^{2} 的中高度核心区和 701～1000 人/千米 ^{2} 的高度核心区；将 1000 人/千米 ^{2} 以上的集聚核心区重新划分为 1001～2000 人/千米 ^{2} 的中度集聚核心区和 2000 人/千米 ^{2} 以上的高集聚核心区。具体划分类型如表 9-41、表 9-42 所示。

表 9-41　人口密度类型区分级表

人口密度类型区	集聚核心区	高度核心区	中度集聚区	低度集聚区	一般过渡区	相对稀疏区
人口密度值/（人/千米 ^{2}）	>1000	501～1000	401～500	201～400	101～200	≤100

表 9-42　人口密度类型区细化分级表

人口密度类型区	高集聚核心区	中度集聚核心区	高度核心区	中高度核心区	较高度核心区	中度集聚区	中低度集聚区	低度集聚区	一般过渡区
人口密度值/（人/千米 ^{2}）	>2000	1001～2000	701～1000	601～700	501～600	401～500	301～400	201～300	101～200

结合人口密度类型区细化分级表 9-42 和各区人口密度空间分布图 9-20，三峡库区库尾核心区各区的人口密度随时间的变化趋势可知，大部分区（县）的人口密度是随着时间的推移在持续地增长的，小部分区域的人口密度在近几年有小幅度的减少；人口密度持续增加的区中，大部分区的人口密度类型并没有改变，仍有部分区（县）的人口密度类型逐步向相邻类型变化。渝中区的人口密度总体保持相对稳定，具体分析来看，自 2001 年起渝中区的人口密度经历了先增后减、再减后增的变化趋势；沙坪坝区和南岸区的人口密度 2001～2013 年不断增加，且南岸区的发展速度相对更快；渝北区在 12 年间的人口密度持续增大，对应的人口密度类型区也在不断地变化，持续从较高度核心区发展为中高度核心区直至高度核心区，人口密度的增长速度较快。

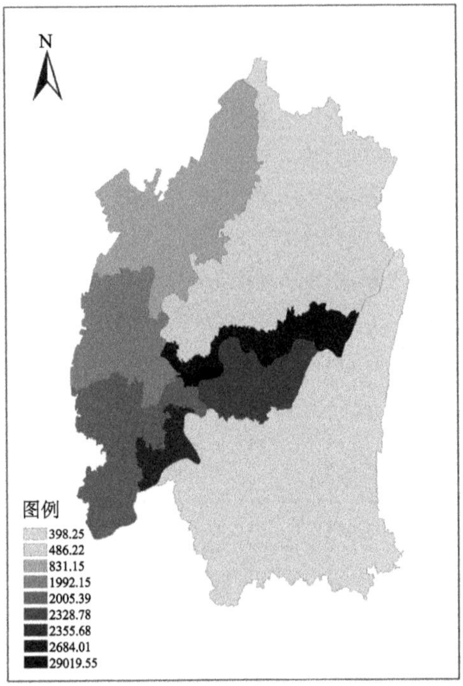

(a)2001年

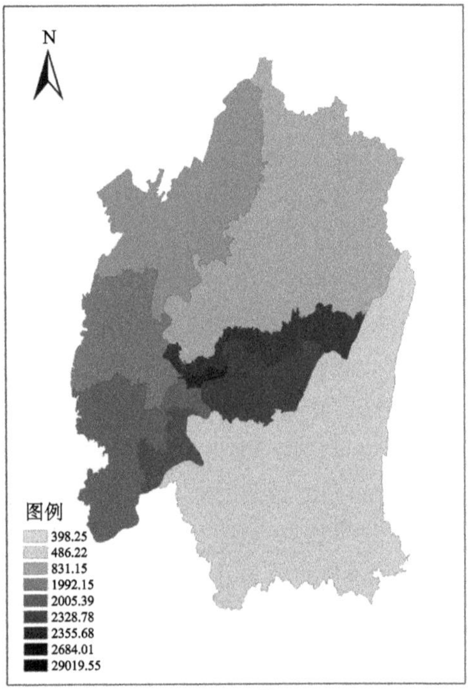

(b)2004年

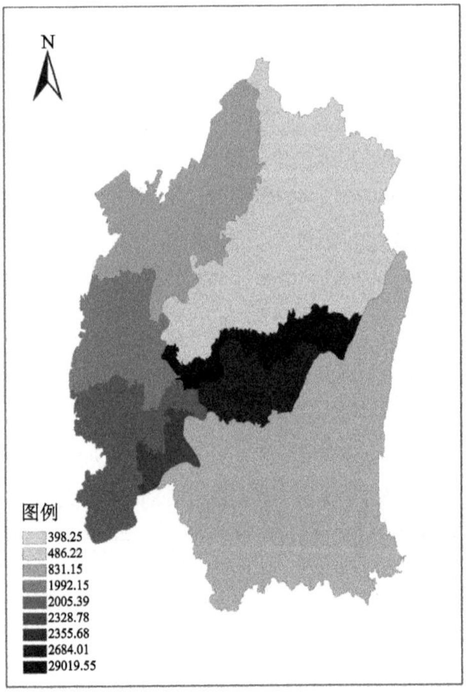

(c)2007年

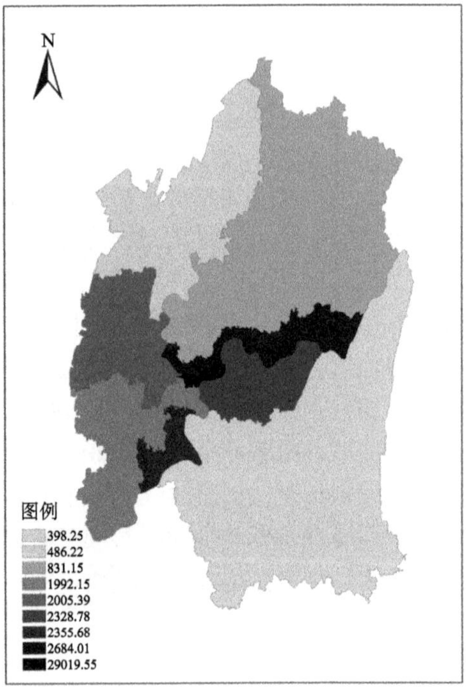

(d)2010年

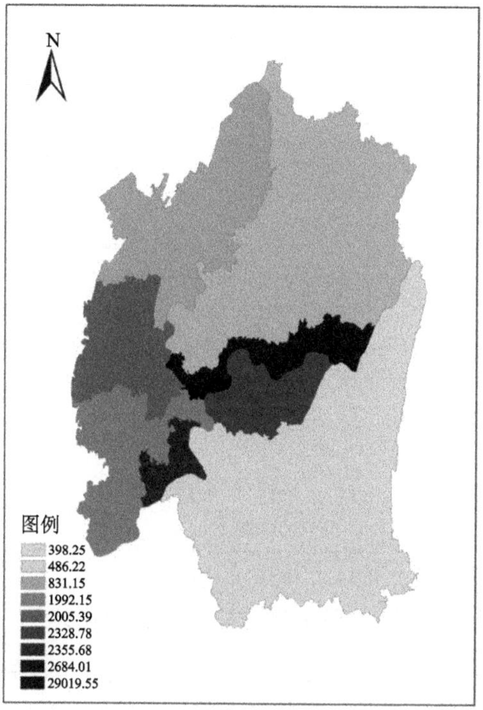

(e)2013年

图 9-20　2001～2013 年三峡库区库尾核心区人口密度空间分布图

3. 人口性别结构总体分析

选择全国第五次人口普查数据 2000 年和 2007 年、2013 年的重庆市 1%人口抽样调查数据作为研究的基础数据，对库尾核心区的人口性别变化特征情况进行如下分析研究。

由调查数据可知，三峡库区库尾核心区 2001～2013 年的男性与女性人口比重变化趋势如图 9-21 所示。库尾核心区男性人口比重总体呈现下降趋势，经历了先下降后上升的过程，从 2000 年的 50.90%下降到 2013 年的 49.98%；女性人口比重总体呈上升趋势，经历了先上升后下降的过程，从 2000 年 49.10%上升到 2013 年的 50.02%。

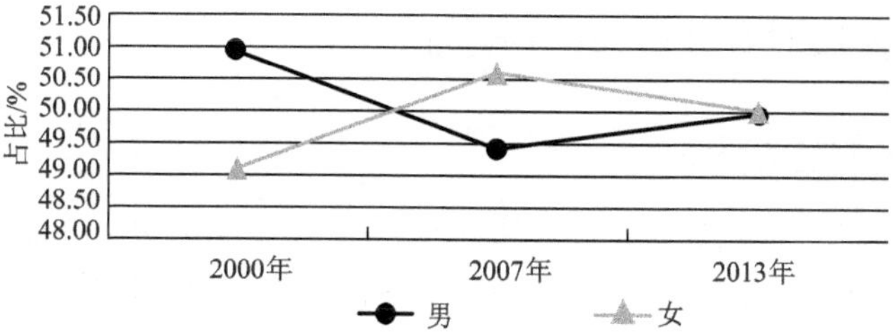

图 9-21　三峡库区库尾核心区 2001～2013 年人口性别比重变化图

4. 三峡库区库尾核心区人口受教育总体情况变化分析

2000～2013年重庆都市圈的人口受教育变化情况如表9-43所示，2000～2013年重庆都市圈人口的受教育程度总体提升。其中，未受教育的人口比重由2000年的10.52%下降至2013年的7.29%；接受过高等教育的人口比重由2000年9.46%上升至2013年的23.02%；接受过中等教育的人口比重由2000年的52.66%上升到2013年的52.81%；接受过初级教育的人口比重由2000年的27.36%下降到16.87%。由此可看出，重庆都市圈人口的受教育程度有很大程度提高。

表9-43　2000～2013年库尾核心区人口受教育情况表　（单位：%）

年份	未受教育	初等教育	中等教育	高等教育
2000	10.52	27.36	52.66	9.46
2007	6.07	21.17	55.33	17.43
2013	7.29	16.87	52.81	23.02

5. 三峡库区库尾核心区人口未就业总体情况变化分析

从调查数据可知，重庆都市圈未就业人口的比重呈现先上升后下降的趋势。如图9-22所示，2000年重庆都市圈未就业人口的比重为32.33%，到2007年重庆都市圈的未就业人口比重上升到36.64%，但在2013年其未就业人口又下降至32.29%。

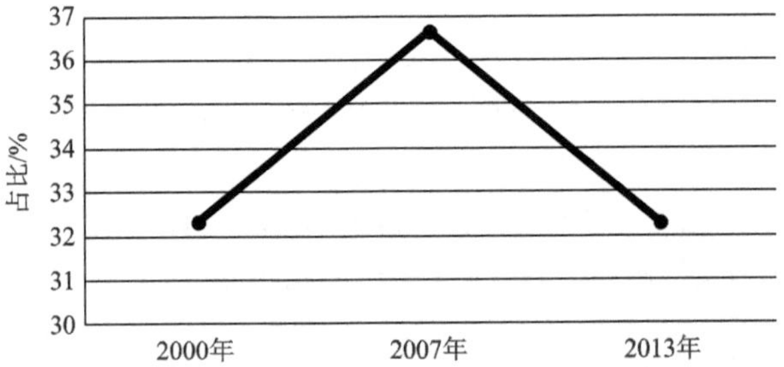

图9-22　重庆都市圈2000～2013年未就业人口比重变化图

9.4.3 人口时空分布的结构特征

1. 人口性别结构分析

利用前文的公式可以获取重庆都市圈2000年、2007年、2013年抽样区的人口总量数据，在人口总量数据中分别提取抽样区的男女人口总量，再利用相关公式，可计算性别结构比例。计算结果如表9-44、图9-23～图9-25所示。

表 9-44　2000 年、2007 年、2013 年三峡库区库尾核心区抽样各区人口性别结构分析表

（单位：%）

行政区	2000 年		2007 年		2013 年	
	男性比例	女性比例	男性比例	女性比例	男性比例	女性比例
渝中区	49.67	50.33	49.06	50.94	50.17	49.83
江北区	51.02	48.98	49.86	50.14	50.12	49.88
渝北区	51.08	48.92	50.04	49.96	50.72	49.28
北碚区	50.52	49.48	50.30	49.70	50.26	49.74
南岸区	50.84	49.16	49.68	50.32	50.75	49.25
巴南区	51.45	48.55	50.60	49.40	51.38	48.62
九龙坡区	51.89	48.11	48.27	51.73	50.58	49.42
大渡口区	50.45	49.55	49.25	50.75	48.90	51.10
沙坪坝区	51.14	48.86	47.63	52.37	46.91	53.09

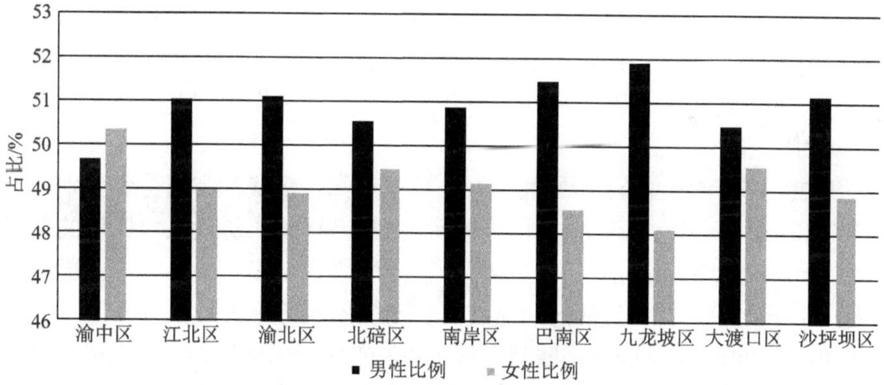

图 9-23　2000 年三峡库区库尾核心区各区人口性别比例图

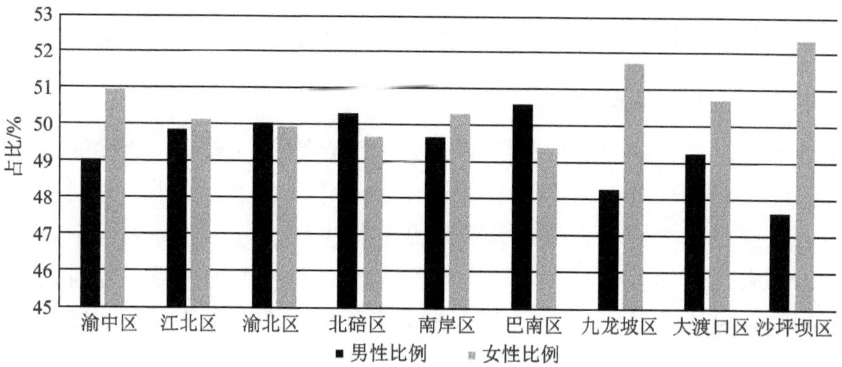

图 9-24　2007 年三峡库区库尾核心区各区人口性别比例图

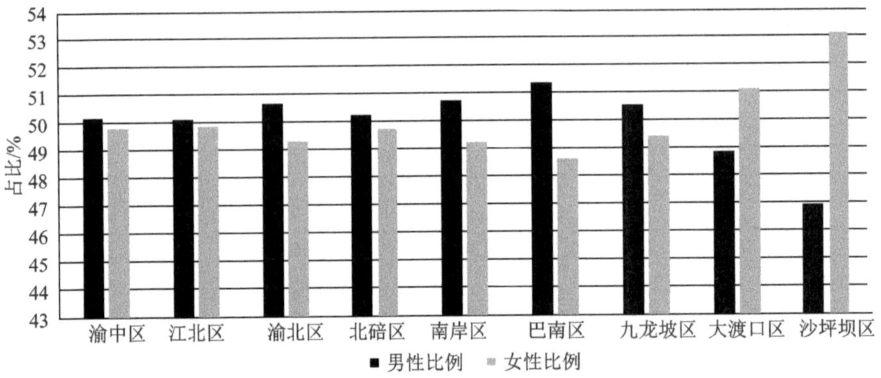

图 9-25　2013 年三峡库区库尾核心区各区人口性别比例图

分析 2000 年重庆都市圈人口普查数据可知，重庆都市圈男女性别比例分别是 51%和 49%，女性人口略少于男性人口。分析的 9 个区中只有渝中区的男性比例大于女性比例，其余区皆为男性人口比例多于女性人口比例。

分析 2007 年重庆都市圈 1%抽样人口数据可知，重庆都市圈男女性别比例分别是 49%和 51%，男性人口略少于女性人口。抽样的各区中，男女人口比例皆较为接近，总体男女人口比例相对平衡；其中，渝北区、北碚区、江北区、南岸区的男女比例最为协调，男女人口几乎是各占一半；沙坪坝区和九龙坡区男女比例的差距相对突出。

分析 2013 年重庆都市圈 1%抽样人口数据可知，重庆都市圈男女性别比例分别是 50%和 50%，男女性别人口比例平衡。抽样各区中，男女人口比例的差距相对较大的有沙坪坝区和巴南区，且沙坪坝区是女性人口多于男性人口；巴南区是男性人口多于女性人口，其他区的男女人口比例差距并不大。

从 2000～2013 年重庆都市圈整个区（县）的性别比例可知，重庆都市圈各区的男女性别结构在 2000～2007 年变化幅度较大，女性人口数量逐渐增加，直至 2007 年女性人口比例反超男性人口比例；在 2007～2013 年重庆都市圈男女人口比例又逐步恢复平衡，在 2013 年大致实现全区男女比例 1∶1 的平衡发展。

2. 人口文化程度结构分析

基于人口总量数据提取抽样区不同文化程度的人口数量，抽样调查数据中的受教育程度划分了 7 个层次，即未上学、小学、初中、高中、专科、本科、研究生，本章节研究过程中将受教育程度重新进行划分，划分为四个级别的文化程度，即未上学划为低级，小学为初级，初中和高中为中级，专科以上为高级。再利用式（9-2）计算不同文化程度的人口比例。计算结果如表 9-45～表 9-47 所示。

从表 9-45 可知，2000 年重庆都市圈中级文化程度人口相对较多，其次是初级文化程度的人口；同时，重庆都市圈抽样区中不同文化程度的人口所占的比例差异较大。分析各区受教育程度数据可知，低级文化程度的人口主要集中在渝北区、北碚区、巴南区等离城市中心较远的区域，超过当地人口的 10%以上；最高比例达到 14.99%。初级文化程度人口主要集中在渝北区和巴南区，其比例几乎达到 40%。高级文化程度的人口主要集中在渝中区、南岸区、沙坪坝区。

表 9-45　2000 年重庆都市圈抽样区人口文化程度结构分析表　（单位：%）

行政区	低级比例	初级比例	中级比例	高级比例
渝中区	8.53	17.76	57.71	16.00
江北区	9.73	22.26	57.14	10.87
渝北区	14.99	40.71	40.45	3.85
北碚区	11.95	31.59	48.63	7.83
南岸区	9.42	21.72	56.84	12.02
巴南区	11.79	39.31	46.13	2.78
九龙坡区	8.86	25.65	55.67	9.82
大渡口区	10.64	23.81	59.05	6.50
沙坪坝区	8.80	23.47	52.30	15.43

从表 9-46 可知，2007 年重庆都市圈中级文化程度人口相对较多，其次是初级文化程度和高级文化程度的人口，除渝北区、江北区外，低级文化程度的人口比例为 5%～7%。重庆都市圈抽中区中大部分区初级文化程度的人口比例超过 15%。同时，所有区的中级文化程度人口比例都超过了 50%以上，其中九龙坡区超过 60%。重庆都市圈高级文化程度的人口比例最高的区为渝中区，比例达到 30.05%，最少的区为巴南区，比例也仅为 4.28%。

表 9-46　2007 年重庆都市圈抽样区人口文化程度结构分析表　（单位：%）

行政区	低级比例	初级比例	中级比例	高级比例
渝中区	4.70	13.83	51.42	30.05
江北区	7.32	22.19	53.66	16.83
渝北区	8.20	31.52	53.58	6.70
北碚区	6.16	25.41	51.85	16.58
南岸区	5.62	14.78	56.82	22.78

续表

行政区	低级比例	初级比例	中级比例	高级比例
巴南区	6.59	29.49	59.64	4.28
九龙坡区	5.08	19.85	60.69	14.38
大渡口区	5.85	15.93	57.84	20.38
沙坪坝区	5.12	17.52	52.44	24.92

从表 9-47 分析低级文化程度人口比例可知，所有抽中区的比例除北碚区外，皆未超过 10%，且大部分区已经控制在 10%以下。初级文化程度人口比例超过 20%的区相对减少，只有巴南区和渝北区，同时中级文化程度人口比例超过 50%的区相对减少。重庆都市圈受教育程度高级比例超过 30%的有渝北区、江北区、南岸区及沙坪坝区。

表 9-47　2013 年重庆都市圈抽样区人口文化程度结构分析表　（单位：%）

行政区	低级比例	初级比例	中级比例	高级比例
渝中区	6.50	13.94	49.38	30.18
江北区	5.31	11.58	50.02	33.10
渝北区	7.44	20.33	47.80	24.43
北碚区	12.65	19.81	53.32	14.21
南岸区	7.16	13.73	47.48	31.62
巴南区	7.61	26.01	58.12	8.25
九龙坡区	5.97	18.12	59.60	16.31
大渡口区	7.42	15.76	61.28	15.54
沙坪坝区	5.57	12.59	48.28	33.56

总体而言，重庆都市圈人口的文化程度在不断提升，中高级文化程度的人口比例不断增加，中级文化程度人口比例的增加速度最为突出，且在 2007～2013 年人口文化程度的提升最为显著。

3. 人口就业现状分析

基于重庆都市圈 2000～2013 年 1%人口抽样调查数据，统计重庆都市圈抽样区的人口在一年内的工作情况，汇总抽样区未工作的人数及其未工作的原因，得到 2000～2013 年重庆都市圈抽样区未就业比例及未就业原因的比例，得出表 9-48。

表 9-48 2000～2013 年重庆都市圈各区未就业人口比例情况分析表（单位：%）

行政区	2000 年	2007 年	2013 年
渝中区	39.24	42.24	32.99
江北区	36.63	37.35	29.63
渝北区	18.29	26.52	27.62
北碚区	28.81	28.57	35.02
南岸区	39.12	46.94	31.84
巴南区	20.78	20.09	23.05
九龙坡区	31.95	37.57	29.92
大渡口区	36.26	42.16	34.02
沙坪坝区	39.92	48.31	46.47

从表 9-48 可知，2000 年重庆都市圈未就业人口比例相对较多，未就业比例超过 30%的有 6 个区，分别是渝中区、江北区、南岸区、九龙坡区、大渡口区及沙坪坝区，其中未就业比例最高的区是沙坪坝区，达到 39.92%；未就业比例最低的区是渝北区，其比例仅为 18.29%。

除巴南区外，在 2007 年重庆都市圈未就业人口比例全部呈现上升趋势，未就业比例超过 30%的有 6 个区，分别是渝中区、江北区、南岸区、九龙坡区、大渡口区及沙坪坝区，其中未就业比例超过 40%的区有渝中区、南岸区、大渡口区及沙坪坝区；未就业比例最低的区是巴南区，其比例为 20.09%。

2013 年重庆都市圈未就业人口比例整体呈现下降趋势，未就业比例超过 30%的区下降到 5 个，分别是渝中区、北碚区、南岸区、大渡口区及沙坪坝区，其中未就业比例最高的区是沙坪坝区，达到 46.47%；未就业比例最低的区是巴南区，其比例仅为 23.05%。

分析 2000 年重庆都市圈抽样区人口未就业原因可知，重庆都市圈未就业的人口中，在校学习造成未就业比例超过 20%的区有 3 个，分别是北碚区、南岸区及沙坪坝区，其中沙坪坝区的比例达到 32.44%，主要是因为重庆大学城位于该区，学生在人口总比例中较大。丧失工作能力造成未就业的比例相对较少，超过 10%的区有 3 个，分别是渝北区、北碚区及巴南区，其中渝北区的比例达到 16.78%。离退休造成未就业的比例整体较大，超过 30%的区有 5 个，分别是渝中区、江北区、南岸区、九龙坡区及大渡口区，其中超过 40%的有渝中区和江北区。料理家务造成未就业的比例超过 20%的有 3 个区，分别是渝北区、北碚区及巴南区，其中渝北区的比例达到 31.06%。其他原因造成未就业的比例超过 20%的有 6 个区，分别是渝中区、江北区、南岸区、九龙坡区、大渡口区及沙坪坝区，其中超过 30%的有大渡口区，如表 9-49 所示。

表 9-49 2000 年重庆都市圈各区人口就业情况现状分析表 （单位：%）

行政区	在校学习	丧失工作能力	离退休	料理家务	其他原因
渝中区	18.78	1.94	44.09	8.67	26.53
江北区	13.19	2.90	44.13	14.19	25.59
渝北区	14.23	16.78	18.06	31.06	19.87
北碚区	24.99	10.04	25.49	22.00	17.49
南岸区	20.91	5.73	34.54	13.75	25.08
巴南区	14.30	14.54	25.43	25.89	19.83
九龙坡区	19.35	5.47	33.48	17.66	24.04
大渡口区	9.69	4.27	36.44	17.70	31.91
沙坪坝区	32.44	4.53	29.37	13.02	20.63

分析 2007 年重庆都市圈抽样区人口未就业原因可知，重庆都市圈未就业的人口中，在校学习造成未就业比例超过 20%的区有 2 个，分别是九龙坡区和沙坪坝区，其中沙坪坝区的比例达到 34.02%，主要是因为重庆大学城位于该区，学生在人口总比例中较大。丧失工作能力造成未就业的比例相对较少，超过 10%的区有 3 个，分别是渝北区、北碚区及巴南区，其中渝北区的比例达到 19.52%。离退休造成未就业的比例整体较大，是造成重庆都市圈未就业的主要原因，超过 40%的区有 7 个，分别是渝中区、江北区、北碚区、南岸区、九龙坡区、大渡口区及沙坪坝区，其中超过 50%的有渝中区和江北区。料理家务造成未就业的比例超过 20%的仅有渝北区，其比例达到 22.53%。其他原因造成未就业的比例超过 20%的有 4 个区，分别是渝北区、南岸区、九龙坡区、大渡口区，如表 9-50 所示。

表 9-50 2007 年重庆都市圈各区人口就业情况现状分析表 （单位：%）

行政区	在校学习	丧失工作能力	离退休	料理家务	其他原因
渝中区	13.04	2.11	61.41	6.21	17.23
江北区	10.35	6.58	51.63	13.32	18.12
渝北区	15.65	19.52	19.89	22.53	22.42
北碚区	18.11	12.02	43.43	14.87	11.57
南岸区	13.00	3.42	44.35	12.15	27.08
巴南区	17.19	17.46	36.96	18.45	9.95
九龙坡区	20.34	5.35	41.75	10.26	22.30
大渡口区	12.77	1.82	48.13	15.70	21.58
沙坪坝区	34.02	6.42	40.95	4.86	13.75

分析2013年重庆都市圈抽样区人口未就业原因可知，重庆都市圈未就业的人口中，在校学习造成未就业的比例超过20%的区有2个，分别是九龙坡区和沙坪坝区，沙坪坝区的比例达到47.17%，主要是因为重庆大学城位于该区，学生在人口总比例中较大。丧失工作能力造成未就业的比例相对较少，超过10%的区有3个，分别是渝北区、北碚区及巴南区，其中巴南区的比例达到23.83%。离退休造成未就业比例整体较大，超过30%的有5个，分别是渝中区、江北区、南岸区、九龙坡区及大渡口区，其中超过50%的区有渝中区、江北区及大渡口区。料理家务造成未就业的比例超过20%的有2个区，分别是北碚区和巴南区，其中巴南区的比例达到22.47%。其他原因造成未就业的比例超过20%的有2个区，分别是北碚区和九龙坡区，如表9-51所示。

表9-51 2013年重庆都市圈各区人口就业情况现状分析表 （单位：%）

行政区	在校学习	丧失工作能力	离退休	料理家务	其他原因
渝中区	16.30	5.13	56.23	7.70	14.64
江北区	17.31	2.85	61.87	7.25	10.73
渝北区	15.87	20.65	28.08	18.69	16.72
北碚区	13.19	14.41	28.99	20.94	22.47
南岸区	19.30	6.88	41.95	13.92	17.95
巴南区	17.07	23.83	23.07	22.47	13.56
九龙坡区	21.85	4.48	46.91	5.56	21.20
大渡口区	10.32	3.23	57.29	16.77	12.39
沙坪坝区	47.17	8.70	25.90	8.02	10.21

9.4.4 人口时空分布的流动性特征

1. 重庆都市圈人口流入情况分析

利用人口流动模型，统计重庆都市圈2000年、2007年、2013年的人口流入情况，主要包括流入人口比例、流入的原因。具体情况如表9-52～表9-55所示。

表9-52 2000～2013年重庆都市圈抽样区人口流入情况分析表

行政区	2000年			2007年			2013年		
	人口总量/人	流入人口/人	流入比例/%	人口总量/人	流入人口/人	流入比例/%	人口总量/人	流入人口/人	流入比例/%
渝中区	58 420	8 196	14.03	5 718	1 003	17.54	4 016	1 845	45.94
江北区	51 780	4 661	9.00	4 683	625	13.35	6 514	2 258	34.66

续表

行政区	2000年			2007年			2013年		
	人口总量/人	流入人口/人	流入比例/%	人口总量/人	流入人口/人	流入比例/%	人口总量/人	流入人口/人	流入比例/%
渝北区	74 121	2 424	3.27	7 014	471	6.72	14 469	5 984	41.36
北碚区	56 707	1 610	2.84	6 262	363	5.80	8 400	1 468	17.48
南岸区	52 403	3 811	7.27	4 736	583	12.31	8 348	3 474	41.61
巴南区	78 190	1 940	2.48	7 555	289	3.83	11 486	1 224	10.66
九龙坡区	81 922	10 429	12.73	7 210	1 178	16.34	14 317	5 220	36.46
大渡口区	21 116	1 622	7.68	2 341	379	16.19	2 278	768	33.71
沙坪坝区	70 927	6 516	9.19	5 707	550	9.64	8 581	3 250	37.87

重庆都市圈2000年普查人口中流入人口占总人口比例的7.6%，流入人口主要集中在渝中区、九龙坡区及沙坪坝区，流入人口占总人口比例最大的是渝中区，比例达到14.03%。

重庆都市圈2007年抽样调查人口中流入人口占总人口比例有所上升，流入比例达到11.3%，流入比例大于10%的区有5个，分别是渝中区、江北区、南岸区、九龙坡区和大渡口区，流入比例最大的区依然是渝中区，其流入比例达到17.54%。流入比例最少的区是巴南区，其流入比例仅为3.83%。

重庆都市圈2013年抽样调查人口中流入人口占总人口的比例有大幅度的上升，流入比例达到33.3%，流入人口比例大于40%的有3个区，分别是渝中区、渝北区及南岸区，其中流入人口比例最大的区是渝中区，其流入比例达到45.94%。流入人口比例最小的巴南区也上升到了10.66%。

分析2000年重庆都市圈各区人口流入的原因可知，流入人口主要是由于务工经商，其次是其他原因，仍然有一部分是由于搬迁或投靠亲戚朋友，由于婚姻嫁娶原因流入的人口较少。

表9-53 2000年重庆都市圈人口流入原因情况表 （单位：%）

行政区	务工经商	工作学习	搬迁或投靠亲戚朋友	婚姻嫁娶	其他
渝中区	52.31	4.09	14.43	2.10	27.07
江北区	45.89	6.20	15.98	2.87	29.05
渝北区	37.71	6.02	26.82	8.79	20.67
北碚区	28.94	12.86	17.52	11.18	29.50
南岸区	41.54	9.24	18.71	4.96	25.56

续表

行政区	务工经商	工作学习	搬迁或投靠亲戚朋友	婚姻嫁娶	其他
巴南区	31.80	3.51	19.95	11.91	32.84
九龙坡区	52.99	3.56	14.65	2.89	25.92
大渡口区	35.39	3.14	19.85	6.10	35.51
沙坪坝区	39.10	16.45	14.32	3.74	26.38

分析 2007 年重庆都市圈各区人口流入的原因可知，流入人口依然主要是由于务工经商，其次是搬迁或投靠亲戚朋友，仍然有一部分是由于工作学习，由于其他原因流入的人口较少。

表 9-54　2007 年重庆都市圈人口流入原因情况表　（单位：%）

行政区	务工经商	工作学习	搬迁或投靠亲戚朋友	婚姻嫁娶	其他
渝中区	58.03	5.68	27.12	5.38	3.79
江北区	33.28	6.88	49.92	6.56	3.36
渝北区	36.52	7.64	33.33	12.74	9.77
北碚区	44.63	13.50	27.55	6.61	7.71
南岸区	31.90	11.84	37.91	13.72	4.63
巴南区	38.06	1.73	39.10	19.72	1.38
九龙坡区	43.55	27.33	23.60	4.07	1.44
大渡口区	52.24	5.01	31.13	5.01	6.60
沙坪坝区	31.45	47.27	16.91	4.36	0.00

分析 2013 年重庆都市圈各区人口流入的原因可知，流入人口依然主要是由于务工经商，其次是搬迁或投靠亲戚朋友，由于工作学习、婚姻嫁娶及其他原因流入的人口较少。

表 9-55　2013 年重庆都市圈人口流入原因情况表　（单位：%）

行政区	务工经商	工作学习	搬迁或投靠亲戚朋友	婚姻嫁娶	其他
渝中区	49.65	5.53	39.24	4.55	1.03
江北区	32.55	7.13	56.11	1.46	2.75
渝北区	24.48	6.10	62.93	1.64	4.85
北碚区	36.99	7.97	35.90	9.54	9.60

续表

行政区	务工经商	工作学习	搬迁或投靠亲戚朋友	婚姻嫁娶	其他
南岸区	24.78	8.32	61.89	2.25	2.76
巴南区	41.18	7.43	35.38	7.68	8.33
九龙坡区	55.44	8.39	31.40	2.76	2.01
大渡口区	17.97	5.34	63.67	7.42	5.60
沙坪坝区	18.00	48.25	26.49	1.91	5.35

2. 重庆都市圈人口流出情况分析

利用人口流动模型，统计重庆都市圈 2000 年、2007 年、2013 年的人口流入情况，主要包括流出人口比例、流入的原因。具体情况如表 9-56～表 9-59 所示。

表 9-56　2000～2013 年重庆都市圈抽样区人口流出情况分析表

行政区	2000 年			2007 年			2013 年		
	人口总量/人	流出人口/人	流出比例/%	人口总量/人	流出人口/人	流出比例/%	人口总量/人	流出人口/人	流出比例/%
渝中区	58 420	455	0.78	5 718	421	7.36	4 016	734	18.28
江北区	51 780	245	0.47	4 683	208	4.44	6 514	497	7.63
渝北区	74 121	459	0.62	7 014	557	7.94	14 469	1 519	10.50
北碚区	56 707	799	1.41	6 262	712	11.37	8 400	1 604	19.10
南岸区	52 403	100	0.19	4 736	62	1.31	8 348	308	3.69
巴南区	78 190	891	1.14	7 555	1090	14.43	11 486	2 476	21.56
九龙坡区	81 922	581	0.71	7 210	376	5.21	14 317	1 639	11.45
大渡口区	21 116	198	0.94	2 341	141	6.02	2 278	364	15.98
沙坪坝区	70 927	204	0.29	5 707	156	2.73	8 581	754	8.79

重庆都市圈 2000 年普查人口中流出人口占总人口比例的 0.73%，流出人口主要集中在北碚中区及巴南区，流出人口占总人口比例最大的是北碚区，比例达到 1.41%。

重庆都市圈 2007 年抽样调查人口中流出人口占总人口比例有所上升，流出比例达到 6.76%，流出比例大于 10%的区有 2 个，分别是北碚区和巴南区，流出比例最大的区依然是巴南区，其流出比例达到 14.43%。流出比例最少的区是南岸区，其流出比例仅为 1.31%。

重庆都市圈 2013 年抽样调查人口中流出人口占总人口的比例有大幅度的上升，流出比例达 13.00%，流出人口比例大于 10%的有 6 个区，分别是渝中区、渝北区、南岸区、北碚区、巴南区、九龙坡区及大渡口区，其中流出人口比例最大的区是巴南区，其流出比例达到 21.56%。流出人口比例最小的南岸区也上升到了 3.69%。

分析 2000 年重庆都市圈各区人口流出的原因可知，大部分流出人口主要是由于务工经商，其次是搬迁或投靠亲戚朋友，仍然有一部分是由于婚姻嫁娶原因，由于其他原因流出的人口较少。渝中区、江北区及大渡口区属于例外，其流出人口最主要的原因是搬迁或投靠亲戚朋友。

表 9-57　2000 年重庆都市圈人口流出原因情况表　（单位：%）

行政区	务工经商	工作学习	搬迁或投靠亲戚朋友	婚姻嫁娶	其他
渝中区	8.79	4.40	76.92	7.69	2.20
江北区	31.84	9.80	36.73	18.37	3.27
渝北区	67.10	14.16	7.84	6.54	4.36
北碚区	83.85	6.76	4.26	4.51	0.63
南岸区	50.00	23.00	11.00	9.00	7.00
巴南区	63.75	6.62	21.21	5.72	2.69
九龙坡区	55.08	8.43	25.82	2.93	7.75
大渡口区	29.29	13.64	32.83	6.57	17.68
沙坪坝区	39.22	18.14	7.35	26.47	8.82

分析 2007 年重庆都市圈各区人口流出的原因可知，大部分流出人口依然主要是由于务工经商，其次是搬迁或投靠亲戚朋友，仍然有一部分是由于工作学习，由于其他原因流出的人口较少。

表 9-58　2007 年重庆都市圈人口流出原因情况表　（单位：%）

行政区	务工经商	工作学习	搬迁或投靠亲戚朋友	婚姻嫁娶	其他
渝中区	6.18	9.26	66.03	13.06	5.46
江北区	37.50	15.38	32.21	12.98	1.92
渝北区	74.33	7.54	11.67	3.77	2.69
北碚区	76.26	12.08	7.30	2.25	2.11
南岸区	19.35	37.10	17.74	14.52	11.29

续表

行政区	务工经商	工作学习	搬迁或投靠亲戚朋友	婚姻嫁娶	其他
巴南区	78.81	5.41	10.46	4.68	0.64
九龙坡区	51.86	13.03	25.53	4.52	5.05
大渡口区	19.15	19.15	32.62	9.22	19.86
沙坪坝区	43.59	9.62	23.72	21.79	1.28

分析 2013 年重庆都市圈各区人口流出的原因可知，流出人口依然主要是由于搬迁或投靠亲戚朋友，其次是务工经商，由于工作学习、婚姻嫁娶及其他原因流出的人口较少。

表 9-59　2013 年重庆都市圈人口流出原因情况表　（单位：%）

行政区	务工经商	工作学习	搬迁或投靠亲戚朋友	婚姻嫁娶	其他
渝中区	3.41	1.77	87.06	5.45	2.32
江北区	11.07	6.84	63.78	4.02	14.29
渝北区	53.26	7.11	35.75	2.30	1.58
北碚区	22.13	6.11	61.03	5.92	4.80
南岸区	25.32	2.27	62.34	2.60	7.47
巴南区	56.83	8.72	28.23	4.60	1.62
九龙坡区	22.51	8.30	60.40	5.92	2.87
大渡口区	26.92	3.57	60.44	5.49	3.57
沙坪坝区	21.22	6.63	59.81	6.37	5.97

10 主要结论与对策建议

10.1 主 要 结 论

通过前文对三峡库区的资源环境和社会经济概况、人口基本特征变化、人口空间迁移情况、综合承载人口的时空变化及预测分析，本研究得出三峡库区在社会、人口、经济、资源环境和生态等方面存在的问题与结论，主要有以下几个方面：

第一，三峡库区人口总量分布状况的区域差异化明显，且与地区经济发展水平关系密切。

（1）近 15 年来，三峡库区人口平均增长量为 13.31 万人/年，人口平均增长率为 2.14%。各区（县）人口总量差异化明显，区（县）人口差异最大为 9.36 倍，且库尾、库腹、库首各区域的人口总量差异相当明显。

（2）库尾部分人口增长率最大（年均增长率 3.1%），人口的密集程度也最高（平均 46 830 人/千米^2），库首人口增长率最低（少于 1%），人口密集程度也最低（532 人/千米^2）。

第二，三峡库区尚处于“人口红利期”，但人口老龄化趋势明显，与人口时空分布及流动特征相吻合。

（1）从目前来看，三峡库区人口总量相对巨大，劳动年龄人口所占比例均在 70%以上，库区内人力资源充足。

（2）通过对三峡库区“五普”“六普”数据的对比分析，可以清晰地发现三峡库区人口年龄结构类型逐渐趋于“老年型”。

第三，本研究应用密度分析法和重心分析法分析了三峡库区各区（县）2001～2013 年人口迁移的时空特征，得到如下结论。

（1）三峡库区人口总体分布格局为西密东疏，库尾人口稠密，库首人口相对稀疏，库腹人口密度处于中等，人口分布格局与经济发展情况有较高的相关性。

（2）三峡库区人口重心位于几何重心的西南方向。2001 年以来，人口重心沿西南方向库位境内移动，移动的直线距离仅 10 138.20 米，2000 年以后移动速度逐渐加快。2001～2007 年三峡库区人口分布格局没有发生大的变化，2007 年后三峡库区人口再分布加快，库尾与库首人口密度差异持续增大。

（3）从三峡库区各区（县）人口分布的时空特征分析，2001～2013 年，渝北区、巴南区、沙坪坝区、九龙坡区、江津区、开州区、巴东县人口流动规模变化都比较明显，其中渝北区最为突出；库区人口净流入量最大的是渝北区，人口净流出量最大的是巴东县。

第四，三峡库区的综合承载适度人口主要在库尾经济承载适度人口的带动下稳步增长。2013 年三峡库区现实总人口控制在可承载适度人口范围之内，库区总共还可再容纳 56.28 万人。由于经济的大力发展和城市建设步伐的不断加快，三峡库区的经济承载人口、建设用地承载人口和耕地承载人口不断增加，但生态承载人口在不断减少。因此，三峡库区要以保护生态资源环境作为前提条件，加速三峡库区的经济发展和城市建设。

（1）库首的四个区（县）由于在行政区划上属于湖北省，在地理位置上离重庆市都市核心区和扩展区较远，经济实力较弱城市发展较慢，其综合承载适度人口由于受生态承载人口减少的影响有所减少，且在库区中最小。

（2）库腹地区由于万州区、开州区和云阳县的大力发展，其综合承载适度人口有所增加，但生态承载人口大幅减少。

（3）库尾由于其经济发展水平高，城市建设速度快，在三峡库区中起主导作用。作为三峡库区的核心经济发展区域和重要的人口聚集地，其综合承载适度人口在经济承载人口及建设用地承载人口的影响下一直快速增长，在库区中其综合承载人口最大（以渝北区为代表），且（除大渡口区）人口赤字问题都有很大改善。

第五，三峡库区库尾、库腹、库首人口赤字问题差异较大，各区（县）子承载适度人口表现各异。

（1）生态人口赤字逐渐增大，与生态承载适度人口数量呈现反比。

2001～2013 年，三峡库区生态承载适度人口和生态人口赤字随时间变化而波动，生态赤字人口数量与生态承载适度人口数量呈现反比。各区（县）实际人口基本都大于生态承载适度人口，只有 2001 年巫山县、巫溪县、秭归县、兴山县和巴东县实际人口未超过生态承载适度人口，其他各区（县）均存在不同程度的生态超载。

库尾内各区（县）生态承载适度人口随时间推移而增加；库腹各区（县）生态承载适度人口总体趋势减小，2010 年期间有小幅波动；库首内各区（县）生态承载适度人口随时间推移而减少。

（2）经济人口赤字逐渐减小，经济承载力和适度人口数量上升。

三峡库区经济承载适度人口和经济人口赤字随时间推移而变化，经济承载适度人口数量与经济人口赤字数量呈现反比关系。经济承载适度人口随时间推移不断增加，经济赤字数量逐渐减少。这说明随着经济的发展，三峡库区经济条件逐渐改善，经济承载力和适度人口数量上升。

库尾内各区（县）大部分年份经济承载适度人口都大于实际人口，只有江津区、巴南区、渝北区和长寿区在 2001 年实际人口略大于经济承载适度人口。渝北区经济承载适度人口变化幅度最大，大渡口区变化幅度最小，且呈负增长。库腹各区（县）经济承载适度人口与实际人口在 2010 年前后发生了较大改变。2010 年之前，库腹各区（县）经济承载适度人口大都小于实际人口；2010 年之后，三峡库区库腹内各区（县）经济承载适度人口都有所增加，石柱县变化幅度最大，丰都县经济承载适度人口变化幅度最小。库首四个区（县）中，夷陵区、秭归县和兴山县经济承载适度人口都呈增加的趋势，但增速十分缓慢，巴东县经济承载适度人口呈减少趋势。

（3）建设用地人口赤字总体呈较小趋势，库尾人口赤字有增有减，库腹逐渐增加，库首逐渐减小。

三峡库区建设用地承载适度人口和建设用地人口赤字都随时间推移而发生变化，其中建设用地承载适度人口随时间推移而增加，建设用地人口赤字随时间推移总体上呈减小趋势，2010～2013 年人口赤字减少幅度最大。

库尾内各区（县）建设用地承载适度人口随时间推移而增加，其中九龙坡变化幅度最大，大渡口变化幅度最小，这是由于 2001～2013 年大渡口所有土地利用类型都是建设用地，建设用地面积已经达到最大，而渝北区由于重庆北部新区和两江新区的大力开发，土地利用类型由其他类型向建设用地转化，导致建设用地面积迅速增加，从而使建设用地承载适度人口不断增加。库腹内各区（县）建设用地承载适度人口随时间推移而增加，但都远小于实际人口，各区（县）人口严重超载。库首内各区（县）建设用地承载适度人口随时间推移而增加，其中夷陵区建设用地承载适度人口增加最多，增加了 10 万人左右，兴山县建设用地承载适度人口增加最少，只增加了 0.81 万人。且在这一期间，实际人口都小于建设用地承载适度人口，说明在这一区域建设用地还有一定的承载空间。

（4）耕地人口赤字有增有减，库首人口超载，库腹和库首人口富余。

2001～2013 年，三峡库区耕地富余人口有增有减，实际人口小于耕地承载适度人口，耕地富余人口为正。其中，2001 年耕地富余人口最小，为 360.47 万人，2007 年耕地人口赤字最大，为 467.59 万人。

2001～2013 年，库尾耕地承载适度人口有所增加，耕地承载适度人口始终远远小于实际人口，人口出现严重超载，这与都市功能扩展区以工业、商业、金融和服务业为主的经济发展模式相符。库腹和库首耕地承载适度人口都随时间推移而增加，耕地承载适度人口都大于当年实际人口，说明这两个区域耕地资源充裕。

第六，三峡库区不同情境模拟下的综合承载适度人口规模程度各有不同。

（1）在生态资源保护型情景下，库首和库腹的综合承载适度人口超出预测常住人口，分别超出 42.2775 万人、121.7382 万人。库首未临近经济发展重心，环境良好。就生态承载能力而言，还具有上升空间，但也存在局限。库腹在未来发展中发挥经济方面的优势，适当进行生态建设。库尾的预测常住人口超出综合承载适度人口 107.628 万人。库尾位于重庆的核心地区，医疗、教育等基础设施建设完善，加剧了人地矛盾，发展过程中存在诸多隐患，其生态承载能力尤为重要。中国自古以来讲究人地关系和谐，讲究天、地、人融为一体。在城市快速发展的今天，加快生态建设更显得尤为重要。库区在未来发展中应讲究人地资源和谐，珍惜合理利用，为代际发展提供保障。

（2）在社会经济发展型情景下，库首、库腹和库尾综合承载适度人口超出预测常住人口，分别超出 116.5275 万人、271.4782 万人、346.642 万人。在以经济建设为中心的指导下，三峡库区响应国家号召，不断稳固经济基础，提高科技创新能力，吸引人才，在建设高校方面投入了大量的人力、财力、物力，为以后的发展奠定了基础，但也应注意其他情景下发展过程中的隐患。

（3）在协调平衡发展型情景下，库首和库腹的综合承载适度人口超出预测常住人口，还可以容纳 66.5675 万人、130.3282 万人；库尾的预测常住人口综合承载超出适度人口 76.128 万人。库尾是重庆市的核心地区且人口集聚，其主要包括渝中区、大渡口区、江北区、沙坪坝区、九龙坡区、南岸区、北碚区、渝北区、巴南区、江津区、长寿区等 11 个区，这些地区经济发展能力强，但也存在隐患，追求协调发展尤为重要。库尾可以适当放低经济发展速度，在生态承载能力等方面做出规划调整，以协调整个地区的发展。

（4）在现状延续型发展情景下，库首和库腹的综合承载适度人口超出预测常住人口，分别容纳 120.9275 万人、84.8662 万人。这说明该地区规划合理，之前未进行大规模的经济开发。库首和库腹应在现有经济发展策略上适当延伸，取舍得当，才会有很大的上升空间。库尾的预测常住人口超出综合承载适度人口 78.368 万人。库尾位于重庆核心地区，相对于库首和库腹，属于人口集聚区。该地区有优越的发展条件。通过情景分析发现，库尾的综合承载适度人口与预测常住人口矛盾冲突，长期下去，不利于良性发展，政府可以采取鼓励性措施，鼓励居民到库尾和库腹发展，促进整个三峡地区的良好发展。

10.2 对策建议

为了更好地落实国务院《三峡后续工作规划》关于“库区安稳致富”“生态环境保护”和“地质灾害防治”三大战略，以及以“移民安稳致富和促进库区经济社会发展”为首的六大任务，解决三峡库区人口和经济社会可持续发展中遇到的一些问题，我们认为，以下几个方面是应该努力的方向。

（1）控制三峡库区重庆段主城九区的人口增长速度，尤其是渝北区；可以将主城九区的人口或其他区（县）迁入的人口适当地分散到密度相对较低的巴南区，或分散到周边一小时经济圈内的江津区和北碚区。

应该注重渝东北各区（县）人口迁移的政策引导，提高人口素质，提高三峡库区重庆段人口受教育程度，尤其是加大高素质人才的培养力度，让接受高等教育的人口比例越来越大。

（2）统筹区域协调发展，合理引导库区人口转移。目前，三峡库区人口分布与集聚极其不平衡，大量人口流向重庆主城区与万州区等经济发展较好的区(县)，这样的人口分布不利于区域之间的协调发展，也不利于整个库区经济的健康、有序发展。因此，必须合理分布作为统筹城乡、区域发展的重大战略，实现资源在城乡、区域间的有效配置，把人口分布与生产力布局有机结合起来，实现人口发展与经济振兴、社会进步的有机统一。再者，库区应该积极推行新型城镇化建设，提高城镇的综合承载力、集聚力和辐射力，这样不仅能吸纳农村人口转移，辐射带动城镇发展，而且有利于库区生态环境的保护。

（3）调整产业结构，构建具有区域特色的经济发展模式，着力解决偏远区（县）未就业人员的就业问题和本地人才流失问题。

（4）虽然三峡库区整体上仍然处于“人口红利期”，但“人口红利”只是为经济增长提供了一个有利的人口结构条件，关键的是需要地区政策环境与充分就业的支持。因此，应抓住这一时机，以差异的经济政策推动经济结构调整，尽量多地享受“人口红利”带来的利益，及时避免“人口红利”过去后的损失。库区还应该调整产业结构，适时地从以资本密集型、劳动密集型产业为主的产业结构向以技术密集型、知识密集型的产业结构转移，消除“人口红利”弱化带来的不良影响。

（5）要实现三峡库区重庆段的可持续发展，必须继续推进经济发展方式的转变，促使经济发展与资源环境系统的生产能力和供养能力相互协调；持续推进城市化进程并提高建设用地的利用效率，提高城市容积率，严格控制人口增长，尤其是人口的自然增长，开发和采用先进科学技术，提高资源的利用效率，提高土地的综合承载能力。

（6）库区内部增加就业机会和健全人力资源开发保障体系，逐步消除人力资本流失问题，两次普查的人口流动变化可以让我们明显感受到，随着我国外出务工的浪潮的出现，库区内部大量人口尤其是男性适龄劳动人口到库区外务工，造成了库区人力资本净流出严重的问题。因此，三峡库区内部应该多增加就业机会，加大职业培训力度，优化人力资源配置，以及建立健全人力资源开发服务体系，强化激励机制和人尽其才的用人制度，以此来逐步消除人力资本流失问题。

（7）三峡库区重庆段在未来一段时间内需要实施积极的人口减裁、就业转移措施，同时提高资源利用效率，优化经济增长，才能更好地确保库区可持续发展。

综上所述，库首在保障区域生态效益的前提下，可以延续区域发展现状，以利于该区域综合承载适度人口规模的最大化。库腹在区域发展现状下，可以适当加大社会经济的发展，以利于达到区域综合承载适度人口规模最大化。库尾在保障区域生态效益的前提下，适当加大经济效益，以利于该区域综合承载适度人口规模最大化。

参 考 文 献

包庆德, 董华. 2003. 生态哲学维度: 人口生态生产与可持续发展[J]. 中国人口资源与环境, 13(4): 9-12.

程恩富, 王中保. 2008. 论马克思主义与可持续发展[J]. 马克思主义研究, (12): 51-58.

陈如勇. 2000. 中国适度人口研究的回顾与再认识[J]. 中国人口・资源与环境, 10(1): 31-33.

陈晨. 2014. 当前中国城乡就业空间的变迁及延伸探讨[J]. 城市规划, (1): 72-78.

陈红娟, 冯文钊, 彭立芹. 2014. 基于 GIS 的石家庄市人口空间分布变动研究[J]. 湖北农业科学, 53(12): 2951-2954.

陈勇, 茆长宝, 程琳. 2009. 基于地区生态足迹差异的生态适度人口研究[J]. 生态环境学报, 18(2): 560-566.

曹彦波, 李永强, 李敏, 等. 2014. 基于多源数据的云南人口空间分布模拟研究[J]. 中国地震, 30(1): 118-131.

杜国明, 于凤荣, 张树文. 2010. 城市人口空间分布模拟与格局分析[J]. 地球信息科学, 12(1): 34-39.

杜吉国. 2013. 黑龙江省人口迁移对经济社会发展的影响[D]. 吉林大学博士学位论文.

代富强, 吕志强, 周启刚. 2012. 生态承载力约束下的重庆市适度人口规模情景预测[J]. 人口与经济, (5): 80-86.

董宏林. 2014. 西部各省市区生态适度人口和接纳生态移民的潜力[J]. 贵州农业科学, 42(5): 236-239.

董宏林, 金波, 杜慧颖. 2011. 基于全球生态足迹模型的生态适度人口研究[J]. 安徽农业科学, 39(24): 14744-14746.

丁庆龙. 2014. 基于 CLUE-S 模型土地利用变化情景模拟研究——以卢龙县为例[D]. 河北农业大学硕士学位论文.

凡宸, 秦建桥, 高洋, 等. 2014. 基于 GIS 数据的县域人口密度空间降尺度模拟——以广东省惠东县为例[J]. 中国人口资源与环境, (24): 89-95.

范晨辉, 马蓓蓓, 薛东前. 2015. 基于土地综合承载力的西安市适度人口测度[J]. 水土保持通报, 35(1): 205-209.

郭永昌, 海春兴, 李占宏. 2007. 农牧交错带适度人口规模与人口再分布初步研究——以阴山北部丘陵区武川县为例[J]. 干旱区资源与环境, 21(4): 21-25.

郭亚军, 潘德惠. 1993. 适度人口及其控制[J]. 控制与决策, (5): 5-9.

郭大力. 2006. 快速城市化地区农民的居住与生活——对苏南农民居住生活变迁的调查[J]. 北京建筑工程学院学报, (1): 48-51.

巩芳霞. 2014. 西宁市生态适度人口研究[D]. 青海师范大学硕士学位论文.

哈斯，巴根，李百岁，等. 2008. 区域土地资源人口承载力理论模型及实证研究[J]. 地理科学，28(2): 189-194.
胡细银，顾汇达. 1995. 深圳经济特区 2000 年适度人口规模探索[J]. 特区经济，(9)：6-14.
胡佩芬. 2013. 县级市人口现代化的发展——以椒江区第六次人口普查数据为契点[J]. 中国统计，(2): 16-18.
胡艳花. 2007. GIS 支持下的云南人口再生产时间演变和空间差异研究[D]. 云南师范大学硕士学位论文.
韩桂兰. 2014. 基于 GIS 的新疆人口分布的空间变化研究[J]. 实事求是，(4): 46-49.
何宗，金贤锋. 2014. 基于 GIS 的重庆市乡村区域差异特征分析研究[J]. 地理空间信息，12(6): 59-61.
何锋，张青峰，王力，等. 2011. 基于改进生态足迹模型的县域生态可持续评价[J]. 农业工程学报，27(5): 320-328.
何慧. 2011. 基于 EOP-MM 模型的湖南省适度人口规模研究[D]. 湖南师范大学硕士学位论文.
韩申山. 2009. 基于生态足迹的咸阳市适度人口研究[J]. 中国农学通报，25(19): 239-243.
郝蕾. 2013. 后三峡时期三峡库区可持续发展的研究[D]. 武汉大学博士学位论文.
靳玮，徐琳瑜，杨志峰. 2010. 城市适度人口规模的多目标决策方法及应用[J]. 环境科学学报，30(2): 438-443.
金君，李成名，印洁. 2003. 人口数据空间分布化模型研究[J]. 测绘学报，32(3): 278-282.
李秀霞，刘春艳. 2008. 基于综合承载力的区域适度人口研究[J]. 干旱区资源与环境，22(5): 6-10.
李平星，孙伟. 2014. 经济发达城市人口承载力预测及其经济合理性评价——以无锡市区为例[J]. 长江流域资源与环境，8: 1045-1050.
李扬，刘慧. 2010. 人口迁移空间格局模拟研究进展与展望[J]. 地理科学进展，29(10): 1162-1170.
李通屏，李建民. 2006. 中国人口转变与消费制度变迁[J]. 人口与经济，(1): 1-6.
李丹霞. 2014. 基于 EOP-MM 模型的陕西省经济适度人口规模研究[J]. 安康学院学报，26(4): 25-29.
李成英. 2014. 基于“国家公顷”生态足迹的青海省适度人口规模透析[J]. 生态经济，30(008): 101-104.
李月娇，杨小唤，王静. 2014. 基于景观生态学的人口空间数据适宜格网尺度研究——以山东省为例[J]. 地理与地理信息科学，30(1): 97-100.
李新，赵莹，于晓菡，等. 2013. 基于 PEER 模型的四川省生态适度人口研究[J]. 绵阳师范学院学报，32(8): 78-83.
李卓. 2014. 基于水资源约束视角的兰州新区适度人口容量研究[J]. 甘肃科技纵横，43(5): 4-8.
李仪俊. 1983. 我国人口重心及其移动轨迹[J]. 人口研究，(1): 28-32.
卢宗凡，卢增澜. 1997. 我国的“生态适度人口”与“人口理论最大承载力”浅析[J]. 水土保持通报，17(1): 52-53.
刘雁，刘春艳. 2009. 基于 P-R-E 模型的区域适度人口研究[J]. 社会科学战线，(11): 271-273.
刘雅轩，张小雷，雷军. 2007. 新疆适度人口初步研究[J]. 干旱区资源与环境，21(5): 35-40.
刘洁，苏杨，魏方欣. 2013. 基于区域人口承载力的超大城市人口规模调控研究[J]. 中国软科学，

(10): 147-156.
刘元梅、张海峰. 2012. 西宁市人口结构演变动态与机制研究[J]. 现代商贸工业, (15): 64-66.
刘望保, 闫小培, 陈忠暖. 2010. 基于 EDSA—GIS 的广州市人口空间分布演化研究[J]. 经济地理, (1): 34-39.
劳昕, 沈体雁. 2015. 中国地级以上城市人口流动空间模式变化——基于 2000 和 2010 年人口普查数据的分析[J]. 中国人口科学, (1): 15-28.
吕晓军. 2012. 基于生态足迹的区域生态适度人口研究——以新疆生产建设兵团为例[J]. 地域研究与开发, 31(4): 157-160.
毛锋, 叶文虎. 1998. 论适度人口与可持续发展[J]. 中国人口科学, (3): 11-17.
满苏尔, 沙比提, 热合曼, 等. 2008. 建国以来新疆人口时空动态变化特征及其成因分析[J]. 人文地理, 22(6): 114-119.
穆光宗, 胡哲豪, 茆长宝, 等. 2014. 适度老龄化: 应对老龄危机的第一战略[J]. 广西民族大学学报(哲学社会科学版), (8): 1-9.
马琼, 苏美玲. 2014. 基于生态足迹的塔里木盆地人口与水土资源协调发展研究[J]. 干旱区资源与环境, (2): 3-6.
马寅初. 1979. 新人口论[M]. 北京: 北京出版社.
农夫. 2013. 建设生态文明撑起人类的保护伞[J]. 绿色中国, (2): 50-53.
牛媛媛, 任志远, 杨忍. 2010. 关中-天水经济区人口-经济-生态协调发展研究[J]. 城市环境与城市生态, (6): 24-27.
彭宇柯. 2011. 经济适度人口规模研究——以湖南省为例[J]. 生产力研究, (9): 10-13.
彭希哲, 刘宇辉. 2004. 生态足迹与区域生态适度人口——以西部 12 省市为例[J]. 人口与发展, 10(04): 9-15.
潘竟虎. 2013. 多指标约束的兰州市生态适度人口测度[J]. 人口与发展, (2): 33-39.
潘竞虎, 董晓峰, 魏延强, 等. 2008. 兰州市中心城区适度人口测算分析[J]. 西北人口, 29(3): 50-54.
潘竟虎, 孙会慧, 石培基. 2012. 基于多情景模式的兰州新区生态适度人口测度[J]. 中国人口资源与环境, 22(11): 75-81.
戚颖颖, 陶玉龙. 2014. 生态足迹视角下的适度人口规模研究: 以上海市为例[J]. 中国外资, (2): 141-143.
饶烨, 宋金平, 于伟. 2015. 北京都市区人口增长的空间规律与机理[J]. 地理研究, 34(1): 149-156.
孙中锋, 吴晨, 周文静. 2014. 基于生态足迹法的生态适度人口研究——以皖江城市带为例[J]. 山西农业大学学报（社会科学版）, 13(12): 1193-1197.
孙伟. 2014. 大都市区人口空间配置优化方法研究——以无锡市区为例[J]. 长江流域资源与环境, 23(01): 10.
孙本文. 1957. 八亿人口是我国最适宜的人口数量[N]. 文汇报, 第 3 版.
宋健，于景元，李广元. 1980. 人口发展过程的预测[J]. 中国科学, (9): 920-932.
邵林杉. 2014. 基于 ARCGIS 的人口数据库建立[J]. 科技视界, (21): 65-65.
田明. 2013. 农业转移人口空间流动与城市融入[J]. 人口研究, 37(4): 43-55.
田雪原. 2001. 人口、资源、环境可持续发展宏观与决策选择[J]. 人口研究, 25(4): 1-11.

童玉芬. 2012. 人口承载力研究的演进, 问题与展望[J]. 人口研究, 36(5): 28-36.
童星. 1995. 世纪末的挑战——当代中国社会问题研究[M]. 南京：南京大学出版社.
唐湘玲，吕新，薛峰. 2012. 基于生态足迹的新疆适度人口研究[J]. 干旱区资源与环境, (26): 160-164.
王艳, 李俭富. 2008. 成都市适度人口容量研究: 基于水资源约束的视角[J]. 城市发展研究, (5): 18-23.
王爱民, 尹向东. 2006. 城市化地区多目标约束下的适度人口探析——以深圳为例[J]. 中山大学学报（自然科学版）, 45(1): 116-120.
王婷. 2013. 城市化进程中的适度人口: 一个文献综述及思考[J]. 城市发展研究, 20(11): 14-19.
王新建, 高建昆. 2010. 较高人均生活水平: 中国适度人口研究的一个主要变量[J]. 马克思主义研究, (2): 47-56.
吴瑞君, 朱宝树, 王大犇. 2003. 开放型区域经济适度人口的研究方法及其应用[J]. 人口研究, 27(5): 19-24.
王晶, 师吉. 2010. 论计划生育政策对实现福利适度人口的意义[J]. 人口学刊, (1): 62-64.
王慎之. 1992. 论适度人口[J]. 贵州社会科学, (1): 19-23.
吴文恒, 牛叔文, 何效祖, 等. 2006. 西部河谷型城市人口容量研究——以天水市为例[J]. 经济地理, 26(4): 614-618.
王颖, 黄进, 赵娟莹. 2011. 多目标决策视角下中国适度人口规模预测[J]. 人口学刊, (4): 21-29.
王晓鸿, 蒋正龙. 2014. 甘肃省经济与人口空间关系变迁分析[J]. 现代商贸工业, 26(24)：39-43.
王珏, 陈雯, 袁丰. 2014. 基于社会网络分析的长三角地区人口迁移及演化[J]. 地理研究, 33(2): 385-400.
王洪春, 张占平, 申越魁. 2003. 新人口学[M]. 北京: 中国对外经济贸易出版社.
王小丽, 杨华, 简太敏. 2012. 基于生态足迹的重庆市涪陵区生态适度人口研究[J]. (1): 340-343.
魏媛. 2011. 基于生态足迹的西南喀斯特山区生态适度人口研究[J]. 中国农学通报, 27(14): 175-180.
徐琳瑜, 杨志峰, 毛显强. 2003. 城市适度人口分析方法及其应用[J]. 环境科学学报, 23(3): 355-359.
徐亲知, 徐大鹏. 2000. 关于大庆适度人口问题的研究及其意义[J]. 工业技术经济, (5):41-42, 44.
徐勤诗, 朱仕朋. 2010. 南宁市经济适度人口与城市发展浅议[J]. 大众科技, (3): 184-186.
薛羚茜, 叶长盛. 2014. 基于 ESDA 的江西省人口空间分布差异研究[J]. 东华理工大学学报（社会科学版）, 33(2): 110-117.
许淑娜. 2014. 1980～2010 年河南省人口分布模式时空演变分析[J]. 许昌学院学报, (2): 119-124.
袁蕾, 杨波. 2014. 北京市人口空间分布及演变——基于新城发展视角的研究[J]. 北京社会科学, (3): 92-98.
原新. 1999. 可持续适度人口的理论构想[J]. 人口与经济, (4): 34-39.
原华荣. 2002. “适度人口”的分野与述评[J]. 浙江大学学报（人文社会科学版）, 32(6): 11-19.
俞宪忠. 2005. 适度人口理论与适度流动人口[J]. 山东师范大学学报（人文社会科学版）, 50(2): 91-95.
杨垣国. 2001. 适度人口新论[J]. 人口学刊, (6): 3-7.

杨莉，冯九璋，马士香，等. 2006. 哈尔滨市适度人口容量分析[J]. 南京人口管理干部学院学报，(3)：13-16.
杨波. 2014. 中国县域人口空间分布格局研究[J]. 西北人口, 35(3): 33-36.
叶琴丽, 王成, 蒋福霞, 等. 2013. 基于耕作半径的丘陵区纯农型农户集聚规模研究——以重庆市沙坪坝区白林村为例[J]. 西南大学学报(自然科学版), 11(2)：133-140.
叶明. 2003. 基于 GIS 的宁波区域经济数据空间分析[J]. 宁波大学学报(理工版)，16(3): 235-239.
于文丽, 蒲英霞, 陈刚, 等. 2012. 基于空间自相关的中国省际人口迁移模式与机制分析[J]. 地理与地理信息科学, 28(2): 44-49.
张慧. 2013. 1990-2010 年西北地区县域人口数量与空间集疏变化时空分析[J]. 干旱区资源与环境, 27(7): 33-39.
张锦宗, 朱瑜馨, 李生明. 2010. ArcGIS 地统计分析在甘肃省人口空间分布研究中的应用[J]. 西北人口, (3): 91-94.
郑明媚, 李满春, 毛亮, 等. 2006. GIS 支持的县域人口迁移空间模型研究——以浙江省临安市为例[J]. 长江流域资源与环境, 15(3): 281-286.
张苏北, 朱宇, 晋秀龙, 等. 2013. 安徽省内人口迁移的空间特征及其影响因素[J]. 经济地理, 33(5): 28-30.
张帆, 王新心. 2001. 秦皇岛市适度人口规模研究[J]. 城市问题, (6): 54-57.
张英飒. 2008. 人口承载力的理论内涵与测算方法[J]. 重庆社会科学, (11): 53-61.
张建坤, 王朝阳, 王彪. 2010. 基于生态足迹的产业适度人口分析——以南京市为例[J]. 人文地理, (6): 89-92.
张善余. 2003. 中国人口地理[M]. 北京: 科学出版社.
张美慧. 2016. 辽宁省适度人口容量及其相关问题研究[D]. 东北财经大学硕士学位论文.
张波, 王青, 刘建兴, 等. 2010. 中国生态足迹的趋势预测及情景模拟分析[J]. 东北大学学报, 31(4): 576-580.
张淑源. 2012. 西北黄土台塬区人口、经济与资源环境协调发展路径[D]. 陕西师范大学硕士学位论文.
张庆红.2016. 综合承载力视角下新疆适度人口研究[J]. 生态经济，(4): 199-202.
曾展, 涂平. 2014. 基于信息关联的城市人口空间分布建模方法研究[J]. 福州大学学报（自然科学版），(6): 853-858.
曾勇, 吴永兴, 俞小明, 等. 2005. 上海市浦东新区土地利用与适度人口规模研究[J]. 人文地理, 19(6): 30-35.
郑贞, 周祝平. 2014. 京津冀地区人口经济状况评价及空间分布模式分析[J]. 人口学刊, 36(2):19-26.
庄渝霞. 2009. 适度人口的三维动态建构[J]. 人口与发展, (3): 49-56.
周靖祥. 2014. 中国人口分布的时空演化研究: 直面社会与经济双重困扰[J]. 重庆大学学报（社会科学版), 20(1)：1-17.
周海春, 许江萍. 2001. 城市适度人口规模研究[J]. 数量经济技术经济研究, (11): 9-12.
赵玲. 2014. 城镇化进程中青藏高原城市适度人口容量分析[J]. 生态经济, 30(8): 51-53.
赵雪慧, 李百岁, 郭晓虹, 等. 2011. 基于 GIS 的内蒙古人口时空动态变化分析[J]. 内蒙古师范大学学报（自然科学版），40(3): 308-311.
赵军，符海月. 2001. GIS在人口重心迁移研究中应用[J]. 测绘工程, 10(3): 41-43.
卓莉, 黄信锐, 陶海燕, 等. 2014. 基于多智能体模型与建筑物信息的高空间分辨率人口分布模拟[J]. 地理研究, 33(3): 520-531.
朱丽娟, 伍博炜. 2015. 基于P-R-E模型的福建省主体功能区适度人口研究[J]. 吉林师范大学学报(自然科学版), 36(1): 153-156
Cannan E. 1964. A Review of Economic Theory[M]. New York: Kelley Press.
Sawyer A. 1983. The General Theory of Population[M]. Vol. 1. Beijing: The Commercial Press.
Wackernagel M, Onisto L, Bello P, et al. 1999. National natural capital accounting with the ecological footprint concept[J]. Ecological Economics, 29(3): 375-390.